# Dreamweaver 4

Susanne Rupp

M+T easy

# Dreamweaver 4

**Markt+Technik
Verlag**

Die Deutsche Bibliothek – CIP-Einheitsaufnahme

Ein Titelsatz für diese Publikation ist bei
Der Deutschen Bibliothek erhältlich.

Die Informationen in diesem Produkt werden ohne Rücksicht auf einen
eventuellen Patentschutz veröffentlicht.
Warennamen werden ohne Gewährleistung der freien Verwendbarkeit benutzt.
Bei der Zusammenstellung von Texten und Abbildungen wurde mit größter
Sorgfalt vorgegangen.
Trotzdem können Fehler nicht vollständig ausgeschlossen werden.
Verlag, Herausgeber und Autoren können für fehlerhafte Angaben
und deren Folgen weder eine juristische Verantwortung noch
irgendeine Haftung übernehmen.
Für Verbesserungsvorschläge und Hinweise auf Fehler sind Verlag und
Herausgeber dankbar.

Alle Rechte vorbehalten, auch die der fotomechanischen Wiedergabe und der
Speicherung in elektronischen Medien.
Die gewerbliche Nutzung der in diesem Produkt gezeigten Modelle und Arbeiten
ist nicht zulässig.

Fast alle Hardware- und Softwarebezeichnungen, die in diesem Buch erwähnt werden,
sind gleichzeitig auch eingetragene Warenzeichen oder sollten als solche betrachtet werden.

Umwelthinweis:
Dieses Buch wurde auf chlorfrei gebleichtem Papier gedruckt.
Die Einschrumpffolie – zum Schutz vor Verschmutzung – ist aus umweltverträglichem
und recyclingfähigem PE-Material.

10  9  8  7  6  5  4  3  2  1

05  04  03  02  01

ISBN 3-8272-6024-8

© 2001 by Markt+Technik Verlag,
ein Imprint der Pearson Education Deutschland GmbH,
Martin-Kollar-Straße 10–12, D-81829 München/Germany
Alle Rechte vorbehalten
Umschlaggrafik: adesso21, München
Lektorat: Veronika Gerstacker, vgerstacker@pearson.de
Herstellung: Ulrike Hempel, uhempel@pearson.de
Satz: C. Neumann, München
Druck und Verarbeitung: Kösel, Kempten (www.KoeselBuch.de)
Printed in Germany

# Inhaltsverzeichnis

## Einführung   11
Was ist neu in Dreamweaver 4? ................................................................ 13
Nur für Mac-Benutzer ............................................................................... 15
Browser und ihre Tücken .......................................................................... 15
Die Website zum Buch .............................................................................. 15
Anregungen, Kritik und Feedback ............................................................ 16
Jetzt geht's los ... ........................................................................................ 16

## Kapitel 1: Der Start   17
Die Dreamweaver-Terminologie ............................................................... 18
Das Dokument-Fenster ............................................................................. 26
    Dreamweaver-Statusleiste ................................................................ 27
    Lineale ............................................................................................... 30
    Gitternetz .......................................................................................... 33
    Unsichtbare Elemente ...................................................................... 34
Die Symbolleiste ........................................................................................ 36
Objekte auswählen .................................................................................... 40
Der Eigenschaften-Inspektor .................................................................... 42
Der Launcher ............................................................................................. 44
Die Objektpalette ...................................................................................... 46
Der Verlauf ................................................................................................ 48

## Kapitel 2: Die erste Website   51
Eine neue HTML-Seite erstellen ............................................................... 52
Eine vorhandene HTML-Seite öffnen ...................................................... 54
Speichern ................................................................................................... 55
Seiteneigenschaften ................................................................................... 57
    Der Seitentitel .................................................................................. 58
    Der Hintergrund .............................................................................. 59
    Text und Links ................................................................................. 62
    Seitenränder ..................................................................................... 63
    Dokumentkodierung ....................................................................... 64
    Tracing-Bild ...................................................................................... 64
Vorschau im Browser ................................................................................ 66
Drucken ..................................................................................................... 67

Lokale Site und Projektverwaltung ........................................................... 68
    Die lokale Site erstellen, bearbeiten und löschen ..................................... 69
    Die Homepage definieren ........................................................................ 73
    Symbole in der Sitemap ........................................................................... 74
Websites verwalten ..................................................................................... 75

## Kapitel 3: Text und Absatz   77

Text platzieren ............................................................................................. 78
Text formatieren .......................................................................................... 80
    Schriftart festlegen ................................................................................. 81
    Der Schriftstil .......................................................................................... 85
    Die Schriftgröße ..................................................................................... 86
    Die Textfarbe .......................................................................................... 89
    Sonderzeichen ........................................................................................ 91
    Finden und Ersetzen ............................................................................... 94
    Rechtschreibprüfung .............................................................................. 97
Absätze formatieren .................................................................................... 99
    Einen Absatz erstellen ............................................................................ 99
    Ein Absatzformat zuweisen ................................................................... 100
    Listen .................................................................................................... 102
    Absätze ausrichten ............................................................................... 106
    Horizontale Linie .................................................................................. 109
HTML-Tags ................................................................................................ 110
    Der HTML-Inspektor ............................................................................. 111
    Der Tag-Selektor ................................................................................... 118
    Kommentare ......................................................................................... 119
    HTML-Fehlerbereinigung ..................................................................... 120
HTML-Stile ................................................................................................ 125

## Kapitel 4: Mit Bildern arbeiten   131

Bilder einfügen ......................................................................................... 132
Bildformate ............................................................................................... 134
Bildeigenschaften ..................................................................................... 135
Bild mit einer niedrigeren Auflösung ....................................................... 138
Vergrößern oder verkleinern .................................................................... 140
Bilder positionieren .................................................................................. 143
Mit externen Bildeditoren arbeiten .......................................................... 146
Rollover erstellen ..................................................................................... 148
Imagemaps erstellen ................................................................................ 150

## Kapitel 5: Hyperlinks — 153
Hyperlinks einfügen ........................................................................ 154
Ziel definieren ................................................................................ 158
Benannter Anker ............................................................................ 159
E-Mail-Verweise .............................................................................. 161
Links überprüfen ............................................................................ 162

## Kapitel 6: Tabellen — 165
Standard- und Layoutansicht .......................................................... 166
Eine Tabelle erstellen ..................................................................... 167
Inhalte einfügen ............................................................................. 172
Tabellen bearbeiten ....................................................................... 173
    Breite und Höhe ...................................................................... 174
    Zellen verbinden ...................................................................... 183
    Zellen teilen ............................................................................. 184
    Zellauffüllung und Zellraum ..................................................... 185
    Rahmen .................................................................................... 187
    Farben und Hintergründe ........................................................ 188
    Zellinhalte ausrichten .............................................................. 190
    Eine Kopfzeile definieren ......................................................... 190
    Kein Umbruch ......................................................................... 191
    Zellen hinzufügen .................................................................... 192
    Zellen löschen ......................................................................... 193
Und was passiert im Quelltext? ..................................................... 194

## Kapitel 7: Frames — 195
Framesets erstellen ........................................................................ 198
    Frameset-Vorlagen ................................................................... 198
    Ein Frameset ohne Vorlagen erstellen ..................................... 202
    Verschachteltes Frameset ........................................................ 205
    Frames oder Framesets auswählen .......................................... 206
Das Layout verändern ................................................................... 208
    Frames löschen ........................................................................ 208
    Die Breite und Höhe eines Frames verändern ........................ 208
Inhalte einfügen ............................................................................. 211
    Eine vorhandene Seite integrieren .......................................... 211
    Einen neuen Inhalt definieren ................................................. 212
Frameset-Optionen ........................................................................ 212
    Rahmen .................................................................................... 212
    Ränder ...................................................................................... 214
    Scrollbalken ............................................................................. 215
    Keine Größenänderung ........................................................... 217

Frame-Inhalte mit Hyperlinks steuern .......................................................... 217
    Frames benennen ........................................................................... 218
    Ziele definieren .............................................................................. 219
Speichern ........................................................................................... 221
No-Frames ......................................................................................... 222
Und was passiert im Quelltext? ............................................................. 223

## Kapitel 8: Formulare 225
Ein Formular erstellen ......................................................................... 226
Formularelemente ............................................................................... 227
    Textfeld ........................................................................................ 229
    Buttons zum Absenden und Zurücksetzen ..................................... 231
    Kontrollkästchen (Checkbutton) .................................................... 232
    Schaltknopf (Radio-Button, Optionsschalter) ................................. 233
    Drop-down-Menüs, Auswahllisten ................................................ 233
    Dateifeld einfügen ....................................................................... 235
    Versteckte Formularfelder ............................................................ 236
    Sprung-Menü .............................................................................. 236
Formulare verarbeiten ......................................................................... 238

## Kapitel 9: Ebenen 241
Ebenen erstellen ................................................................................. 242
Ebenen-Palette ................................................................................... 245
    Der Z-Index ................................................................................. 246
    Verschachtelte Ebenen ................................................................ 248
Inhalte einfügen ................................................................................. 250
Ebenen-Eigenschaften ......................................................................... 251
    Eine Ebene markieren ................................................................. 251
    Eine Ebene benennen ................................................................. 252
    Die Größe verändern .................................................................. 253
    Ebenen positionieren .................................................................. 255
    Ebenen ausrichten ...................................................................... 259
    Hintergrund bestimmen .............................................................. 260
    Sichtbarkeit ................................................................................. 261
    Überlauf des Inhalts ................................................................... 262
    Bereich ausschneiden ................................................................. 264
HTML und Ebenen-Voreinstellungen .................................................... 265
Ebenen in Tabellen umwandeln (und umgekehrt) ................................ 266

## Kapitel 10: Verhalten — 269
Die Zeitleiste .................................................................................. 270
    Der Zeitleisten-Inspektor ............................................................ 270
    Eine Animation erstellen ........................................................... 273
Verhaltensweisen ........................................................................... 279
    Der Verhaltensweisen-Inspektor ................................................ 280
    Ein Verhalten hinzufügen ......................................................... 281
    Ein Verhalten verändern ........................................................... 286

## Kapitel 11: Multimedia — 287
Media einfügen und bearbeiten ..................................................... 288
Flash-Button erstellen und einfügen ............................................... 293
Flash-Text einfügen ........................................................................ 295
Flash-Attribute ............................................................................... 296
Shockwave-Filme ........................................................................... 297
Audio ............................................................................................. 298
ActiveX .......................................................................................... 303
Java Applets ................................................................................... 304

## Kapitel 12: Website veröffentlichen — 307
Die Remote-Site einrichten ............................................................ 309
Site-Einstellungen ändern .............................................................. 312
Verbindung mit einer entfernten Site herstellen ............................ 314
Dateien uploaden .......................................................................... 315
Dateien downloaden ..................................................................... 316
Synchronisation ............................................................................. 317
Ansicht aktualisieren ..................................................................... 318

## Anhang — 319
Fragen und Antworten .................................................................. 319
Lexikon und wichtige Abkürzungen ............................................... 320
Die wichtigsten Tastaturkurzbefehle für Windows ........................ 325
    Seitenansichten ......................................................................... 325
    Seitenelemente anzeigen .......................................................... 326
    Text bearbeiten ......................................................................... 326
    Text formatieren ....................................................................... 327
    Mit Tabellen arbeiten ............................................................... 327
    Mit Vorlagen arbeiten .............................................................. 328
    Mit Frames arbeiten ................................................................. 328
    Mit Ebenen arbeiten ................................................................. 329
    Mit Zeitleisten arbeiten ............................................................ 330

| | |
|---|---|
| Mit Bildern arbeiten | 330 |
| Hilfe aufrufen | 330 |
| Hyperlinks verwalten | 330 |
| Zielbrowser und Vorschau in Browsern | 331 |
| Debug in Browsern | 331 |
| Siteverwaltung und FTP | 331 |
| Verlaufspalette | 332 |
| Sitemap | 332 |
| Plug-Ins abspielen | 333 |
| Objekte einfügen | 333 |
| Paletten öffnen und schließen | 334 |
| Sonderzeichen (eine Auswahl) | 334 |
| Währungen | 335 |
| Business | 335 |
| Mathematik | 336 |
| Maße | 336 |
| Pfeile | 336 |
| Internet-Protokolle | 337 |
| Gängige Top-Level-Domains | 337 |
| Surftipps: Interessante Hyperlinks | 338 |
| ActiveX | 338 |
| Dreamweaver-Downloads/Macromedia Exchange | 338 |
| HTML und Web-Technologien | 338 |
| HTML-Referenz | 339 |
| Cascading Style Sheets-Spezifikation (CSS1) | 339 |
| Dynamic HTML (DHTML) | 339 |
| Java Applets, JavaScript, Perl und sonstige Scripts | 339 |
| Datenbank | 340 |
| Online-Zeitschriften | 340 |
| Website-Promotion – die wichtigsten deutschen Suchmaschinen | 341 |
| Stichwortverzeichnis | 343 |

# Einführung

*Herzlich Willkommen bei Dreamweaver 4.*

*Dreamweaver ist ein leistungsstarker WYSIWYG-Editor (What You See Is What You Get) von Macromedia. Er wird von professionellen Webdesignern und Website-Entwicklern ebenso verwendet wie von Einsteigern, die selbst einmal ihren eigenen Internet- oder Intranet-Auftritt aufbauen wollen. Dreamweaver 4 ist einer der besten Editoren, die es je gab.*

Mit Dreamweaver können Sie professionelle Webseiten entwickeln, ohne HTML (**H**yper **T**ext **M**arkup **L**anguage)-Kenntnisse besitzen zu müssen. Der Quellcode wird automatisch von Dreamweaver generiert.

Auch das Entwickeln von JavaScript ist kinderleicht.

Andererseits können Sie aber auch den Quelltext direkt bearbeiten und schreiben. Damit ist Dreamweaver ein angemessenes Tool für die Entwicklung von professionellen Websites.

Wenn auch Sie sich zu den Anfängern zählen, ist dieses Buch genau das richtige. Vorkenntnisse sind nicht nötig. Hier finden Sie die grundlegenden Informationen für den Umgang mit Dreamweaver. Neben diesem Basiswissen erhalten Sie wertvolle Informationen, Tipps und Anregungen für den weiteren Ausbau Ihrer Website.

Alles ist anschaulich dokumentiert.

Die einzelnen Kapitel dieses Buches sind als Workshop entwickelt und aufgebaut. Schritt für Schritt wird erklärt, wie Sie Ihre eigene Website mit Dreamweaver 4 erstellen können.

**Kapitel 1** macht Sie mit dem grundlegenden Aufbau und der Philosophie des Programms vertraut. Hier finden Sie einen Überblick über die Möglichkeiten und die in Dreamweaver verwendete Terminologie.

Im Mittelpunkt von **Kapitel 2** steht das Website-Management. Sie erfahren, wie Sie mit Dreamweaver den Überblick behalten. Ob Sie nun einen Internet-Auftritt verwalten, der aus wenigen Seiten besteht, oder ob Sie mehrere umfassende Projekte betreuen – hier erfahren Sie, wie's geht. Anschließend lernen Sie, wie Sie Ihre Website mit Inhalten füllen.

**Kapitel 3** befasst sich mit Texten und Absätzen. Was müssen Sie berücksichtigen, wenn Sie neue Texte einfügen, alte Dokumente übernehmen oder bereits vorhandene Seiten überarbeiten wollen? Danach folgen Informationen zur Formatierung und Gestaltung von Texten durch Absätze. Sie erfahren Grundlegendes über das Layouten in HTML.

**Kapitel 4** hat die Arbeit mit Bildern als Thema. Lockern Sie Ihre Website mit entsprechenden Fotos und Grafiken auf. Dieser Workshop zeigt, was es dabei zu berücksichtigen gibt.

Was wäre das Internet ohne Hyperlinks? **Kapitel 5** zeigt Ihnen, welche Möglichkeiten es gibt und wie Sie diese realisieren können.

Für das Layouten einer Webseite verwendet man in der Regel Tabellen. In **Kapitel 6** erfahren Sie, dass diese nicht immer sichtbar sein müssen und wie Sie Tabellen richtig anlegen.

**Kapitel 7** befasst sich mit der gleichzeitigen Anordnung mehrerer Dokumente im gleichen Browserfenster durch Frames. Wie dies geht und welche Alternative diese Frames zu den Tabellen darstellen, wird in diesem Workshop erläutert.

Natürlich möchten Sie auch Kontakte über Ihren Internet-Auftritt knüpfen. Egal, ob Sie Ihr Unternehmen, Ihren Verein oder Ihr Hobby im Internet präsentieren: Ohne Feedback Ihrer Internet-Besucher macht die ganze Sache nur halb so viel Spaß und Sinn. Darum zeigt Ihnen **Kapitel 8**, wie Sie Formulare erstellen und zum Laufen bringen.

Mit Dreamweaver können Sie ganz einfach mehrere Ebenen erstellen.

In **Kapitel 9** erfahren Sie, wie Sie Objekte auf einer Seite über- und untereinander anordnen können.

Unter Interaktivität versteht man, dass ein oder mehrere Elemente einer Webseite auf die Aktivitäten des Users reagieren. In **Kapitel 10** erleben Sie die Möglichkeiten, die Dreamweaver Ihnen bietet.

In der neuen Dreamweaver-Version können Sie direkt Flash-Animationen erstellen. Wie das geht und wie einfach sich weitere multimediale Elemente in die Webseite integrieren lassen, lesen Sie in **Kapitel 11**.

Im letzten Workshop **Kapitel 12** erfahren Sie, wie Sie Ihre fertige Website veröffentlichen.

Wertvolle Tipps und Tricks verhelfen Ihnen zu schnellen Fortschritten. Als Extra-Service für Einsteiger finden Sie im **Anhang** ein Lexikon mit den wichtigsten Begriffen, eine Übersicht der wichtigsten Tastaturbefehle (Shortcuts), ein Hilfekapitel mit Fragen zu Problemen und interessante Surftipps – inklusive der wichtigsten Suchmaschinen.

## Was ist neu in Dreamweaver 4?

Wer schon ein wenig Erfahrung mit Dreamweaver 3 sammeln konnte, möchte natürlich wissen, was an der neuen Version so besonders ist. Es gibt zahlreiche Änderungen, Erweiterungen und neue Features, die in den einzelnen Kapiteln detaillierter besprochen werden. Für den Einstieg genügt eine Übersicht der wichtigsten Neuerungen:

Im neuen Dreamweaver wurde die direkte Bearbeitung des HTML-Quelltextes vereinfacht. Der **Text-Editor** ist nun direkt im Dokumenten-Fenster eingebunden.

Sie können nun auch **Cascading Style Sheets, JavaScript**-, **XML**- und andere Text-Dateien direkt im integrierten Text-Editor erstellen und bearbeiten. Mit dem integrierten JavaScript-Debugger sehen Sie, wie die Browser den Code interpretieren.

Apropos Code: Dank der integrierten **Online-Referenz** behalten Sie den Überblick über sämtliche HTML-Funktionen.

Mit Dreamweaver können Sie sauberen Quelltext produzieren, der sowohl vom Internet Explorer als auch von Netscape richtig umgesetzt werden kann.

Dank der farblichen Kennzeichnung unterschiedlicher Code-Elemente behalten Sie immer den Überblick. Damit haben Sie die komplette Kontrolle über Ihren Quelltext.

Außerdem wurde das **Site-Management** optimiert und der Arbeitsablauf vereinfacht. So erlaubt Dreamweaver effektive **Teamarbeit**. Dabei bleiben Sie in engem Kontakt mit den einzelnen Mitarbeitern und behalten den kompletten Überblick über den Stand der Arbeitsabläufe.

Umfangreiche **Tests** optimieren den Quelltext Ihrer Site und verhindern damit unangenehme Überraschungen. Dabei werden die beiden wichtigsten Browser, nämlich Internet Explorer und Netscape, berücksichtigt.

Sie können nun noch effizienter und einfacher **Tabellen** als Basis Ihres Layouts erstellen.

Grafik-Elemente können Sie schnell und einfach direkt in Dreamweaver entwickeln. **Flash** und **Fireworks** wurden sehr stark in Dreamweaver 4 integriert.

Hinzu kommen weitere Möglichkeiten bei der **Konfiguration** der Software. Sie können die Fenster nach Ihren individuellen Bedürfnissen einrichten. Erstellen Sie Ihre eigenen Tastatur-Schnelltasten (Shortcuts). Macromedia stellt hier eine Standardeinstellung zur Verfügung, die Sie jederzeit verändern, löschen und erweitern können.

Auch das Arbeiten mit **Fenstern** und **Paletten** ist einfacher und übersichtlicher geworden. Macromedia hat mit den neuen Software-Produkten (Dreamweaver 4, Fireworks 4, Flash 5) einen einheitlichen Standard realisiert. Die Benutzeroberfläche ist in allen Programmen nahezu identisch, was das Arbeiten erheblich erleichtert.

Effektive **Teamarbeit** ist dank der Integration leistungsstarker Werkzeuge und Systeme (z.B. Elementverwaltung, siteübergreifendes Reporting, konfigurierbares Site-Fenster, integrierte E-Mail, Extension Manager, Macromedia

Exchange, Microsoft Visual SourceSafe, WebDAV) möglich. Projektmanagement war noch nie so einfach.

## Nur für Mac-Benutzer

Dreamweaver 4 gibt es für Windows und Macintosh. Dieses Buch wurde auf dem PC geschrieben. Nebenan stand der Mac. Große Unterschiede gibt es in der heutigen Version nicht mehr.

Teilweise haben die Schaltflächen unterschiedliche Namen. In manchen Windows-Dialogfenstern steht zum Beispiel auf der Schaltfläche »DURCHSUCHEN«. Beim Mac heißt dieser Button »AUSWÄHLEN«. Beide Schaltflächen rufen die gleiche Funktion auf.

## Browser und ihre Tücken

Mittlerweile ist der Internet Explorer (manchmal auch IE, MSIE oder Explorer genannt) von Microsoft der am häufigsten benutzte Browser. Es gibt ihn bereits in der Version 5.5.

Netscape (auch Navigator oder einfach NN) ist der zweite große Browser-Hersteller. NN 6 ist die neueste Version.

Kleine Unterschiede gibt es zum einen in der Benutzerfreundlichkeit und Sicherheit. Diese sind aber zu vernachlässigen. Viel wichtiger für den Webdesigner und den Website-Entwickler ist jedoch die unterschiedliche Darstellung des HTML-Quelltextes.

Auch über die Darstellung (oder Nicht-Darstellung) von CSS, Layern (Ebenen) und JavaScript sollte man einiges wissen.

Was Sie berücksichtigen sollten, erfahren Sie in den einzelnen Kapiteln.

## Die Website zum Buch

Unter www.inter-medien.de/dreamweaver finden Sie im Buch gezeigte Beispiele.

Außerdem sind dort weiterführende Informationen und interessante Links zusammengestellt.

Schauen Sie doch mal rein!

## Anregungen, Kritik und Feedback

Was hat Ihnen gefallen?

Was haben Sie vermisst?

Was könnte man besser machen?

Ich freue mich über Ihre Meinung. Schreiben Sie mir eine E-Mail:

mail@susanne-rupp.de

## Jetzt geht's los ...

Damit kann unser Workshop beginnen. Am Anfang jedes Kapitels werden die jeweiligen Ziele kurz zusammengefasst.

Wichtige Begriffe, die Sie kennen sollten, werden unter WAS IST DAS? erklärt. Zusätzliche Informationen finden Sie unter HINWEIS. Auch im Lexikon sind weitere Fachausdrücke beschrieben.

TIPPS erleichtern Ihnen das Arbeiten.

Was Sie sonst noch so beachten sollten, steht unter ACHTUNG.

Dann wollen wir mal starten ...

**Kapitel 1**

# Der Start

*In unserem ersten Workshop erfahren Sie alles über den grundlegenden Aufbau von Dreamweaver 4. Dieses Basiswissen ist nötig, damit Sie sich anschließend schnell und einfach im Programm zurechtfinden. Schritt für Schritt lernen Sie damit auch die von Dreamweaver eingesetzte Terminologie kennen.*

Wenn Sie Dreamweaver erfolgreich installiert haben und es das erste Mal starten, sehen Sie ein geteiltes Hauptfenster und mehrere schwebende Fenster, die so genannten Paletten oder Inspektoren.

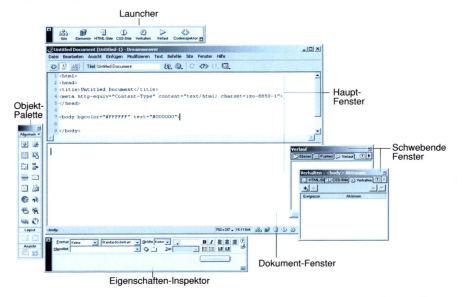

Zunächst gehe ich auf die von Dreamweaver verwendete Fachsprache ein. Anschließend erfahren Sie, was sich hinter den einzelnen Programmelementen verbirgt.

## Die Dreamweaver-Terminologie

Obwohl alle Programmbestandteile über das Fenster-Menü verfügbar sind, werden sie nicht alle Fenster genannt.

## Die Dreamweaver-Terminologie

Nach der Dreamweaver-Terminologie erscheinen Fenster in der Windows-Statusleiste. Nur das Dokument- und das Site-Fenster sind in Dreamweaver solche Stand-Alone-Bildschirmelemente.

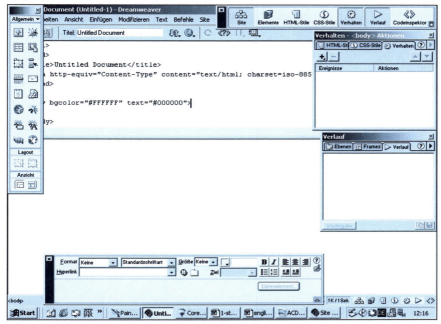

*Abbildung 1.1: In der Statusleiste erscheinen die beiden Dreamweaver-Fenster: das Dokument- und das Site-Fenster.*

Die kleinen, schwebenden Fenster nennt man Paletten oder Inspektoren.

Wenn Sie schon einmal mit Multimedia-Entwicklungsprogrammen gearbeitet haben, kennen Sie diese Fenster bereits aus Director, Photoshop oder PageMaker. Natürlich verwendet auch das eng in Dreamweaver eingebundene Fireworks diese Programmelemente.

Das Aussehen eines Inspektors ändert sich mit der Auswahl aktueller Kriterien. Beispielsweise zeigt der Eigenschaften-Inspektor immer die Eigenschaften des gerade markierten Objekts an.

Dagegen dienen Paletten der Kontrolle der gesamten Site. Hier werden Elemente – wie Stile oder Bibliotheken – verwaltet, die generell für die aktuelle Site zur Verfügung stehen.

### HINWEIS

*Paletten und Inspektoren sind Fenster im weiteren Sinne. Im Folgenden benutze ich den Begriff Fenster unabhängig von dessen Charakter.*

Sie können jedes Fenster bewegen, schließen und dessen Größe verändern. Benutzen Sie hierfür die bekannten Microsoft- bzw. Macintosh-Schaltflächen.

Sie können geöffnete Fenster aber auch über die Menüleiste wieder schließen. Dort erscheint links neben dem Namen des geöffneten Fensters ein Haken.

**Die Dreamweaver-Terminologie**

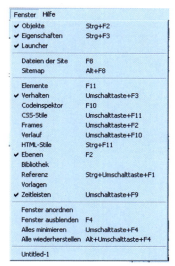

Möchten Sie dieses Fenster nun schließen, wählen Sie einfach den jeweiligen Namen im Fenster-Menü aus. Wird das Fenster geschlossen, verschwindet auch der Haken.

> **TIPP**
>
> *Es kann passieren, dass eine Palette oder ein Inspektor geöffnet ist, aber nicht auf dem Bildschirm erscheint. Wählen Sie dann FENSTER / FENSTER ANORDNEN (vgl. unten).*

Sie können jedes schwebende Fenster hin- und herbewegen. Je mehr schwebende Fenster Sie jedoch geöffnet haben, umso unübersichtlicher wird die ganze Arbeit.

**So räumen Sie den Arbeitsplatz auf:**

Um die schwebenden Objekte am Bildschirmrand anzuordnen, wählen Sie FENSTER / FENSTER ANORDNEN.

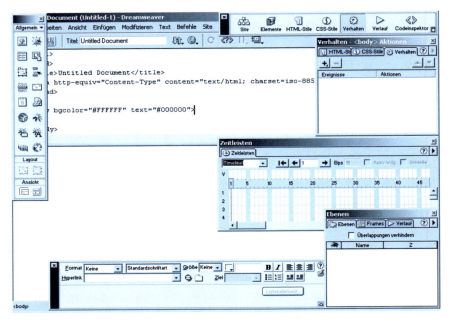

Mit F4 können Sie alle schwebenden Fenster verbergen.

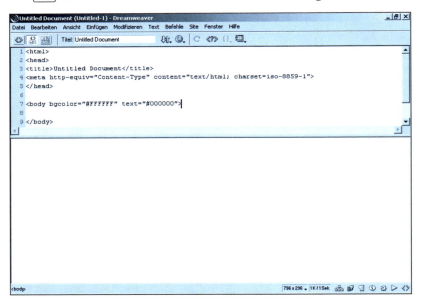

## Die Dreamweaver-Terminologie

Drücken Sie später nochmals diese Taste, erscheinen die zuvor geöffneten Fenster wieder an der gleichen Stelle. Natürlich können Sie auch über FENSTER / AUS-/EINBLENDEN gehen.

Auch wenn Sie das Programm ganz schließen und später wieder neu starten, hat Dreamweaver sich die Position der einzelnen Fenster gemerkt.

Wenn Sie mit mehreren Programmen gleichzeitig arbeiten, kann es sinnvoll sein, wenn Sie Dreamweaver zwischenzeitlich einmal ganz ausblenden können, ohne das Programm schließen zu müssen. Das funktioniert über FENSTER / ALLES MINIMIEREN. Das entsprechende Tastenkürzel lautet: ⇧ + F4 . Dreamweaver verschwindet dann in Ihrer Statusleiste, macht Platz für andere Programme und steht Ihnen aber weiterhin zur Verfügung.

Sie können mehrere Webseiten gleichzeitig geöffnet haben. Jeder Dateiname erscheint im Fenster-Menü. Durch Klicken auf den Dateinamen wechseln Sie in das entsprechende Dokument. In der folgenden Abbildung sind drei Dokumente geöffnet.

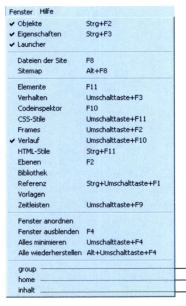

Geöffnete Dokumente

Wenn Sie alle Dreamweaver-Fenster verkleinern wollen, gehen Sie auf FENSTER / ALLE WIEDERHERSTELLEN ( Alt + Shift + F4 ). Durch diesen Befehl werden die maximierten zu freischwebenden Fenstern und sie lassen sich nun beliebig anordnen. So können Sie zum Beispiel mehrere HTML-Dokumente nebeneinander bearbeiten, ohne zwischen den Fenstern hin- und herschalten zu müssen.

In der folgenden Abbildung sehen Sie drei freischwebende Fenster.

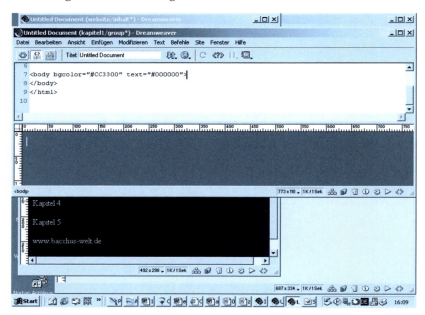

### WAS IST DAS?

#### HTML: Hyper Text Markup Language

*Mit dieser Sprache beschreiben Sie das Aussehen einer Webseite. Dreamweaver generiert automatisch den HTML-Quelltext, wenn Sie einen Text beispielsweise formatieren oder ein Bild einfügen. Sie müssen kein HTML können, um mit Dreamweaver eine Internet-Seite entwickeln zu können.*

Einen Teil der beschriebenen Funktionen können Sie auch über die gewohnten Windows- bzw. Macintosh-Schaltflächen hervorrufen. In Tabelle 1.1. habe ich Ihnen die entsprechenden Tastenkürzel und Menübefehle zusammengestellt.

## Die Dreamweaver-Terminologie

| | | | |
|---|---|---|---|
| ▭ | FENSTER / ALLES MINIMIEREN | Shift + F4 | legt alle Dreamweaver-Fenster in die Statusleiste |
| ▣ | FENSTER / ALLE WIEDERHERSTELLEN | Alt + Shift + F4 | verwandelt maximierte Dreamweaver-Fenster in freischwebende und ermöglicht das Verschieben der Dokument-Fenster |
| ✕ | DATEI / SCHLIEßEN oder | Strg + W | schließt das aktive Dokument-Fenster |
| | DATEI / BEENDEN | Strg + Q | schließt alle Dokument-Fenster und beendet das Programm |

*Tabelle 1.1: Wie von den einzelnen Programmen gewohnt, integriert auch Dreamweaver die von Windows zur Verfügung gestellten Tastenkombinationen in seiner Menüleiste.*

**TIPP**

*Über Funktionstasten und Tastatur-Kurzbefehle lassen sich Fenster, Paletten und Inspektoren schnell und einfach öffnen und schließen. Eine Übersicht dazu erhalten Sie am Ende dieses Buchs.*

### ACHTUNG

Wenn Sie das letzte Dokument-Fenster schließen wollen, will Dreamweaver wissen, ob Sie das Programm beenden wollen.

Kreuzen Sie »**Diese Warnung nicht mehr anzeigen**« an, wird das Programm zukünftig ohne weitere Meldung geschlossen. Markieren Sie das Kontrollkästchen nicht, stellt Dreamweaver jedes Mal diese Frage.

Mir ist es schon oft passiert, dass ich, statt nur ein Dokument zu schließen, ungewollt gleich das gesamte Programm beendet habe.

Machen Sie sich erst mit dem Programm vertraut und warten Sie noch ein wenig mit dem Ankreuzen.

## Das Dokument-Fenster

Das Dokument-Fenster ist das Herzstück von Dreamweaver. Die Layout-Ansicht im Dokument-Fenster kommt der Darstellung im Browser sehr nahe. Darum wird Dreamweaver auch als WYSIWYG-Editor bezeichnet.

### WAS IST DAS?

***WYSIWYG**: »what you see is what you get«*

WYSIWYG bedeutet, dass das, was Sie im Programm erstellen und sehen, dann auch genauso auf der Website erscheinen wird. Allerdings kann es Unterschiede bei den einzelnen Browsern geben.

# Das Dokument-Fenster

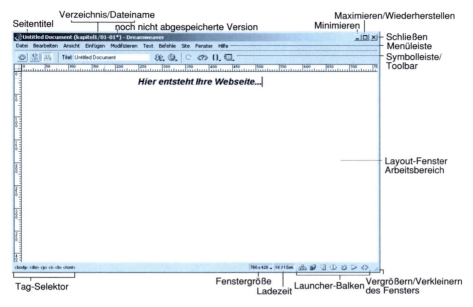

Die **Titelleiste** des Dokument-Fensters beinhaltet den Seitentitel, den Namen des Verzeichnisses, in dem die Datei abgespeichert ist, und den Dateinamen. Enthält das Dokument noch nicht gespeicherte Elemente, erscheint hinter dem Dateinamen ein Stern.

Alle Dreamweaver-Befehle sind in der **Menüleiste** verfügbar.

## Dreamweaver-Statusleiste

Das Dokument-Fenster endet unten mit der Statusleiste. Hier stehen Ihnen weitere Informationen über die von Ihnen entwickelte Webseite zur Verfügung.

Der **Tag-Selektor** zeigt den HTML-Quelltext ausgewählter Bereiche an, der das Aussehen und die Eigenschaften von Textelementen oder Objekten definiert. Mit diesem Tool können Sie HTML-Code schnell auswählen.

`<body> <div> <p> <i> <b> <font>`

Klicken Sie auf diese Tags, um den entsprechenden Inhalt des Dokumenten-Fensters auszuwählen. Wenn Sie auf **<body>** klicken, wählen Sie den gesamten Arbeitsbereich aus. Wie Sie damit arbeiten, erfahren Sie im Kapitel Objekte auswählen.

> **WAS IST DAS?**
>
> **Tag** *(sprich: Tägg): Über diese HTML-Kurzbefehle definieren Sie das Aussehen einer Webseite. Mit Tags können Sie Texte formatieren, Bilder einfügen oder Seiten miteinander verbinden (verlinken).*
>
> *Tags umschließen in der Regel den zu formatierenden Dokumententeil mit Anfangs- und entsprechenden End-Tags.*
>
> **Beispiele:**
>
> ***<p></p>*** *fügt einen Absatz ein.*
>
> ***<a href></a>*** *verweist auf eine andere Internet-Seite oder auf festgelegte Stellen im gleichen oder in einem anderen Dokument.*
>
> ***<body></body>*** *umschließt den gesamten im Browser sichtbaren Inhalt eines Dokuments.*
>
> *Im Kapitel HTML-Inspektor erfahren Sie mehr über den Aufbau des Seiten-Quelltextes.*

Über das Pop-up-Menü FENSTERGRÖSSE können Sie die Größe des Dreamweaver-Fensters nach festgelegten Pixel-Werten verändern. Dadurch bekommen Sie einen Eindruck, wie das Fenster bei den unterschiedlichen Bildschirmgrößen und Einstellungen beschnitten sein wird.

**1** Klicken Sie in den Layoutbereich, um sicherzugehen, dass dieser der aktive Arbeitsbereich ist.

Klicken Sie einfach auf das Pop-up-Menü FENSTERGRÖSSE:

`760 x 420`

**2** Wählen Sie aus dem nun offenen Menü die gewünschte Fenstergröße aus.

**Das Dokument-Fenster**

## So verändern Sie die Werte im Pop-up-Menü FENSTERGRÖSSE:

**1** Wählen Sie GRÖSSEN BEARBEITEN im Pop-up-Menü FENSTERGRÖSSE. Das Dialogfenster VOREINSTELLUNGEN mit der aktiven Tafel STATUSLEISTE erscheint.

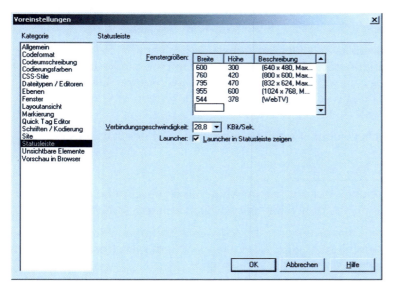

**2** Der Cursor befindet sich an der Stelle, wo Sie mit dem neuen Eintrag beginnen können.

Wenn Sie eine vorhandene Größenangabe verändern wollen, klicken Sie auf den entsprechenden Eintrag für die Breite bzw. die Höhe.

**3** Geben Sie die neuen Werte für die Höhe und Breite ein.

Wenn Sie nur einen Wert (entweder für die Breite oder für die Höhe) eingeben, passt sich das Fenster nur diesem Wert an und behält die vorherige Einstellung für das andere Maß bei.

**4** Klicken Sie auf das Feld BESCHREIBUNG und geben Sie einen kurzen Text ein.

**5** Mit *OK* bzw. durch zweimaliges Drücken der ⏎-Taste sichern Sie die Einstellungen und kehren zum Dokument-Fenster zurück.

> **ACHTUNG**
>
> *Die angegebene Fenstergröße entspricht nur dem Inhaltsfenster des Browsers, ohne Menüleisten und Rahmen. Dahinter stehen in Klammern die tatsächlichen Bildschirmgrößen. Zum Beispiel entsprechen 955x600 Pixel einer Bildschirmgröße von 1024x768 Pixel.*

Rechts neben dem Pop-up-Fenster sehen Sie die geschätzte **Dateigröße** und die daraus abgeleitete Ladezeit dieser Webseite.

Bei dieser Download-Zeit werden neben dem eigentlichen HTML-Dokument alle integrierten Dateien, wie Bilder und andere Media-Elemente, berücksichtigt. Basis dieser Statistik ist ein 28,8-Kbps-Modem. Diese Standardeinstellung in Dreamweaver können Sie über das Menü STATUSLEISTE in den VOREINSTELLUNGEN (siehe oben) ändern.

Der **Mini-Launcher** befindet sich in der rechten Ecke der Statusleiste.

Hier sind die gleichen Buttons wie im weiter unten beschriebenen Launcher enthalten. Welche Funktionen Sie hier aufrufen können, lesen Sie bitte dort.

Über BEARBEITEN / VOREINSTELLUNGEN / STATUSLEISTE können Sie diese Launcher-Leiste ein- und ausblenden. Markieren Sie hierfür das Kontrollkästchen LAUNCHER IN STATUSLEISTE ZEIGEN.

## Lineale

Damit Sie eine Seite schneller und genauer erstellen können, hält Dreamweaver mehrere Hilfsmittel für Sie bereit.

Ein wichtiges Tool sind die Lineale am oberen und linken Rand des Dokument-Fensters.

**Das Dokument-Fenster**

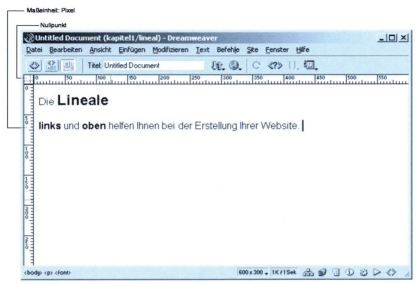

Um Lineale ein- und auszublenden, wählen Sie ANSICHT / LINEALE / ZEIGEN oder drücken Sie die Tastenkombination [Strg] + [Alt] + [Shift] + [R]. Werden die Lineale angezeigt, erscheint neben dem Menüeintrag ein Häkchen.

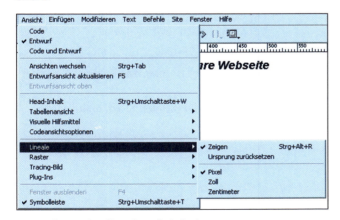

**So ändern Sie die Linealeinheiten:**

- Wählen Sie aus der Menüleiste ANSICHT / LINEALE die gewünschte Maßeinheit: Pixel, Zoll oder Zentimeter. Die verwendete Einheit wird ebenfalls durch das Häkchen markiert.

In Dreamweaver können Sie die **Position des Nullpunkts** ändern:

**1** Klicken Sie mit der Maus auf den Nullpunkt in der linken oberen Ecke des Dokument-Fensters.

**2** Halten Sie die linke Maustaste gedrückt und schieben Sie den Nullpunkt an die gewünschte Position. Dabei erscheint ein Fadenkreuz.

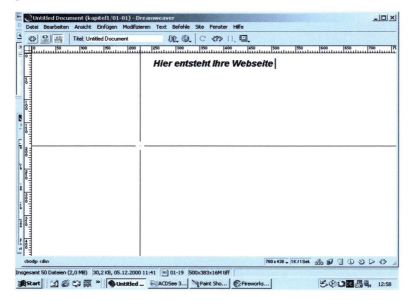

**3** Über ANSICHT / LINEALE / URSPRUNG ZURÜCKSETZEN bringen Sie den Nullpunkt zurück in seine Ausgangslage.

## Gitternetz

Eine weitere Möglichkeit, die Ihnen das Layouten einer Seite erleichtert, sind die Gitternetzlinien.

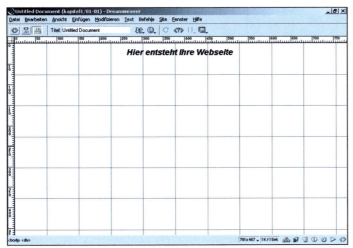

Um das Gitternetz anzuzeigen, wählen Sie aus der Menüleiste des Dokument-Fensters ANSICHT / RASTER / RASTER ANZEIGEN (Strg + Alt + G).

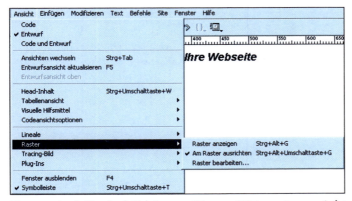

Ebenen (vgl. Kapitel 9) können Sie am Gitternetz ausrichten und dadurch genau positionieren (ANSICHT / RASTER / AM RASTER AUSRICHTEN bzw. Strg + Alt + Shift + G).

Wählen Sie ANSICHT / RASTER / RASTER BEARBEITEN, um weitere Eigenschaften des Gitternetzes festlegen zu können. Definieren Sie im Dialogfenster RASTEREINSTELLUNGEN Farbe, Abstand und Darstellung des Gitternetzes als Linien oder Punkte.

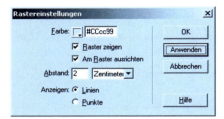

### TIPP

*Eine große Hilfe sind Lineale und Gitternetzlinien für das Positionieren von Tabellen und Ebenen. Das Vergrößern, Verkleinern und Ausrichten wird dadurch wesentlich einfacher.*

## Unsichtbare Elemente

Wie bereits erwähnt, kommt die Darstellung im Dreamweaver-Fenster der des Webbrowsers sehr nahe. Eine Ausnahme bilden hier jedoch die unsichtbaren Elemente. Diese sind nur in Dreamweaver, nicht aber im Webbrowser sichtbar.

Ein paar Beispiele sind in folgender Abbildung zu sehen:

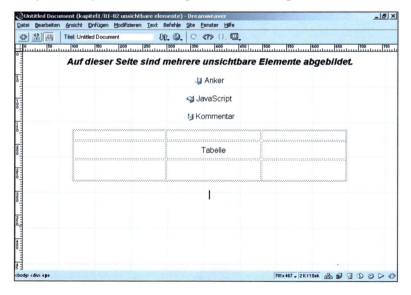

**Das Dokument-Fenster**

## So werden unsichtbare Elemente angezeigt:

**1** Wählen Sie aus der Menüleiste des Dokument-Fensters BEARBEITEN / VOREINSTELLUNGEN / UNSICHTBARE ELEMENTE.

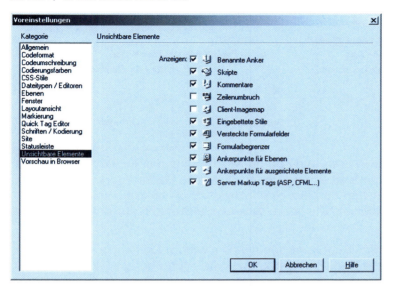

**2** Jedes ausgewählte unsichtbare Element ist mit einem Häkchen markiert. Hier können Sie auch Elemente aus der Ansicht entfernen.

**3** Bestätigen Sie Ihre Auswahl mit OK. Die ausgewählten unsichtbaren Elemente erscheinen nun als Icon im Dokument-Fenster.

> **HINWEIS**
>
> *Alle unsichtbaren Elemente werden in den entsprechenden Kapiteln erklärt. Im Dialogfenster VOREINSTELLUNGEN/UNSICHTBARE ELEMENTE sehen Sie eine Übersicht der verwendeten Icons.*
>
> *Über den Eigenschaften-Inspektor (vgl. Absatz Der Eigenschaften-Inspektor) können Sie das ausgewählte unsichtbare Element prüfen.*

## Die Symbolleiste

Die obere Symbolleiste unterhalb der Menüleiste ist erst mit dem neuen Dreamweaver 4 verfügbar.

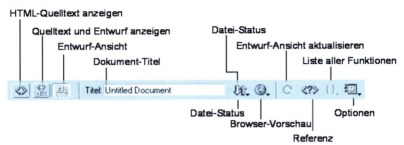

In ihr finden Sie Buttons und Pop-up-Menüs, über die Sie das Aussehen des gesamten Dokument-Fensters steuern können. Damit können Sie schnell und direkt zwischen den einzelnen Ansichten wechseln. Weiterhin stehen zusätzliche Optionen, wie beispielsweise die Browser-Vorschau, zur Verfügung.

Mit den ersten drei Buttons bestimmen Sie, was im Dokument-Fenster angezeigt wird. Diese Darstellungen können Sie auch über die Menüleiste ANSICHT aufrufen. In der neuen Dreamweaver-Version können Sie den HTML-Inspektor direkt in das Dokument-Fenster legen.

| Button | Menüleiste | Beschreibung/Auswirkung |
|---|---|---|
| | ANSICHT / CODE | zeigt nur den HTML-Quelltext an () |
| | ANSICHT / CODE UND ENTWURF | öffnet Quelltext- und Layout-Fenster () |
| | ANSICHT / ENTWURF | das Layout-Fenster wird nun aktiv |

*Tabelle 1.2: Beschreibung der einzelnen Buttons in der Symbolleiste.*

Jede Veränderung im HTML-Inspektor wird im Dokument-Fenster angezeigt. Gleichzeitig wird jede Änderung im Dokument-Fenster automatisch als HTML im HTML-Inspektor umgesetzt.

Im Absatz über den HTML-Editor bzw. HTML-Inspektor werde ich näher auf die Möglichkeiten der Quelltextbearbeitung eingehen.

# Die Symbolleiste

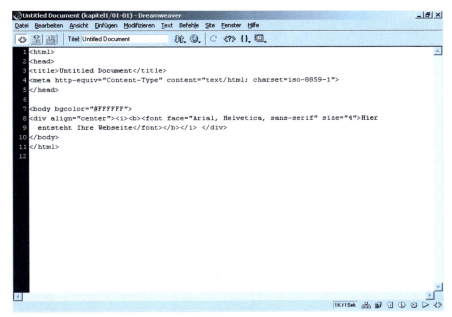

Abbildung 1.3: Die HTML-Ansicht im Dokument-Fenster.

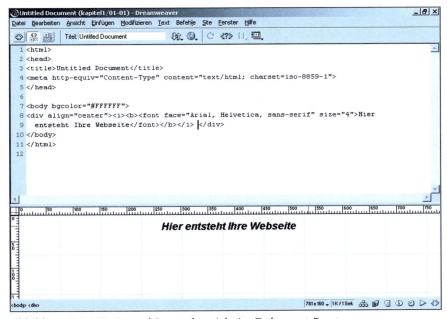

Abbildung 1.4: HTML- und Entwurfsansicht im Dokument-Fenster.

Mit ANSICHT / ENTWURFSANSICHT OBEN verändern Sie die Anordnung der einzelnen Bereiche.

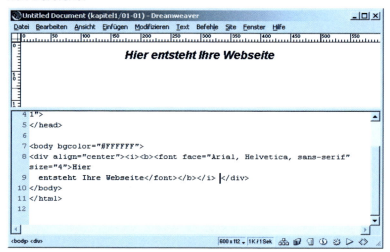

Um mehr Platz zu bekommen, habe ich auch noch die Symbolleiste ausgeblendet. Wählen Sie hierfür in der Menüleiste ANSICHT / SYMBOLLEISTE. Das entsprechende Tastenkürzel lautet: `Strg` + `Shift` + `T`.

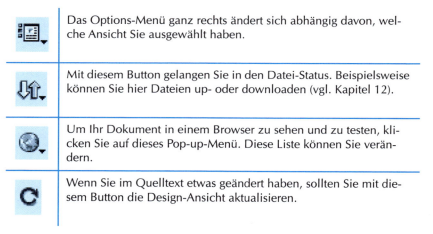

Tabelle 1.3: Die Symbolleiste enthält auch Befehle, die mit dem Dokumentenstatus zusammenhängen.

# Die Symbolleiste

> **TIPP**
>
> *Zeigt das Dokument-Fenster sowohl die HTML- als auch die Entwurfsansicht, werden die jeweiligen Optionen aktiviert, indem Sie zuvor das entsprechende Fenster markieren.*

**So fügen Sie weitere Browser der BROWSER-VORSCHAU hinzu:**

**1** Klicken Sie auf den Button BROWSER-VORSCHAU  in der Symbolleiste. Wählen Sie **Browserliste bearbeiten**.

**2** Oder wählen Sie in der Menüleiste BEARBEITEN / VOREINSTELLUNGEN / VORSCHAU IN BROWSER.

**3** Klicken Sie auf den (+)-Button und wählen Sie das Programm auf Ihrem Rechner aus.

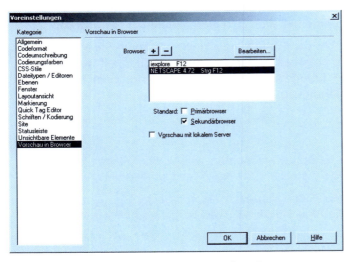

**So entfernen Sie einen Browser aus der Liste:**

**1** Markieren Sie diesen.

**2** Drücken Sie dann die ⎡-⎤-Taste.

**3** Bestätigen Sie mit OK.

# Objekte auswählen

Es gibt mehrere Möglichkeiten, Elemente einer Webseite auszuwählen.

- Klicken Sie zweimal hintereinander in das auszuwählende **Wort**. Dieses ist nun markiert.
- Um eine **Textzeile** zu markieren, klicken Sie diese im Design-Fenster links an oder drücken Sie ⇧ + ← bzw. →.
- Eine **HTML-Zeile** markieren Sie, indem Sie auf die entsprechende Zeilennummer im linken Rand Ihres HMTL-Editors klicken. Diese muss dafür sichtbar sein. Möchten Sie die Zeilennummern angezeigt bekommen, klicken Sie auf den Button OPTIONEN in der Symbolleiste und wählen den Befehl **Zeilennummern**.
- Klicken Sie einmal mit der Maus in ein **Bild**. Dieses haben Sie damit ausgewählt.
- Am schnellsten wählen Sie eine **Tabelle** aus, indem Sie mit der rechten Maustaste in diese hineinklicken und gleichzeitig Strg drücken.
- Sie können auch über die Menüleiste arbeiten: Wählen Sie MODIFIZIEREN / TABELLE / TABELLE AUSWÄHLEN. Eine weitere Möglichkeit besteht darin, den Cursor in die Tabelle zu setzen und dann mit dem Tastenkürzel Strg + A die Tabelle auszuwählen.

> **TIPP**
>
> *In Dreamweaver 4 können Sie mehrere Zellen einer Tabelle gleichzeitig markieren. Diese müssen nicht mehr nebeneinander liegen.*
>
> *Klicken Sie mit der linken Maustaste bei gedrückter* Strg *auf die zu markierende Zelle. Wiederholen Sie den Vorgang so oft wie nötig.*

Markierte Objekte lassen sich ausschneiden, kopieren, verschieben und löschen. Außerdem können Sie deren Eigenschaften verändern.

Egal, ob Sie in der Entwurfs- oder der Code-Ansicht arbeiten, die markierte Stelle wird gleichzeitig im anderen Fensterteil hervorgehoben. Ein im Entwurf-Fenster markiertes Objekt ist gleichzeitig auch im HTML-Quelltext hinterlegt. Umgekehrt ist der markierte Quelltext parallel auch in der Design-Ansicht ausgewählt.

## Objekte auswählen

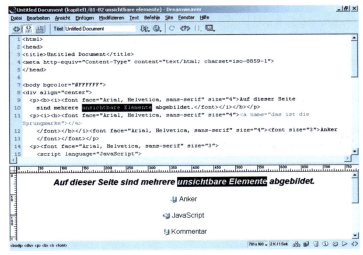

Auf diese Weise finden Sie sehr schnell bestimmte Elemente im HTML-Quelltext.

Wer sich im Quelltext schon etwas auskennt, kann über den **Tag-Selektor** Code- und Design-Elemente auswählen.

Im folgenden Beispiel wurde die hervorgehobene Tabellenzelle über den Tag-Selektor markiert. Auch hier wird gleichzeitig der entsprechende HTML-Quelltext hervorgehoben.

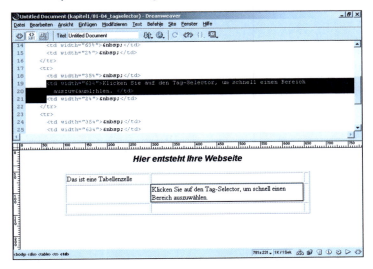

Wenn Sie einen Absatz markieren wollen, klicken Sie auf ein Wort in diesem Absatz. Anschließend drücken Sie auf das **<p>** im Tag-Selektor. **<p>** steht für Paragraf (Absatz).

Der Tag-im-Tag-Selektor vereinfacht das Selektieren von Tabellen, Links und des **<body>** einer Seite. Um jedoch sinnvoll damit arbeiten zu können, sind HTML-Kenntnisse nötig.

# Der Eigenschaften-Inspektor

Im Eigenschaften-Inspektor können Sie die Eigenschaften des ausgewählten Textes oder Objekts ändern. Je nachdem, welches Objekt ausgewählt ist, ändert der Eigenschaften-Inspektor sein Aussehen.

Zum Beispiel kann der Eigenschaften-Inspektor bei einer markierten Textstelle folgendermaßen aussehen.

## Der Eigenschaften-Inspektor

Bei einer markierten Tabelle sieht er dagegen ganz anders aus:

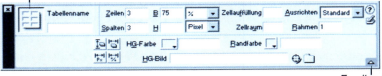

Erweitern/
Ansicht verkleinern

Um eine geänderte Eigenschaft zu bestätigen, können Sie entweder auf die ZUWEISEN-Schaltfläche links oben klicken oder Sie drücken `↵`. Wenn Sie den Inspektor verlassen, werden die Einstellungen in der Regel automatisch übernommen.

> **HINWEIS**
>
> *Bei der Auswahl von Text werden Sie im Eigenschaften-Inspektor keine ANWENDEN-Schaltfläche finden. Bei allen anderen Elementen, wie Bildern, Tabellen, Flash-Filmen, Formularfeldern oder Ebenen, erscheint eine Grafik des Elements in der ZUWEISEN-Schaltfläche. Sie trägt den Namen des Objekts.*

Über den Erweitern-Pfeil rechts unten können Sie die Anzeige des Inspektors verkleinern oder vergrößern.

Den Eigenschaften-Inspektor öffnen und schließen Sie über FENSTER / EIGENSCHAFTEN oder mit `Strg` + `F3`.

> **TIPP**
>
> *Kontextmenüs bieten schnellen Zugriff auf nützliche Einstellungen für die aktuelle Auswahl. Klicken Sie mit der rechten Maustaste auf das Objekt. Wählen Sie in dem sich öffnenden Kontextmenü den gewünschten Befehl aus.*

## Der Launcher

Um den Launcher ein- oder auszublenden, wählen Sie FENSTER / LAUNCHER. Der Launcher ist ein schwebendes Fenster, über das Sie weitere Fenster aufrufen können.

Standardmäßig öffnen die Launcher-Buttons das Site-Fenster, die Elemente-Palette, die HTML- und CSS-Stile, die Verhaltensweisen-Palette, den Verlauf und den Code-Inspektor.

Die Icons erscheinen ebenfalls in der Mini-Launcher-Leiste unterhalb des Dokument-Fensters.

> **HINWEIS**
>
> Klicken Sie auf das Orientierungssymbol in der rechten unteren Ecke des Launchers. Damit können Sie ihn vertikal oder horizontal anordnen.

> **TIPP**
>
> Aktivieren Sie das Kontrollkästchen LAUNCHER IN STATUSLEISTE ZEIGEN unter BEARBEITEN / VOREINSTELLUNGEN / STATUSLEISTE. Sie sparen dadurch Platz und behalten leichter den Überblick.

**Einrichten der Launcher-Leiste:**

**1** Wählen Sie BEARBEITEN / VOREINSTELLUNGEN und klicken Sie in der Liste auf FENSTER.

## Der Launcher

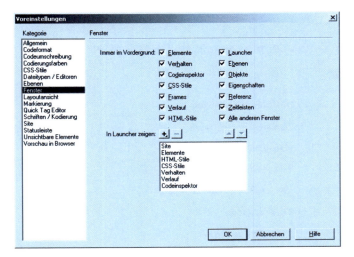

**2** Welche Buttons in der Launcher-Leiste erscheinen, sehen Sie unter IN LAUNCHER ZEIGEN.

**3** Um einen weiteren Button hinzuzufügen, klicken Sie auf den Plus-Button (+).

**4** Wenn Sie ein Icon entfernen wollen, klicken Sie auf den Minus-Button (–).

**5** Um die Reihenfolge der Icons in der Launcher-Leiste zu ändern, markieren Sie den entsprechenden Eintrag und klicken Sie auf die links über dem Kasten stehenden Pfeile, bis die gewünschte Position erreicht ist. Wenn Sie einen Eintrag in der Liste nach unten verschieben, bewegen Sie das Icon in der Launcher-Leiste nach rechts.

**6** Bestätigen Sie Ihre Änderungen mit OK.

**7** Ihre Änderungen sind nun aktiv.

# Die Objektpalette

Öffnen Sie die Objektpalette über die Menüleiste FENSTER / OBJEKTE.

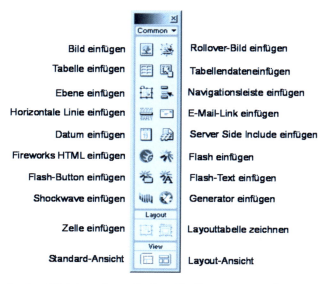

In der Objektpalette finden Sie Buttons, mit denen Sie unterschiedliche Objekttypen einbinden und entwickeln können. Dazu gehören beispielsweise Bilder, Tabellen, Ebenen und Frames.

Über die Objektpalette können Sie außerdem zwischen Standard- und Layoutansicht wechseln. Außerdem stehen die Layout-Zeichen-Elemente zur Verfügung. Weitere Informationen dazu finden Sie in Kapitel 6.

Neben dem allgemeinen Menü sind mehrere, auf bestimmte Elemente spezialisierte Menüs integriert: Formulare, Frames, Head, Spezial, unsichtbare Elemente und Sonderzeichen. Um diese aufzurufen, müssen Sie auf das Pulldown-Menü in der rechten oberen Ecke des Objekt-Managers klicken.

# Die Objektpalette

In den weiteren Kapiteln werden wir mit der Objektpalette arbeiten. Dort erfahren Sie dann Schritt für Schritt, wie Objekte eingefügt werden.

**So ändern Sie die Einstellungen für die Objektpalette:**

**1** Wählen Sie BEARBEITEN / VOREINSTELLUNGEN und gehen Sie dann auf ALLGEMEIN.

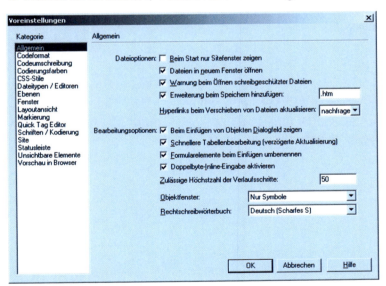

**2** Geben Sie unter OBJEKTPALETTE an, ob Sie nur Icons, nur Text oder beides sehen möchten.

47

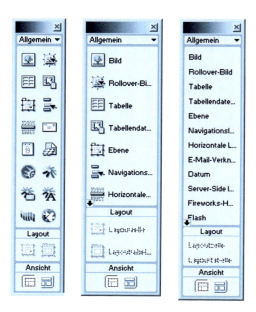

**3** Sie können hier auch angeben, ob jedes Mal, wenn Sie ein Objekt einfügen, ein Dialogfenster erscheinen soll, das Sie beispielsweise nach dem Verzeichnis fragt, in dem die Datei abgelegt ist.

## Der Verlauf

Wählen Sie FENSTER / VERLAUF oder drücken Sie [Shift] + [F10].

Das Verlauf-Fenster enthält eine Liste all jener Schritte, die Sie im aktiven Fenster abgearbeitet haben.

# Der Verlauf

### ACHTUNG

*Der Verlauf zeigt nicht die Arbeitsschritte, die Sie in anderen Frames, in anderen Dokument-Fenstern oder im Site-Fenster erledigt haben.*

Mit dem Verlauf können Sie eine oder mehrere Etappen Ihrer Arbeit rückgängig machen. Außerdem können Sie Befehle entwickeln, die sich wiederholende Aufgaben automatisieren.

**Einen oder mehrere Arbeitsschritte rückgängig machen:**

 Der Zeiger am linken Rand zeigt den letzten Arbeitsschritt an. Ziehen Sie den Zeiger am linken Fensterrand auf die gewünschte Position.

 Der annullierte Arbeitsschritt erscheint nun grau.

### HINWEIS

*Sie können auch über das Menü (BEARBEITEN / RÜCKGÄNGIG) arbeiten, wie Sie es von anderen Programmen bereits kennen.*

### ACHTUNG

*Sie können nur über den Zeiger bestimmte Schritte rückgängig machen. Das Markieren der Bezeichnung in der Fenstermitte genügt nicht.*

Wenn Sie einige Arbeiten rückgängig gemacht haben und dann weiterarbeiten, erscheinen die gelöschten Schritte nicht mehr im Verlauf.

> **TIPP**
>
> *Wählen Sie ALLGEMEIN unter BEARBEITEN / VOREINSTELLUNGEN und legen Sie die maximale Anzahl der Arbeitsschritte fest, die im Verlauf angezeigt werden sollen. Bitte beachten Sie, dass bei einer größeren Zahl auch mehr Arbeitsspeicher benötigt wird.*

Nachdem Sie nun die grundlegenden Informationen über Dreamweaver kennen und wissen, wie dieses Programm aufgebaut ist, beginnen wir jetzt mit der praktischen Arbeit.

# Kapitel 2

# Die erste Website

*In diesem Workshop erfahren Sie, wie Sie eine Webpage erstellen, öffnen, speichern und drucken. Wir legen die Seiteneigenschaften und allgemeine Eigenschaften von Objekten fest. Anschließend erfahren Sie, wie Sie die Basis für ein gutes Site-Management legen.*

In Dreamweaver haben Sie mehrere Möglichkeiten, um ein Dokument zu erstellen. Sie können eine leere Seite anlegen, ein bereits vorhandenes HTML-Dokument öffnen oder ein neues Dokument auf der Basis von Templates entwickeln.

Wenn Sie das Programm neu starten, legt Dreamweaver automatisch eine leere Dokumentseite an.

### WAS IST DAS?

**Templates** sind Formatvorlagen, die das Layout einer Seite festlegen. In Dreamweaver können Sie diese Musterseite selbst aufbauen.

Eine **Website** besteht aus mehreren miteinander verbundenen (verlinkten) HTML-Dokumenten. Sie zeigen ein ähnliches Design, behandeln in der Regel ähnliche bzw. verwandte Themen und stehen für das gleiche Ziel.

## Eine neue HTML-Seite erstellen

Um eine neue, leere HTML-Seite in Dreamweaver zu erstellen, gehen Sie folgendermaßen vor:

**1** Wählen Sie DATEI / NEU ( Strg + N ) im Dokument-Fenster.

## Eine neue HTML-Seite erstellen

**2** Oder gehen Sie über das Site-Fenster und klicken Sie auf DATEI / NEUES FENSTER.

**3** Ein neues Dokument-Fenster hat sich geöffnet.

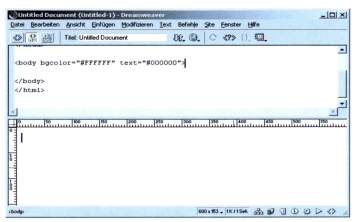

Im HTML-Inspektor erkennen Sie, dass das Dokument nicht vollkommen leer ist. Es beinhaltet bereits folgende Tags: **<html>**, **<head>** und **<body>** und deren schließende Tag-Form.

Wenn Sie nun Text, Bilder, Tabellen und andere Elemente in das Dokument einfügen (wie das geht, sehen wir später), können Sie im geöffneten HTML-Inspektor sehen, wie der Quelltext gleichzeitig aufgebaut wird.

# Eine vorhandene HTML-Seite öffnen

Wenn Sie schon einmal eine HTML-Datei erstellt haben, können Sie diese in Dreamweaver öffnen und bearbeiten. Die Datei muss ursprünglich nicht in Dreamweaver erstellt worden sein.

Außerdem können Sie Textdateien, wie beispielsweise JavaScript, in Dreamweaver öffnen

**1** Wählen Sie DATEI / ÖFFNEN aus der Menüleiste des Dokument-Fensters.

**2** Die Dialogbox DATEI ÖFFNEN erscheint. Standardmäßig zeigt Dreamweaver immer das zuletzt geöffnete Verzeichnis an.

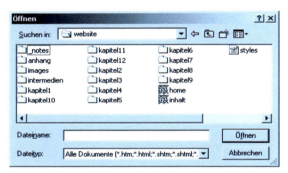

**3** Möchten Sie nur einen bestimmten Dateityp angezeigt bekommen, bestimmen Sie diesen in dem unteren Dialogfeld.

**4** Falls sich die Datei in einem anderen Ordner befindet, durchsuchen Sie die Ordner auf Ihrem Computer, bis Sie die gewünschte Datei gefunden haben.

**5** Klicken Sie die Datei an. Der Dateiname erscheint nun im Listenfeld DATEINAME.

**6** Klicken Sie auf die Schaltfläche ÖFFNEN oder bestätigen Sie mit ⏎.

**7** Die Datei wird im Dokument-Fenster geöffnet.

# Eine vorhandene HTML-Seite öffnen

**TIPP**

*Die vier zuletzt geöffneten HTML-Dokumente sind in der Menüleiste unter DATEI eingetragen. Klicken Sie mit der Maus darauf und das Dokument wird direkt geöffnet.*

**HINWEIS**

*Eine in Microsoft Word erstellte Datei öffnen Sie über das Menü DATEI / IMPORT / WORD HTML IMPORTIEREN (vergl. Kapitel Text und Absatz).*

# Speichern

Sichern Sie regelmäßig Ihre Arbeit. Es ist immer ärgerlich, wenn der Rechner plötzlich abstürzt oder sonst etwas schief läuft. Gehen Sie auf Nummer Sicher.

**1** Wählen Sie DATEI / SPEICHERN UNTER. Die Dialogbox SPEICHERN UNTER erscheint.

**2** Gehen Sie in den Ordner, in den Sie die Datei speichern möchten.

**3** Geben Sie einen Dateinamen ein.

**4** Wenn Sie eine andere Dateiendung (z.B. `.cgi` oder `.asp`) benutzen möchten, müssen Sie noch den Dateityp bestimmen.

### HINWEIS

*PCs sichern standardmäßig die HTML-Dateien mit der Erweiterung `.htm`. Macs dagegen benutzen die Extension `.html`. Sie müssen nicht selbst die Dateiendung angeben.*

**5** Klicken Sie auf die Schaltfläche SPEICHERN oder bestätigen Sie Ihre Eingabe mit ⏎.

### ACHTUNG

#### Konventionen für Dateinamen

*Wenn Sie Ihr Dokument sichern, sollten Sie Leer- und Sonderzeichen im Datei- und Verzeichnisnamen vermeiden. Viele Server ändern während des Datei-Uploads diese Zeichen. Damit sind alle Verweise auf die Datei unterbrochen.*

Wenn Sie eine Datei schließen wollen, die noch nicht gespeichert ist, erscheint folgendes Dialogfenster:

Klicken Sie auf JA und es erscheint das Dialogfenster SPEICHERN UNTER. Gehen Sie auf NEIN, wird die Datei ohne Abspeichern geschlossen. Klicken Sie auf ABBRECHEN, bleibt das HTML-Dokument geöffnet.

# Seiteneigenschaften

Anders als Elemente, die nur für bestimmte Objekte gültig sind, gelten die Seiteneigenschaften für die gesamten Seite.

Sichtbare Seiteneigenschaften sind der Seitenname, das Hintergrundbild oder die Hintergrundfarbe, die Farbe von Text und Hyperlinks sowie die Seitenränder. Andere Eigenschaften betreffen die Kodierung des Dokuments und das Tracing-Bild.

- Öffnen Sie das Dialogfeld SEITENEIGENSCHAFTEN unter MODIFIZIEREN / SEITENEIGENSCHAFTEN oder drücken Sie ⌈Strg⌉ + ⌈J⌉. Die Dialogbox SEITENEIGENSCHAFTEN wird geöffnet.

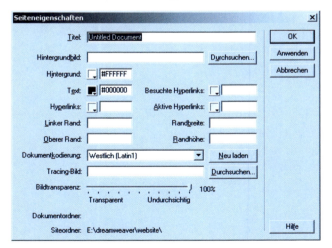

## Der Seitentitel

**1** Öffnen Sie wie oben beschrieben das Dialogfenster SEITENEIGENSCHAFTEN.

**2** Standardmäßig steht im Titel »Untitled Document«. Überschreiben Sie diesen Platzhalter-Seitennamen.

**3** Klicken Sie auf OK, um die Dialogbox zu schließen oder verändern Sie weitere Seiteneigenschaften.

**4** Der Seitentitel erscheint in der Dreamweaver-Titelleiste. Ebenso ist der Seitentitel im Browser-Titelbalken zu sehen.

### HINWEIS

*Der Seitenname wird im **<head>**-Tag gespeichert.*

### TIPP

*Sie müssen keinen Seitennamen vergeben. Tatsächlich sind alle Seiten mit »Untitled Document« benannt. Diesen Namen sollten Sie unbedingt ändern, denn einige Suchmaschinen (vgl. Anhang) benutzen ihn, um den Index zu erstellen. Wählen Sie für den Seitentitel daher einen aussagekräftigen Namen.*

### WAS IST DAS?

*Jedes HTML-Dokument hat neben dem **<body>** einen **<head>**. Der **<head>** ist der Kopfteil einer HTML-Datei. Er enthält Angaben und Anweisungen für den Web-Browser, für den Server-Rechner und für die Suchmaschinen.*

# Der Hintergrund

Im Dialogfenster SEITENEIGENSCHAFTEN legen Sie das Hintergrundbild und die Hintergrundfarbe einer Seite fest. Wenn Sie beides definieren, erscheint, während das Hintergrundbild geladen wird, zunächst die Hintergrundfarbe. Anschließend überlagert das Bild die Hintergrundfarbe. Enthält dieses transparente Pixel, scheint die Hintergrundfarbe durch.

**So definieren Sie Hintergrundbild oder Hintergrundfarbe:**

**1** Wählen Sie MODIFIZIEREN / SEITENEIGENSCHAFTEN oder klicken Sie mit der rechten Maustaste in die Designansicht, um das entsprechende Kontextmenü zu öffnen. Klicken Sie hier ebenfalls auf die Seiteneigenschaften.

**2** Um ein Hintergrundbild auswählen zu können, klicken Sie auf den DURCHSUCHEN-Button. Die Dialogbox BILDQUELLE AUSWÄHLEN erscheint.

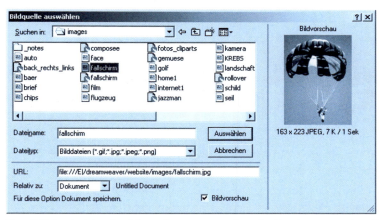

Das Bild wird in der Vorschau angezeigt. Außerdem werden Bildgröße und Downloadzeit berechnet.

Sind Ihnen Pfad- und Dateiname bekannt, können Sie diese natürlich auch direkt in das Eingabefeld eintragen.

**HINWEIS**

*Füllt ein Hintergrundbild das Entwurf-Fenster nicht vollständig aus, wird es gekachelt. Dreamweaver zeigt den Kachel-Effekt, wie er auch später im Browser zu sehen sein wird.*

*Ein gekacheltes Hintergrundbild. Es wird von links nach rechts und von oben nach unten so oft wiederholt, bis das Fenster gefüllt ist.*

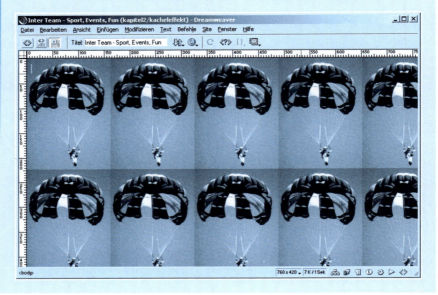

**3** Die Hintergrundfarbe legen Sie fest, indem Sie auf den entsprechenden Farb-Kasten klicken. Wählen Sie mit der Pipette eine Farbe aus der nun offenen Farbpalette aus.

## Seiteneigenschaften

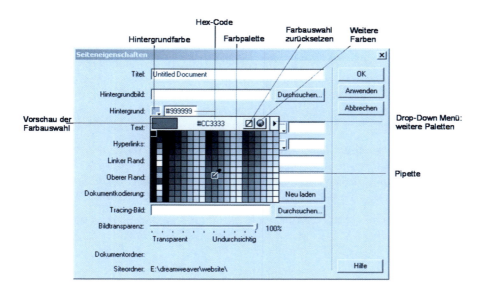

> **TIPP**
>
> Mit der Pipette lassen sich auch Farben außerhalb der Dreamweaver-Farbpalette aufnehmen. Dabei können Sie auch das Dreamweaver-Fenster verlassen und Farben aus anderen Anwendungen aufgreifen. Wenn Sie dann zu Dreamweaver zurückkehren wollen, klicken Sie auf irgendein Dreamweaver-Fenster und führen Sie Ihre Arbeit fort.

**4** Um weitere Paletten zu bekommen, klicken Sie auf das Pull-down-Menü rechts oben.

Standardmäßig zeigt Dreamweaver die **Farbwürfel** an. Beachten Sie bei Ihrer Auswahl, dass nur die Paletten FARBWÜRFEL und DURCHGEHENDER TON Web-Safe sind.

### HINWEIS

*Insgesamt gibt es 216 **Web-Safe-Farben**. Schauen Sie sich die Farben mit einer Grafikkarte, die 256 Farben darstellen kann, an, werden Web-Safe-Farben auf dem Windows- und Macintosh-System in der gleichen Weise dargestellt. Auch zwischen dem Microsoft Internet Explorer und dem Netscape Navigator gibt es keine Unterschiede.*

*Im HTML-Quelltext werden Farben entweder mit Hexadezimalwerten (z.B. #FF0000) oder als Farbname (z.B. red) definiert. Jeder Hexidezimalcode ist eine Kombination der Werte 00, 33, 66, 99, CC und FF. Diese entsprechen den RGB-Werten 0, 51, 102, 153, 204 und 255.*

*Eine kleine Ausnahme gibt es doch: Der Internet Explorer zeigt die Farben #0033FF (0,51,255), #3300FF (51,0,255), #00FF33 (0,255,51) und #33FF00 (51,255,0) nicht ganz korrekt an.*

Die aktuelle Farbe löschen Sie, indem Sie entweder eine neue Farbe auswählen oder auf den durchgestrichenen Button ▨ (STANDARDFARBE) klicken.

Wenn Sie auf den Button SYSTEMFARBENAUSWAHL 🌐 klicken, können Sie in der sich öffnenden Dialogbox Millionen von weiteren Farben auswählen.

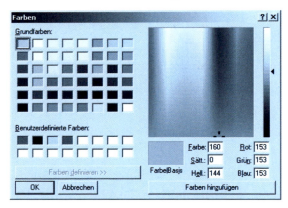

## Text und Links

Standardmäßig ist die Textfarbe einer Webseite Schwarz. Vor allem auf Seiten mit dunklem Hintergrund möchten Sie die Textfarbe ändern. Stellen Sie sicher, dass der Text gut lesbar ist. Legen Sie ein harmonisches Farbklima für Ihre Seiten fest.

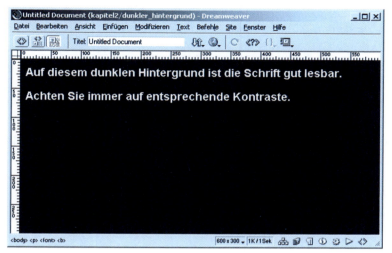

Im Dialogfenster SEITENEIGENSCHAFTEN (vgl. oben) können Sie neben dem Text auch Hyperlinks, besuchten und aktiven Links entsprechende Farben zuweisen. Gehen Sie dabei wie im Absatz Der Hintergrund beschrieben vor.

### HINWEIS
*Die aktive Linkfarbe erscheint, während Sie auf den Link klicken.*

Die für die Seite eingestellte Textfarbe im **<body>** können Sie unterdrücken. Legen Sie für die entsprechende Textstelle einfach die Farbe fest (vgl. Kapitel 3).

## Seitenränder

**Linker Rand** und **Oberer Rand** legen die Größe der Seitenränder fest. Allerdings kann diesen **<body>**-Eintrag nur der Internet Explorer interpretieren. Netscape ignoriert diese Werte und interpretiert stattdessen **Randbreite** und **Randhöhe**. Mit diesen kann wiederum der Internet Explorer nichts anfangen.

Um die beste Darstellung in allen Browsern zu bekommen, sollten Sie daher alle vier Werte eintragen.

> **ACHTUNG**
>
> *Dreamweaver zeigt die Seitenränder nicht im Dokument-Fenster an. Benutzen Sie dafür die Vorschau im Browser (vgl. Absatz Vorschau im Browser).*

## Dokumentkodierung

Mit diesem Pull-down-Menü legen Sie fest, wie der Browser die einzelnen Schriftzeichen Ihres Dokuments interpretieren soll. Wählen Sie `Western`, wenn es sich um Deutsch, Englisch oder andere westeuropäische Sprachen handelt.

Für zentraleuropäische Sprachen, Kyrillisch, Griechisch, Isländisch, Japanisch, Chinesisch und Koreanisch stehen zusätzliche Optionen zur Verfügung.

> **TIPP**
>
> *Um die in Dreamweaver angezeigte Schrift zu verändern, gehen Sie auf BEARBEITEN / VOREINSTELLUNGEN / SCHRIFTEN / CODIERUNG. Diese Einstellung hat keinen Einfluss darauf, wie der Besucher Ihrer Seite den Text sieht.*

## Tracing-Bild

Mit Dreamweaver können Sie eine Grafik in den Hintergrund legen und diese als Vorlage für den Aufbau der eigentlichen Seite verwenden. Dieses Tracing-Bild ist lediglich eine Designhilfe. Das Bild wird nicht im Quelltext abgespeichert und damit auch nicht vom Browser angezeigt.

**So platzieren Sie ein Tracing-Bild in Ihrem Dokument-Fenster:**

**1** Klicken Sie in der Dialogbox SEITENEIGENSCHAFTEN auf den entsprechenden DURCHSUCHEN-Button.

**2** Wählen Sie in dem Dialogfenster das gewünschte Bild aus. Die Grafik muss als JPEG, GIF oder PNG vorliegen. Sie gelangen auch über ANSICHT / TRACING-BILD / LADEN zu diesem Fenster.

# Seiteneigenschaften

**3** Stellen Sie bei den Seiteneigenschaften die Transparenz des Tracing-Bildes mit dem Bildtransparenz-Schieber ein.

> **HINWEIS**
>
> Wenn Sie ein Tracing-Bild verwenden, ist in Dreamweaver das eigentliche, im Quelltext eingebundene Hintergrundbild nicht mehr sichtbar. In der Browser-Ansicht hat sich aber nichts geändert.

### So verbergen Sie das Tracing-Bild oder lassen dieses anzeigen:

- Wählen Sie ANSICHT / TRACING-BILD / ZEIGEN aus der Menüleiste. Erscheint der Haken hinter diesem Befehl, wird das Tracing-Bild angezeigt.

### So verändern Sie die Position des Tracing-Bildes:

**1** Klicken Sie auf ANSICHT / TRACING-BILD / POSITION EINSTELLEN in der Menüleiste.

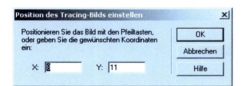

**2** Geben Sie konkrete Werte für die genaue X- und Y-Position ein oder verschieben Sie das Bild mit den Pfeiltasten an die gewünschte Stelle.

> **TIPP**
>
> Um ein Bild 5 Pixel gleichzeitig zu verschieben, drücken Sie gemeinsam mit der Pfeiltaste .

### So setzen Sie die Position des Tracing-Bildes auf den Nullpunkt der X-/Y-Achse zurück:

- Wählen Sie ANSICHT / TRACING-BILD / POSITION ZURÜCKSETZEN. Das Tracing-Bild kehrt auf die ursprüngliche Position in der linken oberen Ecke zurück.

### Um das Tracing-Bild an einem ausgewählten Element anzuordnen:

**1** Wählen Sie ein Element im Dokument-Fenster aus.

**2** Gehen Sie auf ANSICHT / TRACING-BILD / AN AUSWAHL AUSRICHTEN.

Die obere linke Ecke des **Tracing-Bildes** ist nun an der oberen linken Ecke des ausgewählten Elements ausgerichtet.

## Vorschau im Browser

Sie können Ihre Arbeit jederzeit im Web-Browser überprüfen.

**1** Wählen Sie DATEI / VORSCHAU IN BROWSER. Und gehen Sie dann auf den angezeigten Browsernamen. In unserem Beispiel ist der Internet Explorer eingerichtet. Oder drücken Sie F12 .

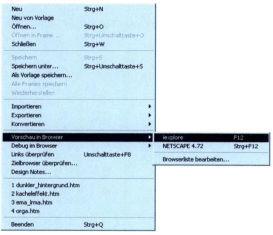

- Falls Ihr Browser nicht geöffnet ist, startet Dreamweaver ihn automatisch und lädt die aktuelle Seite.
- Ist Ihr Browser geöffnet, lädt Dreamweaver die Seite in einem neuen Browser-Fenster.

**2** Kehren Sie über die Taskleiste zurück zu Dreamweaver und bearbeiten Sie Ihr Dokument.

## HINWEISE

Dreamweaver erstellt für die Anzeige im Browser eine temporäre Datei. Änderungen werden nur über F12 angezeigt. Die Schaltflächen AKTUALISIEREN oder ERNEUT LADEN in Ihrem Browser zeigen nicht die aktuelle Version Ihrer Arbeit.

Natürlich können Sie das Dreamweaver-Dokument auch jedes Mal abspeichern und im Browser unter DATEI / ÖFFNEN ansehen. In diesem Fall zeigt das Aktualisieren der Seite den gewohnten Effekt.

Gehen Sie auf DATEI / VORSCHAU IN BROWSER / BROWSERLISTE BEARBEITEN, um neue Browser zur Browservorschau hinzuzufügen (+) oder vorhandene zu löschen (–).

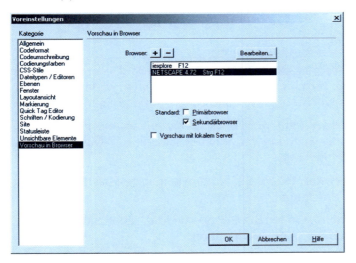

# Drucken

Dreamweaver kennt keine Druckfunktion. Wenn Sie Ihre Seite drucken wollen, gehen Sie in die Browservorschau oder öffnen Sie die abgespeicherte Seite. Wählen Sie hier DATEI / DRUCKEN oder klicken Sie auf den Drucken-Button.

# Lokale Site und Projektverwaltung

Eine lokale Site ist eine Ansammlung mehrerer Seiten, die auf Ihrem Computer oder in einem lokalen Netzwerk abgespeichert sind und später im Internet veröffentlicht werden sollen. Diese müssen nicht unbedingt im gleichen Verzeichnis liegen. Der Datei-Manager in Dreamweaver hilft Ihnen beim Zusammensuchen der benötigten Bilder, Webseiten und der integrierten Elemente (vgl. Kapitel Hyperlinks).

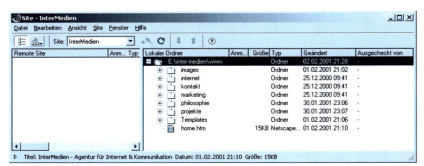

Dreamweaver erleichtert Ihnen das Verwalten Ihrer Links. Verändern Sie den Dateinamen oder verschieben Sie die Datei in einen anderen Ordner, aktualisiert Dreamweaver automatisch alle Links zu dieser Seite.

Das Site-Fenster ist sowohl ein wertvolles Werkzeug für die Planung und Verwaltung von Sites als auch ein voll funktionsfähiger FTP-Client (vgl. Kapitel Webseite veröffentlichen).

Öffnen Sie das Site-Fenster, indem Sie in der Menüleiste FENSTER / DATEIEN der Site wählen oder drücken Sie F8.

Das Site-Fenster erscheint. Öffnen Sie es das erste Mal, sehen Sie noch keine Dateien. Dafür müssen Sie es noch einrichten.

> **TIPP**
>
> *Alle Spaltenüberschriften sind gleichzeitig Schaltflächen. Klicken Sie darauf, werden die Dateien entsprechend angeordnet.*
>
> *Hier können Sie auch die Spaltenbreite verändern.*

# Die lokale Site erstellen, bearbeiten und löschen

Um eine lokale Site zu erstellen, brauchen Sie einen Stammordner (Site-Root). Dabei spielt es keine Rolle, ob die Site eine bereits bestehende Website enthalten oder neu angelegt werden soll.

**So bestimmen Sie eine lokale Site-Root:**

**1** Wählen Sie in der Menüleiste des Dokument-Fensters oder des Site-Fensters SITE / SITES DEFINIEREN. Das Dialogfenster DEFINE SITES erscheint.

**2** Klicken Sie auf NEU, um das Dialogfenster SITE DEFINITION zu öffnen.

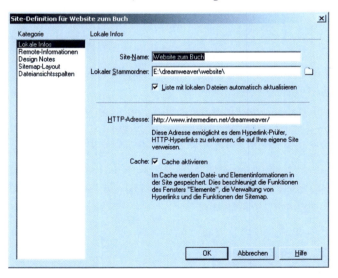

**3** Tragen Sie hier den Site-Namen ein.

**4** Geben Sie das lokale Verzeichnis an oder klicken Sie auf die Schaltfläche rechts daneben und navigieren Sie zum entsprechenden Verzeichnis.

**5** Wählen Sie den Ordner aus, der als Stammverzeichnis für Ihre lokale Site dient.

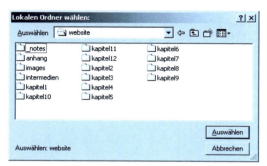

**6** Gehen Sie dann auf die nun angezeigte Schaltfläche DATEI ÖFFNEN und anschließend auf AUSWÄHLEN. Der Pfad wird in das vorhergehende Dialogfeld übernommen.

**7** Achten Sie darauf, dass **Lokale Infos** in der Kategorie-Liste markiert ist.

**8** Klicken Sie auf OK, um das Dialogfenster zu schließen.

**9** Bestätigen Sie im Dialogfenster SITES DEFINIEREN Ihre Einstellungen mit FERTIG.

> **TIPP**
>
> Erstellen Sie einen lokalen Cache, indem Sie die Cache-Checkbox im Dialogfenster SITE DEFINITION aktivieren.
>
> Dreamweaver erstellt dabei einen Index Ihrer lokalen Site. Das Finden und Ersetzen von Text wird schneller. Links werden dann automatisch aktualisiert, wenn Sie eine Datei verschieben oder umbenennen.

Wenn Sie die Cache-Checkbox im Dialogfenster SITE DEFINITION markieren, erscheint anschließend folgende Bestätigung:

# Lokale Site und Projektverwaltung

Klicken Sie auf OK. Anschließend erstellt Dreamweaver den Cache. Das dauert nur wenige Sekunden.

> **HINWEIS**
>
> Öffnen Sie das Dialogfenster VOREINSTELLUNGEN und überprüfen Sie, dass unter ALLGEMEIN im Drop-down-Menü LINKS AKTUALISIEREN die gewünschte Option eingestellt ist (IMMER, NIE oder NACHFRAGEN). Danach schließen Sie das Dialogfeld mit OK.

**Über das Dialogfenster SITES DEFINIEREN können Sie außerdem eine lokale Site bearbeiten oder löschen:**

- Wenn Sie eine lokale Site bearbeiten wollen, klicken Sie auf die Schaltfläche BEARBEITEN. Das Dialogfenster SITE DEFINITION erscheint (vgl. oben). Nehmen Sie hier die nötigen Änderungen vor.

- Um eine lokale Site zu löschen, klicken Sie auf ENTFERNEN. Es erscheint eine Dialogbox, die sicherheitshalber nochmals fragt, ob Sie die Site wirklich löschen wollen.

Dreamweaver entfernt die Site aus der Übersicht im Fenster SITES DEFINIEREN. Dateien werden dabei nicht gelöscht. Es wird nur der Eintrag der Site aus der Liste im Dialogfenster DEFINE SITES genommen.

**Die wichtigsten Dateimanagement-Funktionen im Site-Fenster:**

**1 Seite öffnen:** Wenn Sie im Site-Fenster auf die HTML-Datei doppelklicken, wird die Datei im Dokument-Fenster geöffnet.

**2 Neue Datei erstellen:** Gehen Sie an die Stelle, wo die neue Datei erstellt werden soll. Wählen Sie DATEI / NEUES FENSTER. Eine neue Datei erscheint. Geben Sie den Dateinamen ein.

**3 Neuer Ordner erstellen:** Gehen Sie an die Stelle, wo der neue Ordner erstellt werden soll. Wählen Sie DATEI / NEUER ORDNER. Ein neuer Ordner erscheint. Geben Sie den Ordnernamen ein.

**4 Vorschau im Browser:** Klicken Sie mit der rechten Maustaste auf die HTML-Datei. Das Kontextmenü erscheint. Wählen Sie **Vorschau in Browser** und den Browser aus (vgl. Kapitel Vorschau im Browser). Oder Sie wählen in der Menüleiste des Site-Fensters **Datei / Vorschau in Browser**.

**5 Dateien oder Ordner entfernen:** Klicken Sie mit der rechten Maustaste auf die Datei oder den Ordner. Wählen Sie im Kontextmenü LÖSCHEN. Eine Dialogbox erscheint. Bestätigen Sie mit OK.

**6 Datei oder Ordner umbenennen:** Klicken Sie mit der linken Maustaste einmal auf den zu ändernden Datei- oder Ordnernamen. Der Name erscheint nun umrahmt.

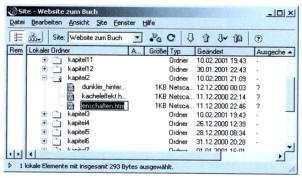

Tippen Sie jetzt den neuen Namen ein und bestätigen Sie mit ⏎. Die UPDATE-Dialogbox erscheint.

Klicken Sie auf AKTUALISIEREN, um alle auf diese Datei oder diesen Ordner verweisenden Links automatisch zu aktualisieren. Dazu müssen Sie im Dialogfenster SITE DEFINITION den Cache angelegt haben (vgl. oben).

Haben Sie keinen Cache angelegt, erscheint diese Dialogbox:

**Lokale Site und Projektverwaltung**

Entscheiden Sie, ob Sie nach Links auf die umbenannte oder verschobene Datei bzw. Ordner scannen lassen wollen.

**7** Datei oder Ordner verschieben: Klicken Sie auf die Datei oder den Ordner, die Sie verschieben wollen. Ziehen Sie diese mit gedrückter Maustaste an die neue Position. Wenn Sie mehrere Dateien/Verzeichnisse gleichzeitig verschieben möchten, halten Sie beim Markieren die ⇧- oder Strg-Taste gedrückt.

## Die Homepage definieren

**1** Markieren Sie die HTML-Datei, welche als Homepage definiert werden soll.

**2** Wählen Sie im nun offenen Kontextmenü ALS HOMEPAGE FESTLEGEN.

Nun können Sie sich die Verlinkungen, die von der Homepage wegführen, grafisch in der Sitemap ansehen. Wählen Sie hierfür FENSTER / SITEMAP in der Menüleiste des Site-Fensters oder drücken Sie die Schaltfläche im Site-Fenster. Wählen Sie dann im Untermenü die gewünschte Ansicht aus:

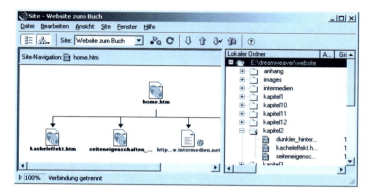

> **HINWEIS**
>
> Um die Sitemap anzuzeigen, müssen Sie eine Homepage für Ihre Site festlegen. Das ist gleichzeitig der Anfang Ihrer Map.

## Symbole in der Sitemap

In der Sitemap werden HTML-Dateien und weitere Seitenelemente als Icons dargestellt.

Hier eine kurze Übersicht:

| | |
|---|---|
| | Unterbrochener Link |
| | Verweist auf eine Datei in einer anderen Site oder einen speziellen Link (z.B. E-Mail oder Script-Verweis) |
| | Diese Datei haben Sie überprüft. |
| | Diese Datei hat jemand anders überprüft. |
| | Schreibgeschützte Datei |

Tabelle 2.1: In der Sitemap verwendete Icons.

# Websites verwalten

Bevor Sie die Seiten online publizieren (vgl. Kapitel Webseite veröffentlichen), sollten Sie diese ausreichend auf Ihrem eigenen System getestet haben. Führen Sie Änderungen erst offline durch. Prüfen Sie Inhalt, Navigation und Webdesign gründlich, bevor Sie diese online veröffentlichen. Dieses Vorgehen erspart Ihnen jede Menge Stress und Ärger.

> **TIPP**
>
> *Legen Sie rechtzeitig die Site-Struktur mit einer sinnvollen Verwaltung der einzelnen Dokumente in unterschiedlichen Ordnern fest.*
>
> - *Legen Sie für das Projekt einen separaten Ordner an.*
> - *Speichern Sie themenverwandte Seiten im gleichen Verzeichnis ab.*
> - *Überlegen Sie sich, wo Sie am besten Bilder, Flash-Dateien und andere Elemente ablegen. Bilder lege ich immer in einem separaten Bilder-Ordner innerhalb einer Kategorie ab. Das hat den Vorteil, dass alle Grafiken, die in diesem Themenbereich auftauchen, zentral abgespeichert und damit auch schnell zu finden sind.*

# Kapitel 3
# Text und Absatz

*In diesem Kapitel lernen Sie das Formatieren von Texten. Sie erfahren, wie man Schriftart, Textgröße, Farbe festlegt und Sonderzeichen einfügt. Anschließend zeige ich, wie Sie einen Text in Absätze strukturieren und damit das Layout einer Seite festlegen.*

Sie kennen nun die grundlegenden Möglichkeiten und Funktionsweisen von Dreamweaver 4. Sicherlich habe Sie auch schon den Grundstein für Ihre Website gelegt. In diesem und den folgenden Kapiteln erfahren Sie, wie Sie Ihre Seite mit den unterschiedlichen Inhalten füllen können. Die folgenden Kapitel befassen sich dann mit weiteren Inhaltselementen – wie Bildern, Animationen, Scripts etc.

Sie werden sehen, dass das Formatieren von Texten und Absätzen mit Dreamweaver sehr einfach ist. Die Formatierungsfunktionen sind denen eines normalen Textverarbeitungsprogramms sehr ähnlich. Sie benötigen keine HTML-Kenntnisse, können diese aber auch gerne anwenden.

## Text platzieren

Sie können Texte entweder aus anderen HTML-Dokumenten und anderen Dateien (z.B. Word oder Excel) übernehmen oder direkt in das HTML-Dokument eintippen.

**So fügen Sie Text aus einem anderen Dokument bzw. aus einer anderen Datei ein:**

**1** Markieren Sie den zu kopierenden Text.

**2** Drücken Sie `Strg` + `C`. Der Text ist nun in der Zwischenablage.

**3** Gehen Sie in das Entwurf-Fenster Ihres Dreamweaver-Dokuments.

**4** Drücken Sie `Strg` + `V` oder wählen Sie BEARBEITEN / EINFÜGEN in der Menüleiste. Der Text wird nun in das Dokument eingefügt.

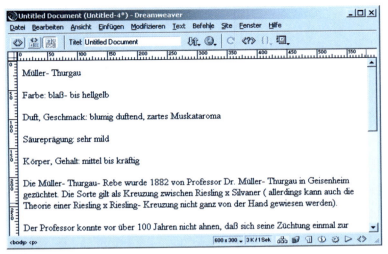

Oder:

**1** Speichern Sie das Dokument in der anderen Anwendung (z.B. Excel) als HTML-Datei ab.

**2** Öffnen Sie diese HTML-Datei in Dreamweaver.

### ACHTUNG

*Kopieren Sie in anderen Programmen Text in die Zwischenablage, wird diese Formatierung beim Einfügen in Dreamweaver nicht übernommen. Ebenso gehen die Absätze verloren. Erhalten bleibt lediglich der Zeilenumbruch.*

Eine in Microsoft Word erstellte Datei öffnen Sie über das Menü DATEI / IMPORTIEREN / WORD-HTML IMPORTIEREN. Dreamweaver öffnet die Datei und entfernt gleichzeitig den unnötigen HTML-Code, den Microsoft Word automatisch beim Abspeichern in das HTML-Format generiert.

> **ACHTUNG**
>
> Sie können eine Word-Datei (doc) nicht direkt in Dreamweaver öffnen. Wenn Sie die Inhalte einer Word-Datei importieren möchten, müssen Sie diese zunächst als HTML-Datei abspeichern. Diese öffnen Sie dann wie eben beschrieben.

## Text formatieren

Wenn Sie bereits mit Word gearbeitet haben, kennen Sie die Grundlagen der Textformatierung. Einen Text in Dreamweaver zu formatieren, ist genauso einfach.

Sobald der Text in Dreamweaver geöffnet ist, können Sie ihn in der Weise bearbeiten, wie Sie es von Ihrem Textverarbeitungsprogramm her schon gewohnt sind.

Öffnen Sie zunächst den Eigenschaften-Inspektor über FENSTER / EIGENSCHAFTEN oder drücken Sie F3.

Wie im ersten Kapitel beschrieben, verändert dieser sein Aussehen – je nachdem, was Sie im Dokument-Fenster markieren.

Mit dem Eigenschaften-Inspektor können Sie neue Textformate festlegen und vorhandene ändern. Darüber hinaus können Sie hier Absätze ausrichten (Absatz Absätze ausrichten), Listen erstellen (Absatz Listen) und Hyperlinks (vgl. Kapitel Hyperlinks) für bestimmte Textpassagen festlegen.

Um die Text-Eigenschaften zu erkennen, klicken Sie in die Worte oder in den Absatz hinein. Sie können aber auch den entsprechenden Text markieren.

# Text formatieren

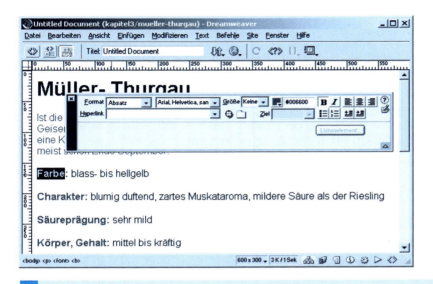

### TIPP

*Klicken Sie im Eigenschaften-Inspektor auf den Pfeil rechts unten, um weitere Optionen anzuzeigen bzw. wieder auszublenden.*

## Schriftart festlegen

Sie sollten Ihren Texten immer eine Schrift zuweisen. Wenn Sie dies nicht tun, wird die im Webbrowser des Betrachters eingestellte Schrift gezeigt, die nicht immer zum Gesamtbild einer Webseite passen muss.

Um Buchstaben, Wörtern oder ganzen Absätzen eine bestimmte Typografie zuzuweisen, gehen Sie wie folgt vor:

**1** Markieren Sie den zu formatierenden Text.

**2** Öffnen Sie den Eigenschaften-Inspektor.

**3** Wählen Sie im Eigenschaften-Inspektor die gewünschte Schriftenkombination aus. Das Pull-down-Menü stellt pro Kombination drei Schriften zur Verfügung.

### HINWEIS

*In Dreamweaver sind die am häufigsten benutzten Schriftenkombinationen bereits eingerichtet.*

**4** Oder geben Sie den Namen der gewünschten Schrift direkt in das Menü ein (wobei Sie **Standardschriftart** überschreiben müssen).

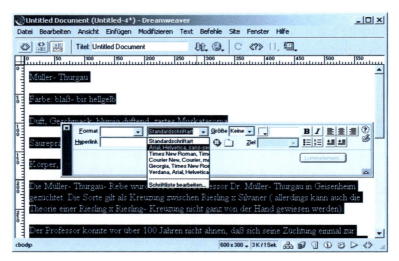

### TIPP

*Geben Sie immer zwei oder drei Schriftarten an. Sollte auf dem System des Users (dem Benutzer Ihrer Seite) die erste Schrift nicht installiert sein, wird die zweite Alternativschrift angezeigt. Sollte keine dieser Schriften installiert sein, wird erst dann die Standardschrift des Browsers angezeigt. Diese kann jeder in den Browser-Voreinstellungen selbst festlegen.*

**Sie können aber auch über das Menü des Dokument-Fensters eine Schriftart festlegen:**

**1** Markieren Sie den zu formatierenden Text.

**2** Gehen Sie in der Menüleiste des Dokument-Fensters auf TEXT / SCHRIFT.

**Text formatieren**

**3** Wählen Sie aus dem nun offenen Untermenü eine Schriftkombination aus.

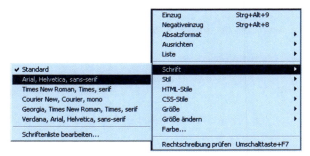

Die im Eigenschaften-Inspektor und der Menüleiste angezeigte Schriftkombination können Sie beliebig verändern, erweitern und löschen:

**1** Wählen Sie TEXT / SCHRIFT / SCHRIFTENLISTE BEARBEITEN. Das Dialogfenster SCHRIFTLISTE erscheint.

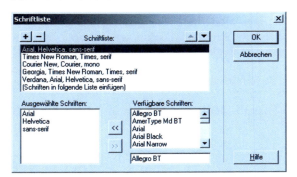

**2** Markieren Sie oben in dem Dialogfeld die gewünschte Schriftartkombination. Diese wird nun im linken unteren Feld übertragen.

**Schriftartkombination löschen:**

**1** Markieren Sie in der oberen Liste der Schriftkombinationen die Kombination, die Sie entfernen möchten.

**2** Klicken Sie auf (-). Die Schriftkombination ist nun gelöscht.

**3** Bestätigen Sie Ihre Änderungen mit der OK-Taste.

> **ACHTUNG**
>
> *Dreamweaver fragt nicht nach, ob Sie diese Schriftkombination wirklich löschen wollen.*

**Schriftartkombination hinzufügen:**

**1** Klicken Sie auf den (+)-Button in der oberen linken Ecke des Fensters.

**2** Wählen Sie aus der Liste rechts unten die Schrift aus, die in der Kombination erscheinen soll. Diese Liste enthält alle Schriftarten, die auf Ihrem Computer installiert sind.

**3** Klicken Sie auf die Schaltfläche <<, wenn Sie eine Schrift hinzufügen wollen. Klicken Sie auf >>, wenn Sie eine Schrift aus der Kombination entfernen möchten.

**4** Um weitere Schriftarten hinzuzufügen, wiederholen Sie die Schritte 2 und 3. Pro Kombination sollten Sie nicht mehr als drei Schriftarten definieren. Als dritte Schriftfamilie sollten Sie außerdem eine generische auswählen.

**5** Die ausgewählten Schriften erscheinen in dem Feld AUSGEWÄHLTE SCHRIFTEN.

**6** Bestätigen Sie mit OK. Die Schriftkombination erscheint nun in der Menüleiste und im Eigenschaften-Inspektor.

> **HINWEIS**
>
> *Sollte keine der angegebenen Schriftarten auf dem Computer des Anwenders installiert sein, wird der Text in der Standardschriftart der jeweiligen **generischen Schriftfamilie** angezeigt.*
>
> *Zu diesen generischen Schriften zählen: Cursive, Fantasy, Monospace, Sans-Serif und Serif.*
>
> *Beispiel: Die Standardschriftart für Monospace ist auf den meisten Computern Courier.*

**Um eine Schriftart aus einer Kombination zu entfernen:**

**1** Klicken Sie auf den (+)-Button in der oberen linken Ecke des Fensters.

**2** Wählen Sie aus der Liste links unten die Schrift aus, die Sie aus der Kombination löschen wollen.

**3** Klicken Sie auf die Schaltfläche >>. Damit haben Sie die Schrift aus der Kombination entfernt.

**4** Bestätigen Sie mit OK.

> **HINWEIS**
>
> *Wenn Sie eine Schriftart hinzufügen wollen, die nicht auf Ihrem Computer installiert ist, geben Sie unter dem Textfeld* VERFÜGBARE SCHRIFTEN *den Namen der Schriftart ein und klicken Sie auf den Button <<.*

## Der Schriftstil

Um den **Schriftstil** zu ändern, klicken Sie im Eigenschaften-Inspektor auf **Fett** B oder *Kursiv* I. Im Eigenschaften-Inspektor können Sie nur diese zwei Schriftstile festlegen. Das B steht für **bold** (= fett); das I für **italic** (kursiv).
Oder wählen Sie im Untermenü TEXT / STIL einen Schriftstil. Hier haben Sie weit mehr Möglichkeiten (z.B. **Fett**, *Kursiv*, Unterstrichen).

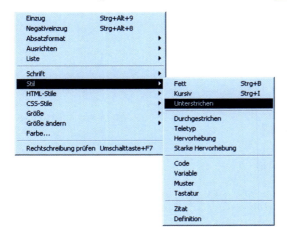

### HINWEIS

Es gibt **physikalische und logische Stile**, die das Aussehen des Textes bestimmen: Mit physikalischen Stilen bestimmen Sie das Aussehen eines Textes ganz genau. Beispielsweise legen Sie mit dem Tag *<b>* ganz konkret fest, dass der eingeschlossene Text fett geschrieben werden soll.

Logische Stile dagegen legen nur in etwa den Charakter eines Textes fest und überlassen dem Browser die genaue Interpretation. So definiert *<strong>* lediglich, dass der eingeschlossene Text hervorgehoben werden soll. Die meisten grafischen Browser zeigen diesen Text dann zwar in fetter Schrift an, doch es gibt auch einige, die ihn anders interpretieren.

## Die Schriftgröße

Wählen Sie im Eigenschaften-Inspektor oder im Untermenü TEXT / GRÖSSE die gewünschte absolute Größe (1 bis 7).

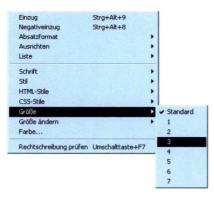

## Text formatieren

> **HINWEIS**
>
> *Bei HTML-Schriftgrößen handelt es sich um relative Größen. Im Gegensatz zu bestimmten Punktwerten ist die HTML-Schriftgröße von der Punktgröße der im Browser eingestellten Standardschrift abhängig. Wenn Sie die Schriftgröße 3 wählen, wird diese individuell eingestellte Standardschriftgröße des Web-Browsers verwendet. Folglich sind die Größen 1 und 2 kleiner als die Standardschriftgröße, 4 bis 7 sind dagegen größer.*

In Dreamweaver können Sie auch relative Schriftgrößen bestimmen (+1 bis +7 und –1 bis –7). Hierfür können Sie wie gewohnt den Eigenschaften-Inspektor benutzen. Wenn Sie diese über die Menüleiste definieren möchten, steht Ihnen der Eintrag unter TEXT / GRÖßE ÄNDERN zur Verfügung.

Die positiven und negativen Zahlenwerte beziehen sich auf die Basefont-Größe. Fehlt eine **\<basefont\>**-Schriftgröße, wird ein Standardwert von 3 interpretiert. Wählen Sie die relative Schriftgröße +3, erhalten Sie den Wert 6, geben Sie –1 an, wird die Schriftgröße 2 angezeigt. Die Schriftgröße liegt immer zwischen 1 und 7. Minimale und maximale Schriftgröße werden in keinem der Beispiele unter- bzw. überschritten:

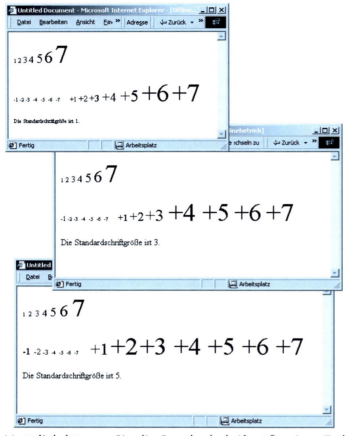

Natürlich können Sie die Standardschriftgröße eines Dokuments im **<basefont>-Tag** verändern:

**1** Öffnen Sie den HTML-Inspektor.

**2** Tippen Sie direkt nach dem **<body>**-Tag folgende Code-Zeile ein:
**<basefont size=n>**. Ersetzen Sie n durch einen Wert von 1 bis 7. Ein schließendes Tag gibt es nicht.

**3** In Dreamweaver sehen Sie keine Änderungen. Um diese zu überprüfen, gehen Sie auf den Button VORSCHAU IM BROWSER. Oder drücken Sie F12.

**Text formatieren**

**ACHTUNG**

Mit dem Tag *<basefont>* können Sie grundlegende Eigenschaften wie Schriftart, -größe und -farbe festlegen.

Sie können auch mehrere *<basefont>*-Tags in einem HTML-Dokument angeben. Dabei hebt der folgende *<basefont>* den vorherigen auf.

Dreamweaver zeigt das Tag nicht an. In einem Browser sollte die Einstellung jedoch angezeigt werden. Probleme kann es bei einigen Browserversionen geben.

**TIPP**

Wenn der Text in einer bestimmten Punktgröße angezeigt werden soll, müssen Sie dies in einem Stylesheet (`.css`) festlegen.

## Die Textfarbe

Mit den Seiteneigenschaften (vgl. Kapitel Die erste Webseite) haben Sie bereits eine generelle Farbe für den Text festgelegt. Diese können Sie für einzelne Worte oder Textblöcke ändern und neu festlegen.

**HINWEIS**

Haben Sie keine Textfarbe angegeben, erscheint dieser standardmäßig in **Schwarz**.

**So verändern Sie die Farbe eines Textes:**

 Markieren Sie die Textstelle.

**2** Wählen Sie aus der Farb-Box im Eigenschaften-Inspektor die gewünschte Farbe aus.

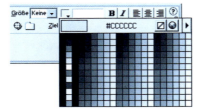

Dabei können Sie auf die angezeigte Web-Safe-Palette zugreifen, andere Paletten benutzen oder selbst eine Farbe mischen (vgl. Kapitel Die erste Webseite). Der Hexadezimalcode wird automatisch generiert. Eine größere Farbvorschau sehen Sie links über der Palette. Daneben steht der Hex-Code.

**3** Sobald Sie eine Farbe anklicken, wird die Palette geschlossen. Die zuvor markierte Textstelle ist nun eingefärbt.

- Oder geben Sie direkt den Farbnamen oder den Hexadezimal-Code der Farbe in das Feld neben der Farb-Box ein. Vergessen Sie dabei die Raute nicht.

- Oder wählen Sie in der Menüleiste TEXT / FARBE. Es erscheint das Dialogfenster FARBEN.

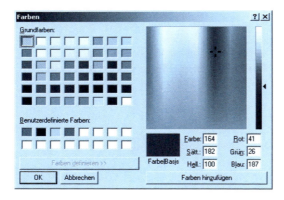

Ein Beispiel für einen formatierten Text:

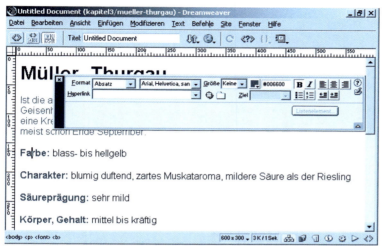

In diesem Dokument wurde die Überschrift mit **<h1>** festgelegt. Die Textfarbe wurde geändert. Außerdem wurden Wörter **fett** hervorgehoben.

## Sonderzeichen

HTML-Tags bestehen aus ASCII-Zeichen und sind von englischen Begriffen ableitbar. Die Zeichen auf Ihrer Tastatur entsprechen weitgehend diesem ASCII-Satz.

Dennoch reicht dieser Zeichenvorrat nicht immer aus und es gibt eine Reihe von speziellen Zeichen. Auch in HTML können Sie Sonderzeichen verwenden.

**1** Öffnen Sie die Objektpalette über die Menüleiste FENSTER / OBJEKTE oder wählen Sie `Strg` + `F2`.

**2** Standardmäßig wird die allgemeine Objektpalette als Erstes angezeigt. Klicken Sie auf ZEICHEN, um die Sonderzeichen-Tafel nach vorne zu holen.

**3** Markieren Sie die Stelle, an der Sie das Zeichen einfügen möchten.

**4** Klicken Sie auf das Zeichen, das Sie einfügen wollen. Das Sonderzeichen wird an der entsprechenden Stelle eingesetzt.

> **HINWEIS**
>
> *Schauen Sie sich den HTML-Code eines Sonderzeichens an, werden Sie fast immer einen ähnlichen Aufbau feststellen. Für das Copyright-Symbol lautet der Quelltext beispielsweise* `&copy;`*. Auch viele andere Zeichen werden mit dem kaufmännischen »Und« eingeleitet. Dahinter steht der Name des Zeichens, gefolgt vom abschließenden Semikolon. Eine Übersicht der wichtigsten Sonderzeichen finden Sie im Anhang.*

Sollten Sie ein Sonderzeichen benötigen, das nicht in dieser Tafel eingetragen ist, wählen Sie in der Menüleiste EINFÜGEN / SONDERZEICHEN.

**Text formatieren**

Wählen Sie EINFÜGEN / SONDERZEICHEN / WEITERE, um weitere Zeichen auswählen zu können.

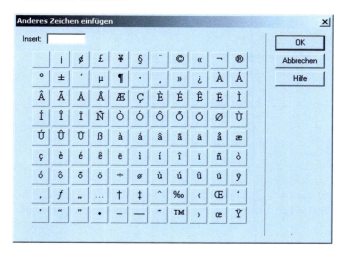

> **TIPPS**
>
> *Um mehrere Leerzeichen hintereinander anzuordnen, wählen Sie EIN-FÜGEN / SONDERZEICHEN / GESCHÜTZTES LEERZEICHEN oder drücken Sie `Strg` + `⇧` + `        `-Taste. Im Quelltext wird ein solches geschütztes Leerzeichen mit* ** ** *abgespeichert.*
>
> *Wenn Sie Textstellen in Spalten anordnen wollen, legen Sie eine Tabelle an (Kapitel Tabellen).*

## Finden und Ersetzen

Wer suchet, der findet ... In Dreamweaver gibt es umfangreiche Suchfunktionen und die Möglichkeit, die gefundenen Wörter durch andere zu ersetzen.

Dabei können Sie bestimmen, was durchsucht werden soll: Dreamweaver sucht nach bestimmten Textstellen, nach Text und Tags in der HTML-Quelle, nach Quelltext-Attributen oder nach kompletten Tags.

**1** Wählen Sie BEARBEITEN / SUCHEN UND ERSETZEN.

**2** Das Dialogfenster SUCHEN UND ERSETZEN öffnet sich.

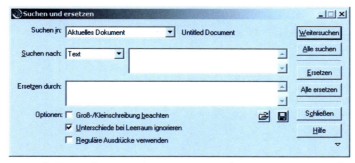

Je nachdem, ob Sie sich zuvor im Dokument-Fenster oder in der HTML-Ansicht befunden haben, ist die Einstellung in dem Feld SUCHEN NACH eine andere.

**Nach Text suchen:**

**1** Überprüfen Sie die Einstellung im Feld SUCHEN NACH. Diese muss auf TEXT stehen.

## Text formatieren

**2** Möchten Sie das aktuelle Dokument durchsuchen, muss dies im Feld SUCHEN IN eingestellt sein.

**3** Geben Sie in den großen Kasten rechts daneben den Text ein, nach dem Dreamweaver suchen soll. Dabei kann es sich um ein ganzes Wort, einen Satz oder bloß ein paar Buchstaben handeln.

Wenn Sie nach bestimmten Wörtern suchen, sollten Sie das Kontrollkästchen GROSS-/KLEINSCHREIBUNG aktivieren.

Wenn Sie Unterschiede bei Leerraum bei der Suche ignorieren möchten, markieren Sie die entsprechende Option.

**4** Klicken Sie auf WEITERSUCHEN. Hat Dreamweaver eine vergleichbare Textstelle gefunden, wird diese in der aktuellen Seite markiert. Um die Markierung sehen zu können, müssen Sie unter Umständen das Such-Fenster verschieben.

**5** Wurde der Text nicht gefunden, erscheint eine entsprechende Meldung. Probieren Sie es eventuell noch einmal mit einem etwas anderen Suchbegriff.

**6** Klicken Sie auf SCHLIESSEN, um das Dialogfenster zu schließen.

> **TIPP**
>
> Sie können Dokumente in der gesamten Site oder in bestimmten Ordnern durchsuchen:
>
> - Markieren Sie den entsprechenden Eintrag im Dialogfeld SUCHEN IN.
> - Um in einem bestimmten Ordnern zu suchen, müssen Sie diesen zuvor im Site-Fenster geöffnet haben.

**Text ersetzen:**

**1** Öffnen Sie mit `Strg` + `F` das Fenster SUCHEN UND ERSETZEN.

**2** Geben Sie den zu ersetzenden Text oder Quelltext ein. Achten Sie dabei auf die richtige Einstellung unter SUCHEN NACH.

**3** Geben Sie den neuen Text oder Quelltext in das Feld ERSETZEN DURCH ein.

**4** Klicken Sie auf WEITERSUCHEN.

**5** Hat Dreamweaver eine entsprechende Stelle gefunden, klicken Sie auf ERSETZEN.

**6** Klicken Sie wieder auf WEITERSUCHEN, um die kontrollierte Suche fortzusetzen.

Oder klicken Sie auf ALLE ERSETZEN, wenn Dreamweaver alle Suchkriterien in dem aktuellen Dokument, der Site oder einem bestimmten Ordner ersetzen soll.

**7** Wenn Sie fertig sind, klicken Sie auf SCHLIESSEN.

> **ACHTUNG**
>
> *Benutzen Sie die Schaltfläche ALLE ERSETZEN nur, wenn Sie sich wirklich sicher sind, dass Dreamweaver die richtigen Stellen ersetzen wird. Sie können diesen Vorgang nicht mehr rückgängig machen.*

### So starten Sie die Suche über die gesamte Site:

**1** Markieren Sie den Ordner im Site-Fenster, den Sie durchsuchen wollen.

**2** Wählen Sie BEARBEITEN / SUCHEN UND ERSETZEN.

**3** Klicken Sie auf die Schaltfläche ALLE SUCHEN. Die Dateien werden nach der eingegebenen Textstelle durchsucht. Ein Dialogfenster zeigt an, wie viele Elemente in wie vielen Dateien gefunden wurden.

**4** Klicken Sie auf OK. In dem sich öffnenden Ergebnisfenster werden die Dateien aufgelistet, in denen das gesuchte Element vorkommt. Wenn Sie auf eine Datei in dieser Liste doppelklicken, wird diese geöffnet. Darin ist die gefundene Stelle markiert.

## Text formatieren

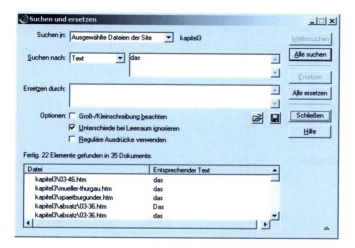

### TIPP

Sie können Ihre Suche über das Disketten-Icon speichern und später über das Ordner-Icon wieder laden.

**Schnell ans Ziel: Shortcuts für die Funktion** SUCHEN UND ERSETZEN

|          | Windows      | Macintosh |
|----------|--------------|-----------|
| Suchen   | Strg + F     | ⌘ + F     |
| Ersetzen | Strg + H     |           |

### HINWEIS

Zusätzliche Menüs erlauben das gezielte Suchen nach Text innerhalb und außerhalb der Tags. Sie können detaillierte Suchoptionen festlegen.

## Rechtschreibprüfung

Im WYSIWYG-Editor Dreamweaver können Sie die Rechtschreibprüfung über das gesamte aktuelle Dokument laufen lassen oder nur eine bestimmte Auswahl prüfen.

**97**

**1** Wählen Sie TEXT / RECHTSCHREIBUNG PRÜFEN oder drücken Sie ⌈Shift⌉ + ⌈F7⌉.

**2** Sobald Dreamweaver ein Wort gefunden hat, das nicht im Wörterbuch eingetragen ist, kommt eine entsprechende Meldung. Das Dialogfenster RECHTSCHREIBUNG PRÜFEN öffnet sich.

- Wenn das Wort richtig geschrieben ist, klicken Sie auf IGNORIEREN.
- Wenn das Wort richtig geschrieben ist und Sie vermuten, dass es noch öfter in Ihrer Seite vorkommen wird, klicken Sie auf ALLES IGNORIEREN.
- Wenn das Wort falsch geschrieben ist, wählen Sie das richtige Wort aus der Vorschlagsliste aus oder tippen Sie es in das ÄNDERN IN-Feld.
- Wenn das Wort falsch geschrieben ist und Sie vermuten, dass es noch öfter in Ihrer Seite vorkommen wird, geben Sie die richtige Schreibweise an und klicken Sie auf ALLES ÄNDERN.

**3** Hat Dreamweaver das Ende des Dokuments erreicht, erscheint in der Regel ein Dialogfeld.

**4** Um sicherzugehen, dass die Rechtschreibung im gesamten Dokument überprüft wurde, sollten Sie die Suche fortsetzen.

**5** Ist die Suche beendet, erscheint das entsprechende Dialogfenster.

**6** Bestätigen Sie mit OK.

# Absätze formatieren

In HTML ist ein Absatz eine Texteinheit. Zwei Absätze sind durch einen größeren Zwischenraum voneinander getrennt. Dabei ist eine Texteinheit in das **<p>**-Tag eingeschlossen.

> **HINWEIS**
>
> *Beenden Sie einen Absatz mit **</p>**. Technisch gesehen ist dieses schließende Tag nicht unbedingt erforderlich, da es keine weitere Bedeutung hat. Aus Gründen eines sauberen Programmierstils und des besseren Überblicks im HTML-Code sollten Sie es jedoch einfügen.*

Ein Textdokument ist in der Regel in mehrere Absätze gegliedert. Dabei können die einzelnen Textblöcke unterschiedlich formatiert sein. Überschriften, Aufzählungen, Unterteilungen und vorformatierter Text bestimmen unterschiedliche Absatztypen. Die Formatierung einzelner Textteile (vgl. die vorherigen Kapitel) ist weiterhin möglich.

## Einen Absatz erstellen

**1** Schreiben Sie den Text. Der Umbruch erfolgt automatisch – wie Sie es von Ihrem Textverarbeitungsprogramm her kennen.

**2** Um einen Absatz einzufügen, drücken Sie ⏎.

Der Cursor springt in die nächste Zeile. Dabei wurde eine Leerzeile nach dem vorherigen Absatz eingefügt.

Oder:

**1** Markieren Sie den Text, den Sie zu einem Absatz zusammenfassen wollen.

**2** Gehen Sie im Eigenschaften-Inspektor im Pull-down-Menü FORMAT auf ABSATZ.

Das abgebildete Dokument ist in drei Absätze gegliedert. Es besteht aus einer Überschrift **<h1>** und zwei in **<p>** eingeschlossenen Absätzen. Der eingegebene Text wird automatisch umbrochen. Im großen Textblock wurde ein Zeilenumbruch **\<br\>** eingefügt.

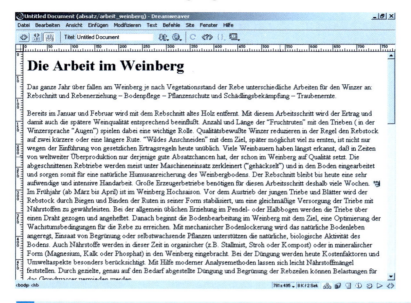

> **HINWEIS**
>
> *Einen einfachen Zeilenumbruch innerhalb eines Absatzes bekommen Sie, wenn Sie ⇧ + ⏎ drücken. Im Quelltext wird **\<br\>** eingefügt. Sie können im Objektfenster auch die Sonderzeichen-Tafel aufrufen und dort auf das **\<br\>**-Icon oben links klicken.*
>
> *Wenn Sie das Symbol für dieses unsichtbare Element nicht sehen, richten Sie es unter den Eigenschaften in der Menüleiste wie in Kapitel 1.4.2 beschrieben ein.*

## Ein Absatzformat zuweisen

HTML unterscheidet sechs Überschriftenebenen, um Hierarchieverhältnisse darzustellen. Diese können jeweils nur einem ganzen Absatz zugewiesen werden, aber nie einzelnen Wörtern innerhalb einer Zeile.

**\<h1\>\</h1\>** umschließt die Überschriftenebene erster Ordnung. Hier wird der Text in der größten Schrift dargestellt.

**\<h6\>\</h6\>** dagegen definiert die Überschrift sechster Ordnung in der kleinsten Schriftgröße.

**Absätze formatieren**

**1** Klicken Sie in einen Absatz hinein oder markieren Sie mehrere Textblöcke.

**2** Wählen Sie im Eigenschaften-Inspektor im Drop-down-Menü FORMAT die gewünschte Formatierung aus.

Oder:

Wählen Sie in der Menüleiste des Dokument-Fensters TEXT / ABSATZFORMAT das gewünschte Format aus.

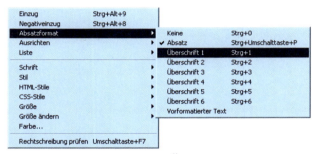

Es gibt sechs hierarchische Überschriftenebenen. Hier sehen Sie, wie unterschiedlich diese dargestellt werden:

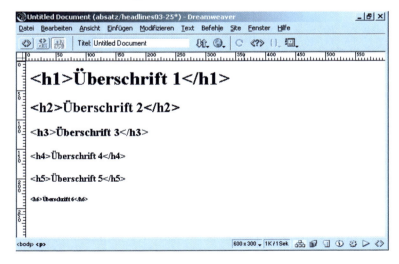

Haben Sie Text in einem anderen Programm erstellt und möchten Sie dieses Aussehen erhalten, müssen Sie den Text als VORFORMATIERTEN TEXT in Ihre HTML-Seite übernehmen. Keine HTML-Konvention verändert dann diesen Text. So bleiben beispielsweise alle hintereinander eingegebenen Leerzeichen und Zeilenschaltungen erhalten.

**1** Klicken Sie an die Stelle Ihres Dokuments, wo Sie den vorformatierten Text eingeben möchten.

**2** Wählen Sie in der Menüleiste TEXT / ABSATZFORMAT / VORFORMATIERTER TEXT.

Oder:

Wählen Sie VORFORMATIERT aus dem Drop-down-Menü FORMAT des Eigenschaften-Inspektors.

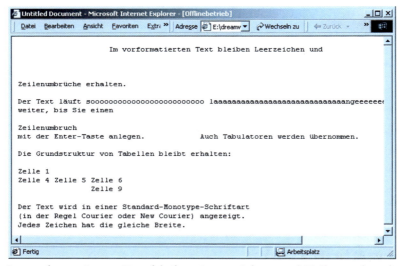

Im vorformatierten Text bleiben Leerzeichen und Zeilenumbrüche erhalten. Der Text läuft so lange weiter, bis Sie einen Zeilenumbruch mit ⏎ anlegen. Auch Tabulatoren werden übernommen. Die Grundstruktur von Tabellen bleibt erhalten. Der Text wird in einer Standard-Monotype-Schriftart (in der Regel Courier oder New Courier) angezeigt. Jedes Zeichen hat die gleiche Breite.

## Listen

Man unterscheidet zwischen nummerierten Listen, Bullets (Aufzählung) und Definitionslisten.

**Absätze formatieren**

**So erstellen Sie eine ungeordnete Liste:**

**1** Geben Sie den Text ein. Legen Sie die Absätze fest.

**2** Markieren Sie die Absätze.

**3** Wählen Sie aus der Menüleiste TEXT / LISTE / UNGEORDNETE LISTE.

Oder:

Klicken Sie im Eigenschaften-Inspektor auf den Button .

In der Liste wurden die Aufzählungspunkte eingefügt.

Standardmäßig werden runde Bullets verwendet. Über die Eigenschaften können Sie auch quadratische Aufzählungspunkte definieren:

**1** Klicken Sie mit der rechten Maustaste in den Absatz hinein und wählen Sie aus dem Kontextmenü LISTE / EIGENSCHAFTEN. In dem sich öffnenden Dialogfeld können Sie die Nummerierung neu festlegen oder die Form der Bullets in der ungeordneten Liste ändern.

**2** Bestätigen Sie Ihre Angaben mit OK.

### TIPP

*Statt der Aufzählungspunkte in der ungeordneten Liste können Sie auch Grafiken (vgl. Kapitel Mit Bildern arbeiten) einfügen. Längere Aufzählungen strukturieren Sie dann am besten über Tabellen (vgl. Kapitel Tabellen).*

### So erstellen Sie eine geordnete Liste:

**1** Markieren Sie die Absätze.

**2** Klicken Sie auf die Schaltfläche im Eigenschaften-Inspektor oder wählen Sie in der Menüleiste TEXT / LISTE / GEORDNETE LISTE.

Wenn Sie einen Punkt aus der geordneten Liste entfernen, wird diese neu durchnummeriert:

**Absätze formatieren**

Um einer vorhandenen Liste einen neuen Punkt hinzuzufügen, klicken Sie auf das Ende des vorhergehenden Aufzählungstextes. Klicken Sie auf ⏎. Die Nummerierung wurde bei den geordneten Listen um einen neuen Punkt fortgesetzt.

Die Vorgehensweise ist bei allen Listen die gleiche.

**So erstellen Sie eine Definitionsliste:**

**1** Geben Sie den Text ein. Legen Sie die Absätze fest.

**2** Markieren Sie die Absätze.

**3** Wählen Sie aus der Menüleiste TEXT / LISTE / DEFINITIONSLISTE.

Eine Definitionsliste enthält zum einen den Begriff, der zu definieren ist **<dt>**, zum anderen die eingerückte Definition **<dd>**. Auch hier können Sie den Text weiter formatieren.

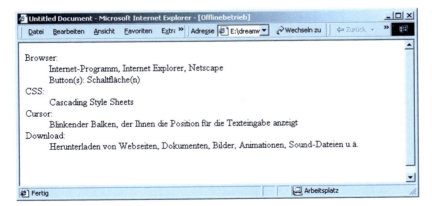

105

**HINWEIS**

Als Alternative zu den Definitionslisten können Sie auch die Buttons ▇ ▇ im Eigenschaften-Inspektor benutzen. Damit lassen sich ebenfalls Absätze einrücken.

**TIPPS**

- Aus einer Liste machen Sie wieder einen normalen Absatz, indem Sie auf die entsprechende Listenschaltfläche (▇, ▇) im Eigenschaften-Inspektor klicken, oder klicken Sie auf ▇.

- Mit den Schaltflächen ▇ ▇ im Eigenschaften-Inspektor können Sie Listen strukturieren, ohne Listensymbole verwenden zu müssen (vgl. Kapitel 3.3.4).

- Aus einer geordneten Liste können Sie schnell eine ungeordnete machen (und umgekehrt), indem Sie auf die entsprechende Listenschaltfläche im Eigenschaften-Inspektor klicken. Bei Definitionslisten funktioniert das natürlich auch. Um diese jedoch zu erstellen, müssen Sie über die Menüleiste TEXT / LISTE / DEFINITIONSLISTE arbeiten.

- Um das Listenformat zu beenden, drücken Sie zweimal ⏎ .

- Wenn Sie Probleme beim Erstellen einer Liste haben, überprüfen Sie, ob das öffnende **<p>** und das schließende **</p>** Absatz-Tag vorhanden sind.

## Absätze ausrichten

Text, Absätze, Listen oder die gesamte Seite können Sie entweder links, rechts oder zentriert in Ihrem Dokument ausrichten.

**1** Markieren Sie den Text, dessen Ausrichtung Sie verändern möchten

**2** Klicken Sie auf die entsprechende Schaltfläche im Eigenschaften-Inspektor:
▇ ▇ ▇
oder
benutzen Sie das Menü TEXT / AUSRICHTEN UND DANN LINKS, RECHTS ODER ZENTRIEREN. Der Text wird entsprechend ausgerichtet.

## Absätze formatieren

**HINWEIS**

*Text wird standardmäßig links ausgerichtet. Sie müssen hierfür keine besonderen Einstellungen vornehmen.*

*Der Befehl für die Textausrichtung kann in unterschiedliche Tags eingebunden werden. Ein paar Beispiele:*

* *

* *

*<h1 align=«center«></h1>*

*Die Formatierung wird gleichzeitig mit dem schließenden Tag geschlossen.*

*Zwar können Sie ganze Textblöcke ausrichten, aber nicht einen Teil der Überschrift oder eines Absatzes.*

*Andere Elemente wie beispielsweise Bilder oder Tabellen können Sie auf ähnliche Weise ausrichten. Mehr dazu erfahren Sie in den entsprechenden Kapiteln.*

**Texteinzüge erstellen:**

Wie im vorherigen Kapitel bereits beschrieben, können Sie über eine Definitionsliste Textstellen einrücken. Eine andere Möglichkeit haben Sie mit dem Tag **<blockquote></blockquote>**.

**1** Klicken Sie in den Absatz hinein, den Sie einrücken möchten. Wenn Sie mehreren einen Einzug zuweisen möchten, markieren Sie alle diese Absätze.

**2** Wählen Sie aus der Menüleiste TEXT / EINZUG, um den Text eine Einheit nach rechts einzurücken, oder TEXT / NEGATIVEINZUG, um den Text eine Einheit nach links zu schieben.

Oder:

Benutzen Sie die Icons im Eigenschaften-Inspektor. Mit der Schaltfläche ⬛ verschieben Sie den Absatz um eine Einheit nach links, durch Drücken des Buttons ⬛ um eine Einheit nach rechts.

Oder:

Verwenden Sie die folgenden Shortcuts:

[Strg] + [Alt] + [9]     Einzug

[Strg] + [Alt] + [8]     Negativeinzug

Wiederholen Sie diesen Schritt so oft, bis der Text an der gewünschten Stelle steht.

> **ACHTUNG**
>
> *Sie können mehrere **<blockquote>** hintereinander anordnen. Der Negativeinzug hebt jeweils ein **<blockquote>** auf. Sie entfernen damit also eine Einzugsebene. Daher funktioniert dieser Befehl nur, wenn Sie bereits einen Einzug platziert haben.*

Im folgenden Beispiel ist der zweite Absatz um mehrere **<blockquote>**-Einheiten eingerückt. Dabei wird der Absatz rechts und links eingerückt:

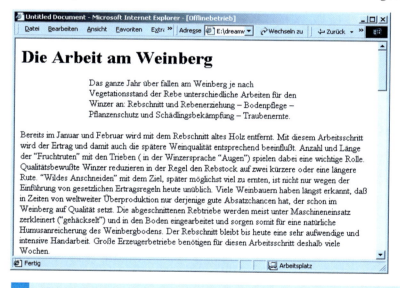

> **TIPP**
>
> *Tabellen bieten eine weitere Möglichkeit, Ränder festzulegen (vgl. Kapitel Tabellen).*

**Absätze formatieren**

## Horizontale Linie

Mit einer horizontalen Linie können Sie sehr deutlich Ihren Text in unterschiedliche Bereiche trennen.

**So erstellen Sie eine waagerechte Linie:**

**1** Klicken Sie in Ihrem Dokument an die Stelle, wo Sie die Linie einfügen möchten.

**2** Wählen Sie in der Menüleiste EINFÜGEN / HORIZONTALE LINIE.

Oder drücken Sie den Button ▦ im Objekt-Manager auf der Tafel ALLGEMEIN.

> **HINWEIS**
>
> *Diese eingefügte horizontale Linie wurde noch nicht formatiert. Sie hat die Standardwerte »gesamte Breite«, »zentriert« und »3D-Schattierung«.*

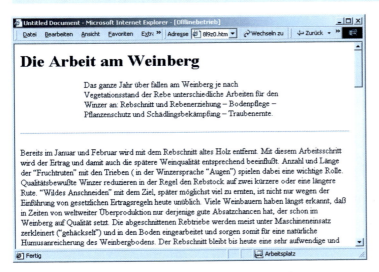

**Sie können die Eigenschaften der Linie verändern:**

**1** Markieren Sie die horizontale Linie. Im Eigenschaften-Inspektor erkennen Sie die festgelegten Merkmale.

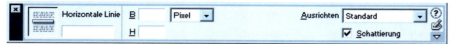

Wenn dieser nicht geöffnet ist, klicken Sie zweimal auf die horizontale Linie.

**2** Tragen Sie den Namen der Linie in das Textfeld ein.

**3** Legen Sie die Breite fest. Tragen Sie den Wert entweder in Pixel ein oder geben Sie diesen als Prozentangabe der Fensterbreite an. Dann geben Sie die Maßeinheit im Pull-down-Menü ein.

**4** Legen Sie die Höhe in Pixel fest.

**5** Bestimmen Sie die Ausrichtung über das entsprechende Pull-down-Menü.

**6** Um die Schattierung zu entfernen, deaktivieren Sie das Kontrollkästchen SCHATTIERUNG.

> **HINWEIS**
>
> *Webbrowser richten standardmäßig eine Trennlinie zentriert aus. Allerdings macht das Ausrichten nur in Verbindung mit der Angabe* width, *mit der Sie die Trennlinie verkürzen, Sinn, da die Trennlinie ansonsten stets über die gesamte Breite des Anzeigefensters geht.*

> **TIPP**
>
> *Um farbige Trennlinien zu erhalten, geben Sie im Code das Attribut* color *als Hex-Wert an. Damit bestimmen Sie die Farbe der Trennlinie. Allerdings zeigt diese nur der Microsoft Internet Explorer ab der Version 3.0 an.*

## HTML-Tags

Dreamweaver ist ein WYSIWYG-Editor. Das bedeutet, Sie können eine HTML-Seite entwickeln, ohne HTML-Kenntnisse besitzen zu müssen. Diese zu haben, ist natürlich nicht verkehrt. Außerdem verstehen Sie dadurch eher, was Dreamweaver im Hintergrund bzw. im HTML-Editor leistet.

Wie bereits erwähnt, ist HTML die führende Sprache im Web. Die Abkürzung steht für **H**yper **T**ext **M**arkup **L**anguage. HTML ist also eine Auszeichnungssprache, die der Browser dann in ein optisches Bild übersetzt.

> **HINWEIS**
>
> *HTML ist keine Programmiersprache. HTML beinhaltet keine Schleifen, wenn-dann-Anweisungen und sonstige Funktionen, die eine klassische Programmiersprache auszeichnen.*

In den vorangehenden Kapiteln haben Sie schon ein wenig über HTML erfahren. In diesem möchten wir Sie weiter in die Geheimnisse dieser Sprache einführen. Sie werden sehen, dass HTML dank seines logischen Aufbaus gar nicht so schwierig ist.

## Der HTML-Inspektor

Sie wissen bereits, dass HTML-Seiten aus unterschiedlichen Tags bestehen, die verschiedene Seitenelemente markieren, um diese zu formatieren, auszurichten und Verlinkungen und Anweisungen einzufügen.

Dabei setzen sich die meisten HTML-Tags aus zwei Teilen zusammen, einem öffnenden und einem schließenden Tag.

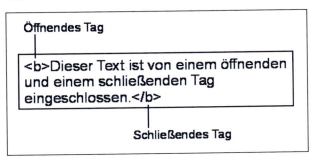

Dieser Text wird später im Webbrowser fett dargestellt. Das wird durch das <b>-Tag, welches die zu formatierende Textstelle umschließt, definiert. Öffnende und schließende Tags sind nicht im Webbrowser sichtbar, sondern erscheinen nur im Quelltext.

> **TIPP**
>
> *Halten Sie beim Bearbeiten und Formatieren eines HTML-Dokuments den HTML-Inspektor geöffnet. Verfolgen Sie hier, wie sich Ihre Arbeit im Dokument-Fenster auf den Quelltext auswirkt. Auf diese Weise können Sie HTML leicht erlernen.*

Sie können auf ein Seitenelement gleich mehrere Formatierungen anwenden. Die verschiedenen Tags sind in einer entsprechenden Reihenfolge verschachtelt.

Werden mehrere Formatierungen gleichzeitig durchgeführt, sind die Tags in einer bestimmten Reihenfolge verschachtelt:

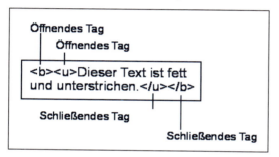

Das öffnende und das schließende **<u>**-Tag stehen dem Text am nächsten. Diesen übergeordnet ist das **<b>**-Tag. Tags umschließen also das zu formatierende Dokumentenelement von innen nach außen.

Schon etwas unübersichtlicher wird es dann, wenn zum Beispiel in einer Tabelle, bestehend aus einer Zelle, ein Text zu einer Webseite verlinkt ist und gleichzeitig in einer bestimmten Schriftart und Schriftgröße dargestellt wird.

```
                    öffnendes Tag
<table width="100%" border="0" height="250">
  <tr>
    <td><font face="Arial, Helvetica, sans-serif" size="3">Copyright
    &copy; 2000 by <a href="http://www.bacchus-welt.de">Bacchus-Welt</a>
</font></td>
  </tr>
</table>         schließendes Tag         formatierter Text
```

Zunächst wird dem Browser mitgeteilt, dass nun eine Tabelle **<table>** mit einer bestimmten Größe (`width`, `height`) folgt. Anschließend wird die erste Zeile (**<tr>** steht für **table row**) definiert. Es folgt die Tabellenzelle (**<td>** bedeutet **table data**). In dieses Tag ist nun der Zell-Inhalt eingebunden. Das **<font>**-Tag umschließt den gesamten Text und legt damit die Schriftart und die Schriftgröße fest. Der Link wird mit dem Anker-Tag **<a href></a>** definiert. Der Text, der zwischen diesen beiden Tags steht, trägt eine Verlinkung.

So sieht der eingegebene Quelltext im Dreamweaver-Dokument-Fenster und später auch im Webbrowser aus:

Copyright  2000 by Bacchus-Welt

> **HINWEIS**
>
> *Weitere Informationen zum Erstellen einer Tabelle finden Sie in Kapitel Tabellen.*

Es genügt jedoch nicht, gleich mit der Formatierung zu beginnen. Ein HTML-Dokument muss einige generelle Tags enthalten.

Wenn Sie ein leeres HTML-Dokument anlegen, erkennen Sie im HTML-Inspektor, dass Dreamweaver jedes Mal die gleichen Tags anlegt. Eine HTML-Seite wird folgende Struktur aufweisen:

```
<html>
<head>
<title></title>
</head>

<body>

</body>
</html>
```

Mit **<html>** definieren Sie das vorliegende Dokument als Web-Dokument, innerhalb dessen es zwei Bereiche gibt: Der Dokumenten-Kopf ist in die **<head>**-Tags eingeschlossen, der Dokumenten-Körper wird durch die **<body>**-Tags bestimmt. Innerhalb dieser beiden Bereiche werden spezifische Tags benutzt.

Beispiel:

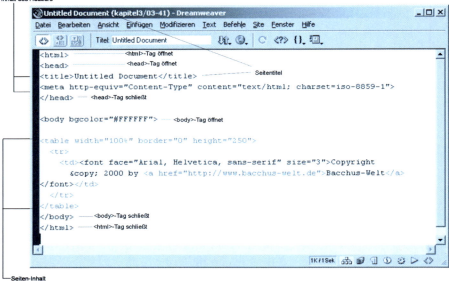

## TIPP

Sie können sich den HTML-Code jeder Webseite ansehen. Klicken Sie mit der rechten Maustaste in den Webbrowser. Wählen Sie aus dem sich öffnenden Kontextmenü QUELLTEXT ANZEIGEN bzw. VIEW SOURCE.

# HTML-Tags

| Tag | Name | Verwendung für | Öffnendes und schließendes Tag |
|---|---|---|---|
| <html> | HTML | Dokument | ja |
| <head> | Head | Dokument | ja |
| <title> | Seitentitel | Dokument | ja |
| <body>* | Body | Dokument | ja |
| <h1>...<h6> | Überschriften | Absatz | ja |
| <p> | Absatz | Absatz | ja/nein (nicht unbedingt nötig) |
| <br> | Zeilenumbruch | Text | nein |
| <blockquote> | Zitat | Absatz | ja/nein (nicht unbedingt nötig) |
| <ul> | Aufzählung (Bullet) | Absatz, Liste | ja/nein (nicht unbedingt nötig) |
| <ol> | Aufzählung (Nummerierung) | Absatz, Liste | ja |
| <li> | Listeneintrag | Absatz, Liste | nein |
| <dl> | Definitionsliste | Absatz, Liste | ja |
| <dt><dd> | Ausdruck, Definition des Ausdrucks | Absatz, Liste | ja |
| <center> | Zentriert | Absatz | ja/nein (nicht unbedingt nötig) |
| <b> | Fett | Text, Textblock | ja |
| <i> | Kursiv | Text, Textblock | ja |
| <u> | Unterstrichen | Text, Textblock | ja |
| <font>* | Schrift | Text, Textblock | ja |
| <img>* | Bild | Bild | nein |
| <a>* | Anker, Hyperlink | Text, Textblock, Absatz | ja |
| <table>* | Tabelle | Tabelle | ja |

| Tag | Name | Verwendung für | Öffnendes und schließendes Tag |
|---|---|---|---|
| **\<tr\>** | Tabellenreihe | Tabelle | ja |
| **\<td\>** | Tabellenzelle | Tabelle | ja |
| **\<frameset\>\*** | Definition des Frame-Sets | Dokumente | ja |
| **\<frame\>\*** | Definition des Frames | Dokumente | ja |
| **\<form\>\*** | Formular | Formular | ja |
| **\<input\>\*** | Formularfeld | Formular | nein |
| **\<select\>\*** | Auswahlmenü | Formular | ja |

*Tabelle 3.1: Übersicht der wichtigsten und am häufigsten verwendeten HTML-Tags. HTML-Steuerbefehle, die gewöhnlich mit Attributen verwendet werden, sind mit \* markiert. Aus dem Tag-Namen lassen sich oft die englischen Begriffe ableiten.*

| Tag | Beispiel | Beschreibung |
|---|---|---|
| **\<body\>\*** | \<body bgcolor="#FFFFFF" text="#000000" link="CC0000" leftmargin="35"\> | Hintergrundfarbe=weiss, Text=schwarz, Links=rot, Linker Rand=35 Pixel |
| **\<font\>\*** | \<font face="arial" size="3" color="#CC0000"\> | Schriftart=Arial, Schriftgröße=3, Schriftfarbe= rot |
| **\<img\>\*** | \<img src="bild/fallschirm.jpg" width="163" height="223"\> | Bildname, Verzeichnis, Bildgröße (Breite, Höhe) |
| **\<a\>\*** | \<a href="home.htm" target="_top"\> | Zieldatei (home.htm) soll im gesamten Browserfenster angezeigt werden |
| **\<table\>\*** | \<table width="75%" border="1"\> | Tabelle=75% der Bildschirmbreite breit, Tabellenrahmen =1 Pixel |

*Tabelle 3.2: Ein paar Beispiele für Tags und Attribute*

# HTML-Tags

### TIPP

*Um eine bessere Übersicht im Dokumentenfenster zu bekommen, können Sie die Zeilennummern im Options-Menü aktivieren. Sehr nützlich ist auch der Zeilenumbruch, wenn Sie längere Zeilen haben.*

*Bestimmen Sie im Options-Menü ganz rechts im HTML-Inspektor die unterschiedlichen Anzeigearten:*

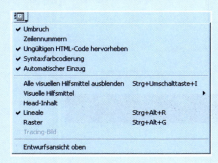

### HINWEIS

*Mit dem Quick-Tag-Editor können Sie bestehende Tags verändern, Attribute bestimmen und neue Steuerbefehle hinzufügen.*

**So verwenden Sie den Quick-Tag-Editor:**

**1** Öffnen Sie den Quick-Tag-Editor, indem Sie auf das Icon mit dem Bleistift im Eigenschaften-Inspektor klicken.

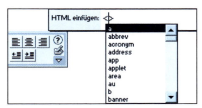

**2** Geben Sie ein Tag ein. Wenn Sie eine Pause beim Tippen machen, erscheint dieses Pop-up-Menü, aus dem Sie weitere Tags und Attribute auswählen können.

## Der Tag-Selektor

Alle Tags können Sie über die Dreamweaver-Statusleiste markieren und bearbeiten. Je nachdem, was im Dokument markiert wird bzw. an welcher Stelle sich die Maus befindet, zeigt der Tag-Selektor verschiedene HTML-Befehle an.

Klicken Sie auf das Tag, das Sie bearbeiten möchten. Die Seitenelemente, die dieser HTML-Steuerbefehl umschließt, sind nun im Dokument-Fenster und im HTML-Inspektor markiert.

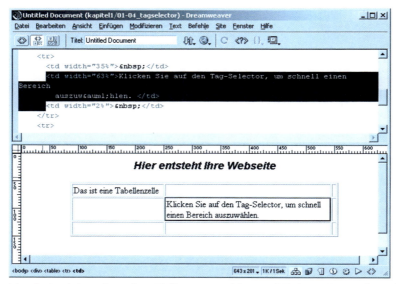

Um beispielsweise eine Zelle zu markieren, klicken Sie in diese hinein und wählen dann im Tag-Selektor **<td>**. Hier können Sie auch eine Zeile **<tr>** oder die gesamte Tabelle **<table>** auswählen.

> **HINWEIS**
>
> Sie können jederzeit das gesamte Dokument markieren. Klicken Sie hierfür auf **<body>**. Dieses Tag ist immer im Tag-Selektor sichtbar.

# HTML-Tags

Klicken Sie mit der rechten Maustaste auf ein Tag im Tag-Selektor. Über das sich öffnende Menü können Sie beispielsweise das Tag entfernen und bearbeiten.

## Kommentare

Um Ihre Webseite zu dokumentieren, fügen Sie Notizen ein. Diese Kommentare erscheinen nur im Quelltext. Hier können Sie beispielsweise eintragen, wo eine Tabelle anfängt und endet, wer wann welche Änderungen vorgenommen hat oder wie ein komplexes JavaScript aufgebaut ist.

Kommentare haben immer folgende Form:

**<! – Ich bin im Browser unsichtbar.>**

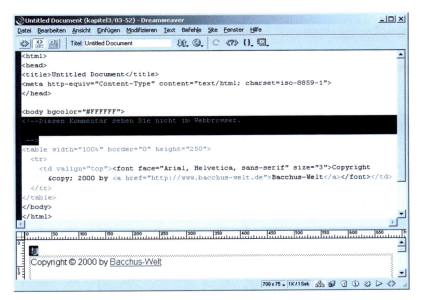

**1** Um einen Kommentar einzufügen, wählen Sie EINFÜGEN / UNSICHTBARE TAGS / KOMMENTAR. Das Dialogfenster KOMMENTAR EINFÜGEN erscheint.

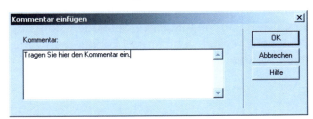

**2** Tragen Sie hier Ihren Kommentar ein.

> **TIPP**
>
> Öffnen Sie einen Kommentar über das Dokument-Fenster, indem Sie auf das Icon ![icon] klicken. Ist dieses nicht sichtbar, müssen Sie es unter BEARBEITEN / VOREINSTELLUNGEN >UNSICHTBARE ELEMENTE aktivieren.

> **TIPP**
>
> Legen Sie in den Voreinstellungen die Struktur des Quelltextes fest.

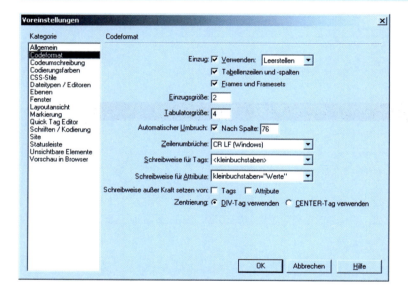

## HTML-Fehlerbereinigung

Hauptsächlich Dateien aus anderen Programmen oder von Hand erstellte HTML-Dokumente bestehen teilweise aus ungültigem Quellcode. Diese ungültigen Tags werden im Dokument-Fenster sichtbar und können nun ganz einfach gelöscht oder korrigiert werden.

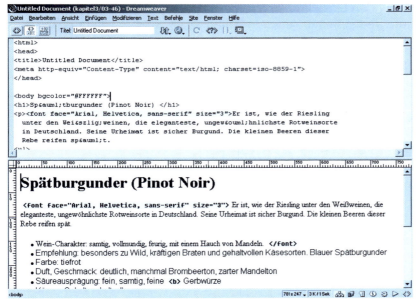

Auch wenn Sie eine fehlerhafte Datei in Dreamweaver öffnen, werden vorhandene Fehler automatisch korrigiert. Dafür ist standardmäßig das entsprechende Kontrollkästchen in den Voreinstellungen unter CODEUMSCHREIBUNG aktiviert.

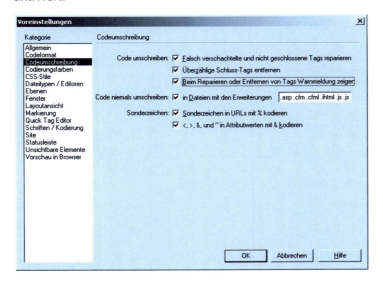

Geben Sie bei den Einstellungen an, dass Sie eine Meldung über die automatisch korrigierten Fehler sehen möchten, erscheint bei einem Fehler folgendes Fenster:

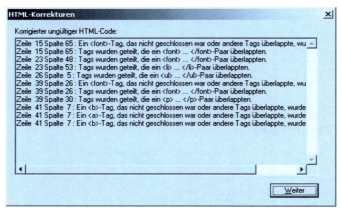

Sie können jederzeit weitere Quelltextbereinigungen durchführen:

**1** Wählen Sie BEFEHLE / HTML OPTIMIEREN.

**2** Aktivieren Sie in dem sich öffnenden Fenster HTML-CODE OPTIMIEREN, welche Fehler behoben werden sollen. Markieren Sie hierfür das entsprechende Kontrollkästchen.

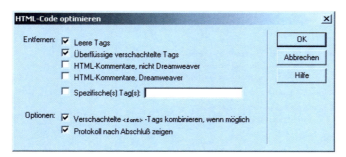

**3** Bestätigen Sie Ihre Auswahl mit OK.

# HTML-Tags

> **TIPPS**
>
> *Auch Dreamweaver erzeugt überflüssigen Quelltext. Markieren Sie deshalb im Fenster HTML-CODE OPTIMIEREN, VERSCHACHTELTE <FONT>-TAGS KOMBINIEREN. Um zu sehen, welche Fehler Dreamweaver behoben hat, aktivieren Sie das Kontrollkästchen PROTOKOLL NACH ABSCHLUSS ZEIGEN.*

Wenn Sie eine in Word erstellte Textdatei exportieren, enthält diese teilweise schlimme Fehler, die Dreamweaver erkennen und zum Großteil auch beheben kann.

**1** Öffnen Sie das in Word als HTML-Datei abgespeicherte Dokument in Dreamweaver.

**2** Wählen Sie BEFEHL / WORD-HTML OPTIMIEREN in der Menüleiste.

Dreamweaver »scannt« nun das HTML-Dokument, um herauszufinden, in welcher Word-Version es erstellt wurde.

Kann Dreamweaver die Wordversion nicht automatisch bestimmen, erscheint die folgende Meldung:

**3** Klicken Sie auf OK und wählen Sie dann in der Dialogbox WORD-HTML-CODE OPTIMIEREN die zugrunde liegende Version.

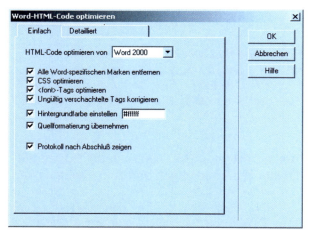

Hier sehen Sie außerdem, welche Änderungen Dreamweaver an dem Dokument vornehmen kann. Dieses Dialogfenster sieht je nach Word-Version etwas anders aus.

**4** Klicken Sie auf OK. Dreamweaver überarbeitet nun nach Ihren Vorgaben das Dokument. Anschließend wird ein Protokoll angezeigt, falls Sie das entsprechende Kästchen aktiviert haben.

### TIPP

*In Dreamweaver können Sie HTML-Tags, CSS und JavaScript-Befehle in einer Online-Referenz nachschlagen. Die Informationen stammen aus anerkannten Standardwerken.*

*Wählen Sie FENSTER> REFERENZ oder drücken Sie* Strg + ⇧ + F1 *.*

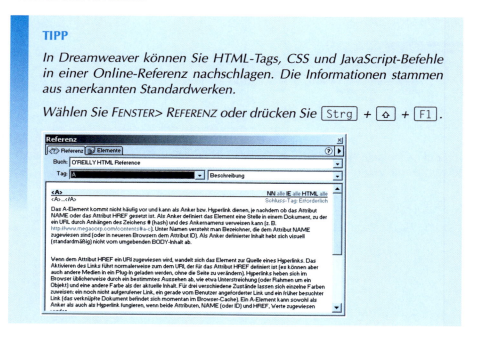

# HTML-Stile

Es kann manchmal ganz schön lästig sein, immer die gleichen Formatierungen vorzunehmen. Angenommen, alle Headlines **<h1>** sollen fett, kursiv und grün dargestellt werden, dann können Sie diese Schritte als einen HTML-Stil abspeichern und in jedem HTML-Dokument Ihrer Website anwenden.

> ### WAS IST DAS?
> *Ein **HTML-Stil** ist ein Formatierungskatalog, den Sie speichern, verändern und wieder löschen können. In diesem Katalog sind mehrere Tags und Attribute zusammengefasst, um einen Text oder einen Absatz zu formatieren. Gerade wenn Sie bestimmte Kombinationen von Formatierungen immer wieder verwenden, lassen sich damit Arbeitsschritte schnell automatisieren. Verwenden Sie dazu die HTML-Stilpalette.*

**So öffnen Sie die HTML-Stilpalette:**

Klicken Sie auf die Schaltfläche ⬚ im Launcher oder im Mini-Launcher.

Alternativ können Sie auch FENSTER / HTML-STILE in der Menüleiste wählen. Oder benutzen Sie das entsprechende Shortcut [Strg] + [F11].

> **TIPP**
>
> *Sie können mit Hilfe der HTML-Stilpalette die HTML-Stile, die Sie in einer Site verwenden, aufzeichnen und anschließend gemeinsam mit anderen Anwendern, lokalen Sites oder entfernten Sites nutzen.*

**So erstellen Sie einen neuen HTML-Stil auf Grundlage von vorhandenem Text:**

**1** Wählen Sie im Dokument die Textstelle aus, auf deren Formatierung der neue HTML-Stil basieren soll.

**2** Klicken Sie in der HTML-Stilpalette auf das Symbol NEUER STIL ERSTELLEN.

**3** Benennen Sie den Stil im Dialogfeld HTML-STIL DEFINIEREN.

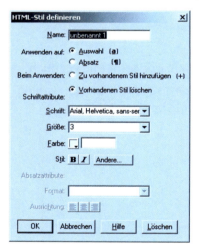

**4** Überprüfen Sie die eingestellte Formatierung.

**5** Legen Sie fest, ob Sie den Stil auf den Absatz oder eine Textpassage anwenden möchten.

**6** Definieren Sie, ob vorhandene Formatierungen ersetzt werden sollen oder ob Sie den neuen Stil zusätzlich anwenden wollen.

# HTML-Stile

**So erstellen Sie einen völlig neuen HTML-Stil:**

**1** Klicken Sie in der HTML-Stilpalette auf das Symbol NEUER STIL ⬚. Sie können auch TEXT / HTML-STILE / NEUER STIL wählen oder über das Kontextmenü arbeiten.

**2** Führen Sie die Schritte 3 und 4 aus, die in den Anleitungen zum Erstellen eines neuen Stils auf Grundlage von vorhandenem Text beschrieben sind.

**3** Klicken Sie auf OK.

**So wenden Sie einen vorhandenen HTML-Stil an:**

**1** Markieren Sie den zu formatierenden Text oder Absatz.

**2** Wählen Sie in der HTML-Stilpalette einen Stil aus.

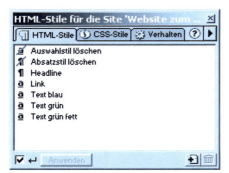

### ACHTUNG

*ABSATZSTIL LÖSCHEN und AUSWAHLSTIL LÖSCHEN können Sie nur auf Text verwenden, auf den bereits ein Stil angewandt wurde. Diese beiden Einträge in die HTML-Stilpalette sind keine Stile und können weder angezeigt noch bearbeitet werden.*

**1** Ist das Kontrollkästchen ANWENDEN unten in der Palette aktiviert, klicken Sie einmal auf den Stil. Der ausgewählte Stil wird dann automatisch angewendet.

**2** Ist das Kontrollkästchen deaktiviert, klicken Sie auf den Stil und anschließend auf ANWENDEN.

**3** Der ausgewählte Text bzw. Absatz ist nun formatiert.

**So legen Sie die Einstellungen für einen vorhandenen HTML-Stil neu fest:**

**1** Klicken Sie zweimal auf den HTML-Stil.

**2** Legen Sie im Fenster HTML-STIL DEFINIEREN die Einstellungen für den Stil fest.

Mit den Optionen ANWENDEN AUF legen Sie fest, ob der Stil auf den ausgewählten Text (AUSWAHL) oder auf den aktuellen Textblock (ABSATZ) angewandt wird.

Außerdem können Sie mit den Optionen unter Beim Anwenden festlegen, ob die Einstellungen des Stils der ursprünglichen Textformatierung hinzugefügt (ZU VORHANDENEM STIL HINZUFÜGEN) oder die vorhandene Formatierung gelöscht und durch die neuen Einstellungen ersetzt werden sollen (VORHANDENEN STIL LÖSCHEN).

**3** Bestätigen Sie Ihre Änderungen mit OK.

**So erstellen Sie einen neuen HTML-Stil auf Grundlage eines vorhandenen HTML-Stils:**

**1** Klicken Sie mit der rechten Maustaste (Windows) oder bei gedrückter -Taste (Macintosh) auf einen ähnlichen Stil in der Stilpalette.

> **ACHTUNG**
>
> *Stellen Sie sicher, dass im Dokument kein Text ausgewählt ist.*

**2** Wählen Sie im Kontextmenü die Option DUPLIZIEREN. Das Dialogfeld HTML-STIL DEFINIEREN wird angezeigt.

**3** Legen Sie einen Namen für den neuen Stil fest und definieren Sie dessen Eigenschaften.

**4** Bestätigen Sie mit OK.

**So löschen Sie Textformatierung in einem Dokument:**

**1** Wählen Sie den zu formatierenden Text aus.

**2** Klicken Sie in der HTML-Stilpalette auf AUSWAHLSTIL LÖSCHEN oder ABSATZSTIL LÖSCHEN.

Mit Auswahlstil löschen beseitigen Sie sämtliche Formatierungen aus dem ausgewählten Text. Wollen Sie die Formatierung eines ganzen Absatzes aufheben, wählen Sie ABSATZSTIL LÖSCHEN.

# HTML-Stile

> **HINWEIS**
>
> Auch Formatierungen, die über die Menüleiste oder den Eigenschaften-Inspektor erstellt wurden, können Sie mit den Befehlen AUSWAHL-STIL LÖSCHEN oder ABSATZSTIL LÖSCHEN in der HTML-Stilpalette entfernen.

**So entfernen Sie einen Stil aus der HTML-Stilpalette:**

**1** Deaktivieren Sie in der HTML-Stilpalette das Kontrollkästchen ANWENDEN.

**2** Wählen Sie einen HTML-Stil aus.

**3** Klicken Sie auf das Symbol STIL LÖSCHEN (Papierkorb).

> **HINWEISE**
>
> - *HTML-Stile werden von allen Web-Browsern unterstützt und sind im Vergleich zur manuellen Textformatierung weniger zeitaufwendig.*
>
> - *Ändern Sie die Formatierung eines HTML-Stils, verändern Sie **nicht** gleichzeitig den Text, den Sie ursprünglich mit diesem Stil formatiert haben.*
>
> - *Der Unterschied zwischen HTML-Stilen und Cascading Style Sheets (CSS) ist, dass sich eine Änderung in der CSS-Datei gleich auf die gesamte Website auswirkt (bzw. auf die Dateien, in welche die CSS-Datei eingebunden ist). HTML-Stile dagegen werden direkt als HTML-Tags in die Webseite integriert und als normale HTML-Befehle abgespeichert. Hier gibt es also kein automatisches Updaten. Auch erkennen Sie am Quelltext nicht, ob es sich um eine Stil-Vorlage handelte oder nicht.*

# Kapitel 4

# Mit Bildern arbeiten

*Ein Bild spricht mehr als tausend Worte. Nehmen Sie sich diesen Spruch zu Herzen, denn gerade das visuelle Medium Internet verlangt nach ansprechenden, interessanten Bildern. Unterstreichen Sie die Botschaft Ihrer Seiten mit den passenden Fotos und Grafiken. Dabei handelt es sich oft um eine Gratwanderung, denn jedes eingebundene Bild erhöht gleichzeitig die Ladezeit der Webseite. In diesem Kapitel zeigen wir, welche Möglichkeiten Dreamweaver beim Einfügen und Bearbeiten von Bildern bietet. Sie erfahren außerdem, wie Sie mit einfachen Funktionen besondere Effekte erzielen können.*

Seit 1994 ist das Internet ein visuelles Medium. Davor konnten Bilder nicht online im Browser betrachtet werden. Hatte man ein Bild gefunden, wurde es heruntergeladen und offline dann aufgerufen. Das war nicht nur sehr zeitaufwendig, sondern auch sehr umständlich.

## Bilder einfügen

In Kapitel 2 haben Sie bereits gesehen, wie Sie ein Bild in den Hintergrund einbauen können. In diesem Workshop erfahren Sie nun, wie Sie ein Bild in den Vordergrund, also in das eigentliche HTML-Dokument, integrieren. Hier gibt es mehrere Möglichkeiten:

**1** Klicken Sie an die Stelle im Dokument-Fenster, wo Sie das Bild einfügen möchten.

**2** Drücken Sie auf den Button BILD EINFÜGEN in der Objektpalette.

Oder:

Wählen Sie in der Menüleiste EINFÜGEN / BILD.

Oder:

Drücken Sie Strg + Alt + I.

**3** Wählen Sie in der nun offenen Dialogbox BILD AUSWÄHLEN Ordner und Dateinamen des Bildes.

# Bilder einfügen

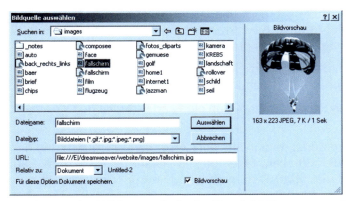

Der Name des Bildes erscheint im Textfeld DATEINAME. Außerdem sehen Sie eine Bildvorschau inklusive der Angaben über Höhe und Breite, Dateigröße und Ladezeit.

Falls sie Ihnen bereits bekannt sind, können Sie die URL auch direkt in das Textfeld eingeben.

**4** Klicken Sie auf OK. Die Dialogbox wird geschlossen und das Bild erscheint im Dokument-Fenster.

Falls Sie ein Bild in eine noch nicht gesicherte HTML-Datei einfügen wollen, erscheint diese Dialogbox:

Klicken Sie auf OK. Wie Sie eine Datei speichern und eine lokale Site anlegen, lesen Sie in Kapitel 2.3 und 2.7.

**So markieren Sie Bilder:**

Um an einem Bild zu arbeiten, müssen Sie es markieren. Klicken Sie dazu in das Bild hinein. In der rechten unteren Ecke erscheinen »Griffe«.

Sie können nun bearbeiten, kopieren und ausschneiden. Diese Befehle finden Sie in der Menüleiste unter BEARBEITEN oder verwenden Sie die bereits bekannten Shortcuts (vgl. Shortcuts im Anhang).

Auch können Sie nun die Bildeigenschaften (vgl. Absatz Bildeigenschaften) verändern oder ein anderes Bild stattdessen einsetzen.

Die Markierung heben Sie auf, wenn Sie an eine andere Stelle im Dokument klicken.

Markieren Sie mehrere Bilder, indem Sie den Cursor darüber ziehen und dabei die linke Maustasten drücken. Oder klicken Sie auf jedes einzelne Bild und halten Sie dabei die (Shift)-Taste gedrückt. Die Bilder erscheinen nun grau hinterlegt und haben keine »Griffe«.

## Bildformate

Die meisten Webbrowser zeigen die Bildformate **GIF** und **JPG** bzw. **JPEG** an. Browser der 4. Generation (und auch Dreamweaver 4) unterstützen außerdem das **PNG**-Format.

Liegen Ihre Bilder in einem anderen Format vor, müssen Sie diese in eines der drei beschriebenen Formate umwandeln:

**1** Öffnen Sie das Foto oder die Grafik in einem Grafikprogramm (z.B. *Fireworks*, Photoshop).

**2** Normalerweise finden Sie in der Menüleiste Ihres Grafikprogramms den Eintrag DATEI / SPEICHERN UNTER oder DATEI / EXPORTIEREN. Legen Sie in dem sich dann öffnenden Dialogfenster den Dateityp fest.

**3** Anschießend bestimmen Sie das Verzeichnis und den Dateinamen. Bestätigen Sie mit OK.

Weitere Informationen finden Sie in der Hilfe und im Handbuch Ihres Grafikprogramms.

**Was ist nun aber das bessere Format?**

**JPGs** unterstützen Millionen von Farben und stellen damit viele Details dar. Allerdings gehen mit der Komprimierung auch Farbinformationen verloren.

Je stärker Sie ein JPG komprimieren, umso kleiner wird zwar die Dateigröße, aber gleichzeitig gehen immer mehr Farben verloren. Das Bild wird unscharf und verpixelt.

Das **GIF**-Format wurde von CompuServe entwickelt. Hier lassen sich nur 256 Farben abspeichern. Diese Farben sind nicht vordefiniert. Allerdings gibt es so genannte Websafe-Farben (weitere Infos hierzu finden Sie im Kapitel Die erste Website, Seiteneigenschaften). In Ihrem Bildbearbeitungsprogramm können Sie außerdem transparente GIFs erstellen. Dabei bestimmen Sie, welche Farbe verschwinden soll. Teile des transparenten GIF erscheinen damit stärker in den Hintergrund integriert.

**JPG** sollten Sie für Fotos und Grafiken mit kontinuierlichen Farbtönen verwenden. GIFs sind für Bilder mit großen farblich gleichen Bereichen und Graustufenbilder geeignet. Außerdem können Sie hiermit auch Animationen erstellen.

Das neue Bildformat **PNG** bietet wesentlich mehr Möglichkeiten als das GIF- und JPG-Format. Es unterstützt Indexfarben-, Graustufen- und True-Color-Bilder sowie den Alpha-Kanal zur Darstellung von Transparenz. Einen Qualitätsverlust durch Komprimierung gibt es hier ebenso wenig wie die Beschränkung auf eine bestimmte Anzahl von Farben. Leider können zurzeit nur wenige Browser (u.a. IE und NN ab Version 4) dieses Bildformat interpretieren.

### HINWEIS

*Bilder erhöhen die Ladezeit einer Webseite. In der Regel gelangt der User über die Homepage auf die weiteren Seiten Ihres Internet-Auftritts. Achten Sie auf die Ladezeit dieser Seite. Ist diese zu hoch, brechen viele User das Laden ab und surfen woanders weiter.*

# Bildeigenschaften

Um die Eigenschaften eines Bildes im Eigenschaften-Inspektor zu sehen, klicken Sie einmal auf das entsprechende Bild.

Sollte der Eigenschaften-Inspektor nicht angezeigt werden, öffnen Sie ihn über FENSTER / EIGENSCHAFTEN (vgl. Kapitel Der Start).

Der Eigenschaften-Inspektor zeigt neben der Miniaturansicht die einzelnen Bildmerkmale an. Hier können Sie beispielsweise Breite und Höhe eines Bildes ändern, Links einbauen (vgl. Kapitel Hyperlinks), die Ausrichtung des Bildes bestimmen oder einen Rahmen definieren.

### TIPP

*Geben Sie Ihrem Bild einen signifikanten Namen. Diesen benötigen Sie, wenn Sie mit JavaScript arbeiten möchten. Der Name erscheint nicht im Browser.*

**Ein Bild benennen:**

**1** Markieren Sie das Bild.

**2** Geben Sie im Eigenschaften-Inspektor einen Namen für das Bild ein.

**3** Drücken Sie .

Oder klicken Sie auf die Schaltfläche ZUWEISEN, die in diesem Fall eine Miniaturansicht des Bildes ist.

Sie sehen den Namen nun im Quelltext.

### ACHTUNG

*Verwenden Sie für den Bildnamen nur Kleinbuchstaben, keine Leer- und Sonderzeichen.*

**Einen ALT-Text zuweisen:**

Nicht jeder benutzt die Möglichkeit der Bildanzeige. Um diesen Leuten die Botschaft eines Bildes dennoch mitteilen zu können, sollten Sie das ALT-Attribut einsetzen. ALT steht hierbei für Alternativ-Text.

**1** Markieren Sie das Bild.

**2** Schreiben Sie den Alternativ-Text in das Textfeld ALT. im Eigenschaften-Inspektor.

**3** Drücken Sie ⏎ oder klicken Sie auf die ZUWEISEN-Schaltfläche.

Diesen Platzhalter sieht der User, wenn er die Bildanzeige in seinem Browser ausgeschaltet hat:

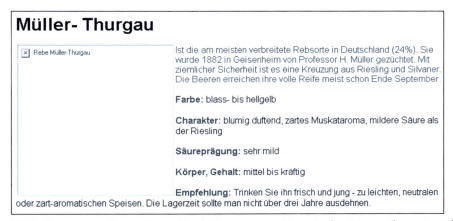

Viele Browser zeigen einen Tool-Tipp, wenn Sie mit der Maus über ein Bild fahren:

# Bild mit einer niedrigeren Auflösung

Sehr große Bilder (ab etwa 30 KB) benötigen eine entsprechend lange Ladezeit. Um diese Wartezeit zu überbrücken, können Sie auf Ihrer Webseite ein Bild mit einer niedrigeren Auflösung als vorläufigen Platzhalter für das qualitativ höherwertige Bild definieren. Dieses wird nur so lange angezeigt, bis das richtige Bild angezeigt wird.

**1** Markieren Sie das bereits eingefügte, hochwertige Bild.

**2** Geben Sie im Eigenschaften-Inspektor in das Textfeld NIEDR. QU. die Quelle des Bildes an, das als Erstes angezeigt werden soll.

Diese können Sie entweder direkt eintippen oder Sie klicken auf den DURCHSUCHEN-Button daneben und wählen die Bildquelle in dem nun offenen Dialogfenster aus.

Oder Sie benutzen die Option AUF DATEI ZEIGEN.

**3** Bestätigen Sie Ihre Eingaben mit ⏎ oder klicken Sie auf die ZUWEISEN-Schaltfläche.

Das linke Bild ist 2 KB groß, das rechte 30 KB. Das linke Bild als niedrige Quelle ist sofort sichtbar und wird so lange angezeigt, bis das rechte geladen ist.

**Bild mit einer niedrigeren Auflösung**

> **ACHTUNG**
>
> *Das Bild mit der niedrigeren Auflösung muss dieselben Abmessungen haben wie das Hauptbild.*

**Einen Rahmen um das Bild definieren:**

Standardmäßig zeigt Dreamweaver alle Bilder ohne Rahmen. Die Rahmenstärke können Sie selbst definieren.

 Markieren Sie das Bild, das einen Rahmen bekommen soll.

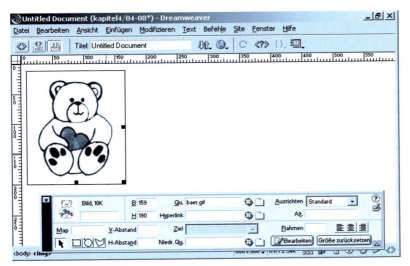

**2** Legen Sie im Eigenschaften-Inspektor die Rahmenstärke in Pixel fest. Um das Textfeld RAHMEN zu sehen, müssen Sie sich in der erweiterten Ansicht befinden.

**3** Drücken Sie ⏎ oder klicken Sie auf die Schaltfläche ZUWEISEN. Um das Bild erscheint nun ein Rahmen. Das Bild selbst ist noch das alte. Der Rahmen ist über den HTML-Quelltext **border=«5«** definiert.

**139**

> **HINWEIS**
>
> *Die Rahmenfarbe ist standardmäßig Schwarz. Sollte das Bild verlinkt sein, wird der Rahmen in der definierten Linkfarbe gezeigt.*

## Vergrößern oder verkleinern

Wenn Sie ein Bild in Ihr Dreamweaver-Dokument einfügen, erscheint es zunächst in der Größe, in der es abgespeichert wurde.

Diese Größe können Sie über den Eigenschaften-Inspektor ganz einfach verändern:

**1** Markieren Sie das Bild, dessen Größe Sie verändern wollen.

**2** Ziehen Sie das Bild an den »Griffen« in die gewünschte Größe. Die neue Skalierung wird in den Eigenschaften-Inspektor übernommen.

## Vergrößern oder verkleinern

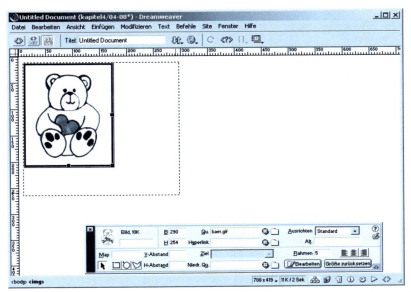

Oder geben Sie im Eigenschaften-Inspektor die Größe in die Felder für Breite und Höhe ein. Die neuen Maße können Sie in Zentimetern, Millimetern, Inch, Pica oder Punkt eingeben. Hierfür müssen Sie hinter dem Wert noch die Maßeinheit eintippen. Beachten Sie, dass zwischen Wert und Maßeinheit kein Leerzeichen stehen darf. Geben Sie keine Einheit an, skaliert Dreamweaver in Pixel. Auch alle anderen Werte wandelt Dreamweaver in Pixel um.

Entsprechen die neuen Werte nicht der Größe des abgespeicherten Bildes, erscheinen diese im Eigenschaften-Inspektor fett.

**3** Bestätigen Sie mit ⏎ oder klicken Sie auf die ZUWEISEN-Schaltfläche. In diesem Beispiel wurde das Bild in die Breite gezogen.

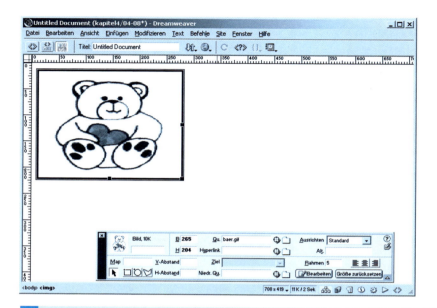

### HINWEIS

Erkennt der Browser ein Bild und dessen angegebene Größe, wird bereits während des Ladens ein Feld für das Bild freigehalten. Die Seite erscheint schneller im richtigen Layout.

### WAS IST DAS?

Wenn Sie die Höhe und die Breite eines Bildes oder eines anderen Seitenelements ändern, **skalieren** Sie es.

## TIPPS

- *Halten Sie während des Ziehens an dem »Griff« in der Ecke die ⇧-Taste gedrückt, skalieren Sie das Bild proportional. Damit stehen Höhe und Breite weiterhin im gleichen Verhältnis zueinander.*

- *Um die ursprüngliche Größe wieder herzustellen, klicken Sie auf die Buchstaben B (Breite) oder H (Höhe) vor dem Textfeld. Um beide Werte zurückzusetzen, drücken Sie den Button GRÖSSE ZURÜCKSETZEN.*

## ACHTUNG

*Sie sollten ein sehr großes Bild anschließend immer in der Größe abspeichern, wie es im HTML-Dokument eingebunden ist. Ansonsten würde die Datei unnötig groß und die Ladezeit wäre wesentlich höher.*

*Skalieren Sie ein Bild andererseits größer, wird es sehr schnell unscharf.*

# Bilder positionieren

Beim Ausrichten von Text hatten Sie die Wahl zwischen links, rechts oder zentriert. Bei Bildern stehen Ihnen noch weitere Optionen zur Verfügung.

**1** Markieren Sie das Bild, das Sie ausrichten möchten.

**2** Legen Sie im Eigenschaften-Inspektor die gewünschte Position fest. Benutzen Sie hierfür das Pull-down-Menü AUSRICHTEN.

> **ACHTUNG**
>
> Einige Positionen werden erst sichtbar, wenn sie mit anderen Objekten verbunden sind (vgl. Abbildung 4.11: Die Attribute sind jeweils dem Bild mit dem Haus zugewiesen. Je nach Option ist das Haus entweder am anderen Bild oder am Text ausgerichtet.).

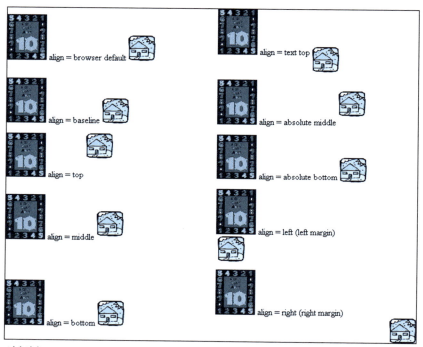

Abbildung 4.11: Die Attribute sind jeweils dem Bild mit dem Haus zugewiesen. Je nach Option ist das Haus entweder am anderen Bild oder am Text ausgerichtet.

Es kann passieren, dass ein eingefügtes Bild direkt an einem anderen oder an einem Text »klebt«. Im folgenden Beispiel wurden alle Bilder hintereinander eingefügt. Dreamweaver fügt dabei automatisch ein Leerzeichen ein. Dieses habe ich in der zweiten Zeile entfernt.

**Bilder positionieren**

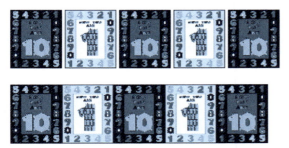

Um mehr Abstand zwischen den einzelnen Bildelementen zu bekommen, müssen Sie einen horizontalen und vertikalen Leerraum um das Bild definieren:

**1** Markieren Sie das Bild, das mehr Abstand zu den ihn umgebenden Elementen haben soll.

**2** Geben Sie im Eigenschaften-Inpektor den gewünschten Pixel-Abstand in die Textfelder V-Abstand (vertikal) und H-Abstand (horizontal) ein.

**3** Klicken Sie auf die ZUWEISEN-Schaltfläche oder auf ⏎. Um das Bild ist nun ein Abstand definiert.

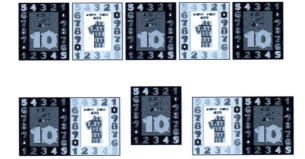

Um das dritte Bild in der zweiten Zeile ist ein Leerraum definiert. Dieser beträgt horizontal und vertikal jeweils 15 Pixel. Dieser Abstand beeinflusst die gesamte Zeile. Auch der Abstand der anderen Bilder zur vorhergehenden Zeile wurde größer.

**145**

> **HINWEIS**
>
> *Wenn Bilder sich überlappen sollen, fügen Sie diese in mehreren Ebenen ein (vgl. Kapitel Ebenen).*

# Mit externen Bildeditoren arbeiten

Während Sie in Dreamweaver arbeiten, können Sie Ihre Bilder in einem externen Grafikprogramm bearbeiten. Generell können Sie hier jedes Grafikprogramm benutzen.

Für das effektive Arbeiten empfiehlt sich jedoch die Integration von Macromedia Fireworks 4. In beiden Programmen stehen Ihnen weitgehend die gleichen Werkzeuge und Befehle zur Verfügung. Das ermöglicht Ihnen eine effiziente, einfache und programmübergreifende Bild- und HTML-Bearbeitung. Beispielsweise können Sie in Fireworks erstellte, web-optimierte Bilder und HTML-Dateien in Ihrem Dreamweaver-Dokument integrieren und bearbeiten. Umgekehrt können Sie eine Grafik in Fireworks ändern und automatisch im geöffneten HTML-Dokument aktualisieren lassen.

In den VOREINSTELLUNGEN (in der Menüleiste unter BEARBEITEN) können Sie ein externes Grafikprogramm für die Bildbearbeitung einsetzen. Hierfür eignet sich Fireworks besonders gut.

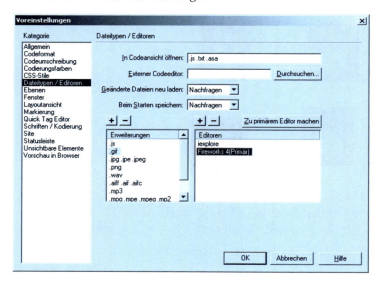

## Mit externen Bildeditoren arbeiten

**So integrieren Sie neue Editoren in Dreamweaver:**

**1** Wählen Sie BEARBEITEN / VOREINSTELLUNGEN aus der Menüleiste.

**2** Klicken Sie auf die Tafel DATEITYPEN / EDITOREN.

**3** Wählen Sie den Dateityp, den Sie mit dem zu integrierenden Editor bearbeiten möchten.

**4** Klicken Sie dann auf das (+) über der Liste der Editoren.

**5** Wählen Sie die gewünschte Anwendung in dem Dialogfenster aus.

**6** Diese ausgewählte Anwendung können Sie als primären Editor für diesen Dateityp definieren.

**7** Bestätigen Sie mit OK.

**Um einen Editor aus der Liste zu entfernen, klicken Sie auf (-).**

### HINWEISE

- In den Einstellungen muss das Grafikprogramm als erster Editor (s.u.) gelistet sein.
- Wenn Sie als Team an einer Website arbeiten, sollten Sie Anmerkungen in DESIGN NOTES abspeichern. Diese Notizen erscheinen weder im Browser noch im Quelltext. Wählen Sie DATEI / DESIGN NOTES in der Menüleiste. Im Site-Fenster werden Design Notes mit 💬 markiert.

### TIPP

*Optimieren Sie in Fireworks ein Bild, indem Sie den Befehl in Dreamweaver geben: Markieren Sie das Bild und wählen Sie dann BEFEHLE / BILD IN FIREWORKS OPTIMIEREN.*

**So öffnen Sie den externen Editor:**

- Doppelklicken Sie auf das Bild, das Sie bearbeiten wollen, um den **externen Editor zu starten**.
- Doppelklicken Sie auf die Bilddatei im Site-Fenster.

> **TIPP**
>
> *In Fireworks erscheint dann zunächst ein Dialogfenster, das Sie fragt, ob Sie die in die Webseite eingebundene Grafik formatieren oder lieber die Originaldatei bearbeiten möchten.*

## Rollover erstellen

In Dreamweaver können Sie ganz einfach wirkungsvolle Rollover-Effekte erstellen. Bei einem solchen Effekt werden Bilder, wenn Sie mit der Maus darüber fahren, ausgetauscht. Verlassen Sie anschließend den Bildbereich, ist das Originalbild wieder zu sehen.

Rollover werden gerne für Buttons verwendet. Fährt man mit der Maus über eine Schaltfläche, erleuchtet diese oder sie erscheint in einem anderen Design.

Mit allen möglichen Bildern können Sie witzige Rollover-Effekte erzielen:

**So erstellen**

**Sie ein einfaches Rollover-Bild:**

**1** Wählen Sie aus der Menüleiste EINFÜGEN / INTERAKTIVE BILDER / ROLLOVER-BILD.

## Rollover erstellen

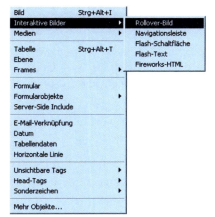

Oder klicken Sie auf den Button ![Button] in der Objekt-Palette.

**2** Das Dialogfenster ROLLOVER-BILD EINFÜGEN erscheint.

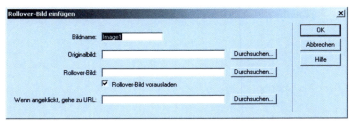

Geben Sie hier Verzeichnis und Dateinamen des Originalbildes und des Rollover-Bildes ein.

**3** Aktivieren Sie das Kontrollkästchen, um Rollover-Bilder vorauszuladen. Ansonsten würde es zu unnötigen Wartezeiten kommen, die den Rollover-Effekt verderben würden.

**4** Wenn Sie Ihr Bild auf eine Webseite verlinken möchten, geben Sie die URL ein oder klicken Sie auf die Schaltfläche DURCHSUCHEN (weitere Informationen zu Hyperlinks finden Sie in Kapitel 5).

**5** Klicken Sie auf OK, um das Rollover in Ihre Seite einzufügen.

### TIPP

Mit EINFÜGEN / INTERAKTIVE BILDER / NAVIGATIONSLEISTE können Sie Rollover-Bilder detaillierter definieren. Weitere Informationen dazu finden Sie in Kapitel 10. Hier erfahren Sie mehr über JavaScript und Verhaltensweisen.

### TIPP

Da das Rollover-Bild der Größe des Originalbildes angepasst wird, sollten alle Bilder die gleiche Größe haben.

### ACHTUNG

Testen Sie das Rollover in einem Browser, der JavaScript interpretieren kann.

## Imagemaps erstellen

*Was ist das?*

Eine **Imagemap** ist ein Bild, das in einzelne Bildbereiche (Hotspots) aufgeteilt wurde. Diese Hotspots sind jeweils zu unterschiedlichen Seiten verlinkt.

**So erstellen Sie eine Imagemap:**

**1** Wählen Sie das Bild aus.

**2** Geben Sie in das Feld MAP den Namen für die MAP ein.

Um diese Einstellungen zu sehen, müssen Sie eventuell auf den Erweitern-Pfeil klicken.

**3** Klicken Sie auf den Kreis, das Rechteck oder das Polygon. Ziehen Sie den Zeiger auf dem Bild. Um ein Polygon zu erstellen, klicken Sie einmal für jeden Eckpunkt.

# Imagemaps erstellen

**4** Um die Eigenschaften eines Hotspots festzulegen, markieren Sie diesen:

Können Sie keine Hotspots erkennen, ist Ihr Bild nicht mehr markiert.

**5** Legen Sie im Eigenschaften-Inspektor die Merkmale dieses Hotspots fest:

Definieren Sie die Seite, auf die der User gelangen soll, wenn er an diese Stelle klickt. Weitere Informationen zu Links lesen Sie in Kapitel Hyperlinks.

**6** Geben Sie den alternativen Text in das Feld ALT ein.

**7** Wiederholen Sie die Schritte, um weitere Hotspots anzulegen oder deren Eigenschaften zu definieren.

> **TIPP**
>
> *Um nachträglich die Position oder die Größe eines Hotspots zu verändern, markieren Sie diesen und verschieben die »Griffe« mit dem Pfeil-Werkzeug im Eigenschaften-Inspektor. Außerdem können Sie ein Polygon damit neu formen.*

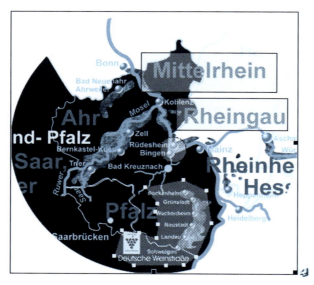

Diese Karte enthält insgesamt vier Hotspots. Diese sind nur in Dreamweaver farblich hinterlegt. Wenn Sie im Browser mit der Maus über einen solchen Bereich fahren, erkennen Sie einen Link an dieser Stelle. Markieren Sie den Hotspot, um die Eigenschaften festlegen zu können.

### HINWEISE

- *Wenn Sie mehrere Imagemaps anlegen, achten Sie darauf, dass Sie jeder Map einen eindeutigen Namen geben.*

- *Wenn Sie ein Bild mit den Hotspots kopieren möchten, markieren Sie zunächst das eigentliche Bild. Anschließend drücken Sie die ⇧-Taste und klicken auf jeden einzelnen Hotspot. Die markierten Elemente können Sie nun in die Zwischenablage kopieren und in das gleiche oder in ein anderes Dokument einfügen.*

# Kapitel 5
# Hyperlinks

*In diesem Kapitel werden Sie sehen, wie einfach Sie Hyperlinks in Ihre Seite einbauen können. Dabei können Sie zu einem anderen Dokument innerhalb Ihrer Website verlinken, einen externen Verweis zu jeder beliebigen Seite im WWW setzen oder auf eine E-Mail verweisen. Um an eine bestimmte Stelle in einem Dokument zu springen, benutzt man benannte Anker. Abschließend zeige ich Ihnen, wie Sie schnell und einfach Ihre Links in Dreamweaver verwalten.*

### WAS IST DAS?

*Ein **Hyperlink** ist ein Verweis von einer Webseite zu einer anderen, zu einer bestimmten Stelle in einem Dokument oder zu einer E-Mail-Adresse. Dabei können auch unterschiedliche Protokolle angesprochen werden (vgl. Kapitel 13.5).*

*Eine **URL** definiert das Internet-Adressformat:*

*Dienst://Server.Domain.TopLevelDomain/Verzeichnis/Datei*

*Weitere Informationen finden Sie im Anhang.*

## Hyperlinks einfügen

### So fügen Sie einen relativen (internen) Link ein:

**1** Markieren Sie das Element (z.B. Text oder Bild), das Sie verlinken möchten.

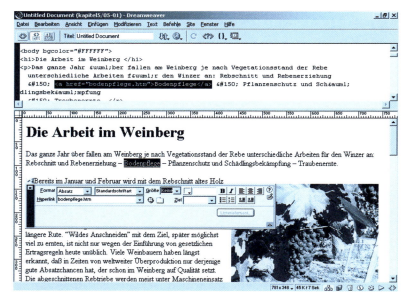

**2** Geben Sie im Eigenschaften-Inspektor in das Textfeld HYPERLINK den Ordner- und Dateinamen der Zielwebseite ein.

## Hyperlinks einfügen

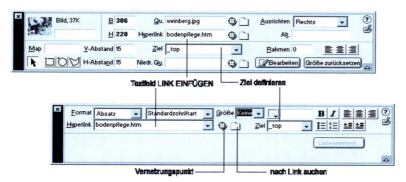

Handelt es sich um eine Verlinkung auf eine Webseite innerhalb der eigenen Website, können Sie die Datei auch über das Ordner-Icon 🗀 auswählen. Dabei öffnet sich das Dialogfenster DATEI AUSWÄHLEN.

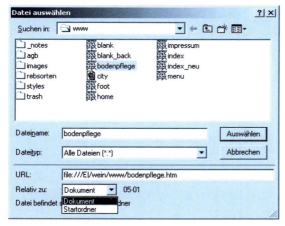

Durchsuchen Sie wie gewohnt Ihre Festplatte und markieren Sie dann die gefundene Datei. Wählen Sie im Pull-down-Menü entweder DOKUMENT, um einen relativen Pfad zu erzeugen, oder STARTORDNER für eine zentrale Platzierung Ihrer Seite.

Oder benutzen Sie den Vernetzungspunkt ⊕ und ziehen Sie ihn mit gedrückter Maustaste auf die Ziel-Datei im Site-Fenster.

**155**

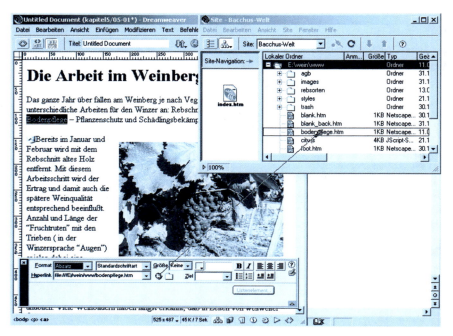

**3** Drücken Sie ⏎.

### WAS IST DAS?

**Relative Links** verweisen auf andere Dokumente in der gleichen Site (`../internet/index.htm`). Im obigen Beispiel handelt es sich um eine relative Angabe.

**Absolute Links** geben den kompletten Pfadnamen an (http://www.intermedien.net/index.htm).

**Stammrelative Pfadnamen** (`/index.htm`) verweisen auf ein Dokument innerhalb der gleichen Site. Hier bildet der Serverordner die Basis. Diese Linkart eignet sich vor allem für große Sites, bei denen die Dateien häufig hin- und hergeschoben werden.

**Benannte Anker** verbinden zu einem bestimmten Punkt im gleichen Dokument oder zu einer bestimmten Stelle in einer anderen Seite (`#top` oder `../index.htm#top`).

## Hyperlinks einfügen

**So ziehen Sie Hyperlinks im Site-Fenster:**

**1** Aktivieren Sie die Ansicht MAP UND DATEIEN, indem Sie auf den Button im Site-Fenster klicken und mit gedrückter Maustaste warten, bis das Pull-down-Menü mit den Optionen erscheint.

**2** In der linken Spalte sehen Sie die visuelle Darstellung der Site mit allen Links. In der rechten Hälfte sind die Verzeichnisse und Dateien aufgelistet.

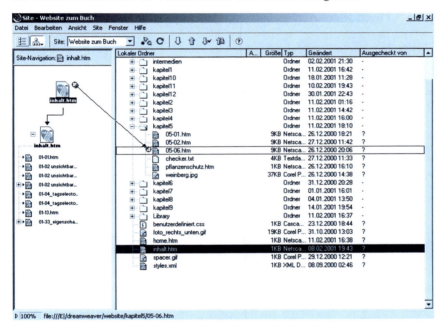

**3** Markieren Sie in der linken Spalte das Dokument, dem Sie einen neuen Link zufügen möchten. Der Vernetzungspunkt erscheint.

**4** Ziehen Sie nun den Vernetzungspunkt mit gedrückter Maustaste auf die entsprechende Ziel-Datei.

**5** Der Link wird automatisch als Text am Ende des Dokuments eingefügt. Diese Vorgehensweise ist nur sinnvoll, wenn Sie kein bestimmtes Seitenelement mit einem Verweis verbinden möchten.

> **HINWEIS**
>
> Der Code für einen Link sieht so aus:
>
> `<a href="index.htm">Das ist ein Link</a>`
>
> Das **<a>** steht für Anker.

**So fügen Sie einen absoluten (externen) Link ein:**

**1** Markieren Sie den Text oder das Bild.

**2** Geben Sie die vollständige Adresse ein. Diese muss das Protokoll, den Dienst, die Domain und die Top-Level-Domain enthalten, z.B.: `http://www.intermedien.net/index.htm`

**3** Bestätigen Sie mit ⏎.

> **TIPPS**
>
> - Um einen Link aufzuheben, markieren Sie das verlinkte Element und löschen dann den Eintrag im Eigenschaften-Inspektor. Bestätigen Sie mit ⏎.
>
> - Klicken Sie auf den Pfeil links neben dem Link-Textfeld. Wählen Sie aus der erscheinenden Liste der zuletzt gesetzten Links den aus, den Sie noch einmal verwenden möchten.
>
> - Legen Sie unterschiedliche Hyperlink-Farben fest.

# Ziel definieren

Nachdem Sie den Hyperlink eingefügt haben, können Sie noch bestimmen, wo der Link, also das neu zu ladende Ziel-Dokument, geöffnet werden soll.

Ziele werden in erster Linie bei Frames eingesetzt. Im Kapitel Frames finden Sie weitere ausführliche Infos.

Dennoch gibt es im Pull-down-Menü des Eigenschaften-Inspektors zwei Zieldefinitionen, die Sie auch bei »einfachen« Webseiten einsetzen können:

- **target=«_blank«:** Das verlinkte Dokument wird in einem neuen, leeren Browser-Fenster geöffnet. Das vorhergehende Dokument, das den Link enthielt, bleibt weiterhin im alten Browserfenster geöffnet.
- **target=«_self«:** Der Link ersetzt den Inhalt aus dem aktuellen Fenster durch das neue Dokument.

**So bestimmen Sie ein Ziel:**

**1** Fügen Sie einen Hyperlink wie in Kapitel 5.1 beschrieben ein.

**2** Achten Sie darauf, dass der gesamte Hyperlink markiert ist.

**3** Legen Sie das Ziel im Pull-down-Menü des Eigenschaften-Inspektors fest.

> **TIPP**
>
> *Dreamweaver kann alle relativen Links einer Site aktualisieren, die auf eine Datei verweisen, welche Sie umbenannt haben. Stellen Sie diese Option in den* VOREINSTELLUNGEN *(in der Menüleiste unter* BEARBEITEN*) im Pull-down-Menü* HYPERLINKS BEIM VERSCHIEBEN VON DATEIEN AKTUALISIEREN *auf der Tafel* ALLGEMEIN *ein:*
>
>

# Benannter Anker

Ein benannter Anker besteht aus zwei Teilen:
- Einer Textmarke **<a name></a>**, dem so genannten Anker, und
- dem Befehl, zu diesem definierten Verweisziel zu gehen.

> **TIPP**
>
> *Gliedern Sie lange Dokumente. Die unterschiedlichen Bereiche können über eine Inhalts-Liste direkt angesprungen werden. Mit Sprungmarken können Sie den User aber auch von unten an den Anfang des Dokuments springen lassen.*

**So erstellen Sie einen benannten Anker:**

**1** Legen Sie zuerst die Stelle fest, die durch den Link später angesteuert werden soll: Öffnen Sie dieses Dokument und markieren Sie die entsprechende Stelle. Oder setzen Sie einfach nur den Cursor an den zu markierenden Punkt.

**2** Wählen Sie EINFÜGEN / UNSICHTBARE TAGS / BENANNTER ANKERPUNKT.

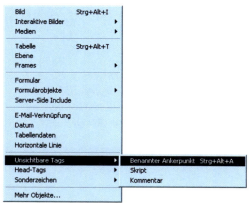

Oder klicken Sie [Strg] + [Alt] + [A]. Die Dialogbox BENANNTEN ANKER EINFÜGEN erscheint:

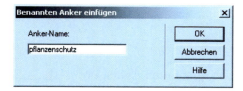

**3** Tippen Sie den Namen des Ankers ein. Dieser sollte ein kleingeschriebenes Wort oder eine Zahl sein.

**4** Klicken Sie auf OK.

**5** Anschließend erstellen Sie einen Link zu diesem benannten Anker: Verlinken Sie – wie zuvor beschrieben – auf das Dokument, in dem sich der Anker befindet. Das Ergebnis sieht folgendermaßen aus:

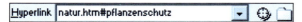

Zuerst wird die HTML-Datei genannt, dahinter folgt die Raute # und anschließend der benannte Anker.

**6** Liegt der Anker im gleichen Dokument, können Sie dessen Namen direkt in das Textfeld HYPERLINK im Eigenschaften-Inspektor eingeben. Zwischen # und der Bezeichnung darf kein Leerzeichen stehen!

Oder ziehen Sie den Vernetzungspunkt auf den benannten Anker.

### HINWEIS

*Um das Icon BENANNTER ANKER zu sehen, müssen Sie dies in den Dreamweaver-Voreinstellungen angegeben haben. Ebenso muss die Option ANSICHT / VISUELLE HILFSMITTEL / UNSICHTBARE ELEMENTE aktiviert sein.*

# E-Mail-Verweise

Ein Link zu einer E-Mail-Adresse sieht in HTML folgendermaßen aus:

```
<a href="mailto:dreamweaver@intermedien.net">E-Mail-
Adresse</a>
```

**So fügen Sie einen E-Mail-Verweis ein:**

**1** Markieren Sie den entsprechenden Text oder das zu verlinkende Bild.

**2** Wählen Sie EINFÜGEN / E-MAIL-VERKNÜPFUNG aus der Menüleiste des Dokument-Fensters oder klicken Sie auf den Button im Objekt-Manager.

**3** Der markierte Text erscheint nun im Fenster E-MAIL-VERKNÜPFUNG EINFÜGEN. Diesen können Sie hier nachträglich noch verändern.

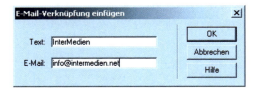

**4** Tippen Sie die E-Mail-Adresse in das Textfeld E-MAIL.

**5** Klicken Sie auf OK, um das Dialogfenster zu schließen und den Link einzufügen.

### HINWEIS

Um eine E-Mail-Verlinkung einzufügen, können Sie auch `mailto:dreamweaver@intermedien.net` in das Textfeld LINK IM EIGENSCHAFTEN-INSPEKTOR tippen.

### HINWEIS

Klickt der User auf die verlinkte E-Mail, öffnet sich sein E-Mail-Programm, in das er dann seine Nachricht eintragen kann.

## Links überprüfen

Dreamweaver kann Hyperlinks in einem Dokument überprüfen:

**1** Wählen Sie DATEI / LINKS ÜBERPRÜFEN oder drücken Sie `Shift` + `F8`. Im Fenster HYPERLINK-PRÜFER werden alle fehlerhaften Links aufgelistet.

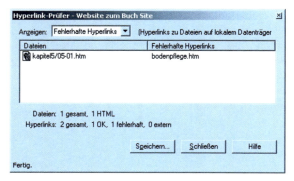

# Links überprüfen

**2** Klicken Sie auf den Eintrag FEHLERHAFTE HYPERLINKS, um eine andere Verknüpfung einzutragen. Sie können die verlinkte Seite auch über das nun angezeigte Browser-Icon auswählen und dann im Eigenschaften-Inspektor neu bestimmen. Wenn der Links öfter vorkommt, fragt Dreamweaver, ob jedes Vorkommen verändert werden soll.

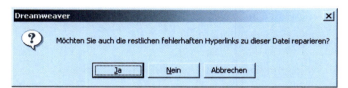

### HINWEIS

*Im Pull-down-Menü ANZEIGEN des Hyperlink-Prüfers können Sie ganz konkret festlegen, was gezielt überprüft werden soll:*

*Verwaiste Dateien können nur überprüft werden, wenn die gesamte Site oder ein Unterordner gecheckt werden soll.*

### TIPPS

- *Um Links in der gesamten lokalen Site zu überprüfen, wählen Sie SITE / HYPERLINKS FÜR GANZE SITE PRÜFEN ( Strg + F8 ). Sie können die Ergebnisliste als TXT-Datei abspeichern.*

- *Dreamweaver zeigt Ihnen, welche externen Hyperlinks Sie überprüfen sollten. Geben Sie diese in das Adressfeld Ihres Browsers ein.*

- *Mit wenigen Klicken können Sie alle Links in Ihrer Site ändern.*

**So verändern Sie einen Link zu einer bestimmten Datei für die gesamte Site:**

**1** Wählen Sie im SITE-FENSTER SITE / HYPERLINK FÜR GANZE SITE ÄNDERN.

**2** Geben Sie die entsprechenden Adressen (HTML, Bilder, E-Mail etc.) ein oder klicken Sie auf das Ordner-Icon und durchsuchen Sie Ihren Rechner nach der gewünschten Datei.

Die ursprüngliche Bezeichnung des Link kommt in das obere Textfeld; der einzusetzende aktuelle Verweis in das untere.

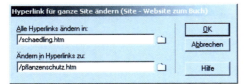

**3** Klicken Sie auf OK. Anschließend werden alle Dateien in der Dialogbox DATEIEN AKTUALISIEREN aufgelistet.

**4** Wählen Sie entweder AKTUALISIEREN oder NICHT AKTUALISIEREN.

# Kapitel 6

# Tabellen

*Basis eines jeden Seitenlayouts bilden (sichtbare und unsichtbare) Tabellen. Mit diesem Werkzeug können Sie Texte und Bilder nicht nur horizontal, sondern auch vertikal positionieren. Dieses Kapitel zeigt, wie Sie mit Dreamweaver einfach und schnell Tabellen anlegen und verändern können.*

Jede Tabelle besteht aus:

- Reihen (horizontal)
- Spalten (vertikal)
- Zellen (kleinste Einheit einer Tabelle, die in einer bestimmten Zeile und einer festgelegten Spalte sitzt)

## Standard- und Layoutansicht

In Dreamweaver 4 gibt es für Tabellen zwei Möglichkeiten der Ansicht: die Standard- und die Layoutansicht.

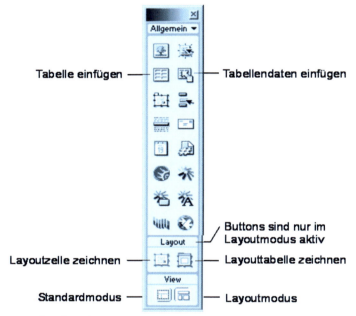

Mit den beiden Icons ganz unten im Objekt-Manager wechseln Sie zwischen Layout- und Standardansicht. Befinden Sie sich im Layoutmodus, sind die beiden darüber liegenden Buttons aktiv.

Mit erstellen Sie eine Tabelle (LAYOUTTABELLE ZEICHNEN) und mit einzelne Zellen (LAYOUTZELLE ZEICHNEN).

Im Standardmodus klicken Sie auf den Button TABELLE EINFÜGEN. Einen adäquaten Eintrag finden Sie in der Menüleiste unter EINFÜGEN / TABELLE. Oder drücken Sie Strg + Alt + T.

# Eine Tabelle erstellen

Die Standardansicht eignet sich besonders, um Inhalte in eine Tabelle einzufügen.

Mit der Layoutansicht können Sie einfach und schnell Zellen formatieren, ausschneiden, kopieren oder verschieben.

Wie Sie mit den einzelnen Modi arbeiten, erfahren Sie anhand praktischer Beispiele in den jeweiligen Kapiteln.

## Eine Tabelle erstellen

Je nachdem, in welcher Ansicht Sie sich befinden, erstellen Sie eine Tabelle anders.

**In der Standardansicht fügen Sie eine Tabelle folgendermaßen in Ihr Dokument ein:**

**1** Klicken Sie an die Stelle Ihres Dokuments, wo Sie eine Tabelle einfügen möchten.

**2** Drücken Sie die Schaltfläche TABELLE EINFÜGEN in der Objektpalette.

Oder wählen Sie EINFÜGEN / TABELLE in der Menüleiste des Dokument-Fensters.

Oder drücken Sie [Strg] + [Alt] + [T].

**3** Die Dialogbox TABELLE EINFÜGEN erscheint.

**4** Legen Sie die Anzahl der Zeilen und Spalten, die Tabellengröße, den Rahmen sowie Zellauffüllung und Zellraum (vgl. Kapitel Zellen verbinden) der Tabelle fest. Damit haben Sie die Grundstruktur der Tabelle bestimmt. Wie Sie diese verändern, lesen Sie weiter unten.

**5** Klicken Sie auf OK, um die Tabelle einzufügen.

> **TIPP**
>
> Wenn Sie Ihren Computer nicht gerade bei Aldi kaufen (nichts gegen Aldi!), sollten Sie sich beim Kauf Monitor und eventuell Grafikkarte beim Händler anschauen und dann auch nur den begutachteten Monitor kaufen, denn kein Modell ist wie das andere.

> **TIPP**
>
> Wenn Sie keinen Tabellenrahmen sehen möchten, geben Sie in der Dialogbox TABELLE EINFÜGEN den Wert **0** in das Rahmen-Textfeld ein.

Das war die traditionelle Methode. Nun kommen wir zu den neuen Werkzeugen, die Dreamweaver 4 für das Einfügen einer Tabelle zur Verfügung stellt. Entscheiden Sie selbst, wie Sie arbeiten möchten. Das Ergebnis ist auf jeden Fall das gleiche.

**In der Layoutansicht fügen Sie eine Tabelle so ein:**

**1** Drücken Sie auf den Button (LAYOUTTABELLE ZEICHNEN) im Objekt-Manager. Der Mauszeiger ist nun ein Fadenkreuz.

**2** Ziehen Sie im Dokumentfenster den Umriss der Tabelle.

Oder benutzen Sie gleich das Werkzeug (LAYOUTZELLE ZEICHNEN). Dreamweaver erstellt automatisch für Sie die Tabelle.

**3** Klicken Sie auf den Button LAYOUTZELLE ZEICHNEN im Objekt-Manager, um Zellen in die Tabelle einzufügen. Auch hier erscheint wieder das Fadenkreuz, mit dem Sie den Umriss der Zelle aufspannen.

## Eine Tabelle erstellen

**TIPP**

Um eine selbständige Tabelle anzulegen, können Sie auch an die Stelle im Dokument-Fenster klicken, wo die untere, rechte Ecke der Tabelle sein soll. Dabei fängt die Tabelle immer am linken Rand des Dokuments an. Verschachtelte Tabellen (siehe unten) können Sie auf diese Weise nicht erstellen.

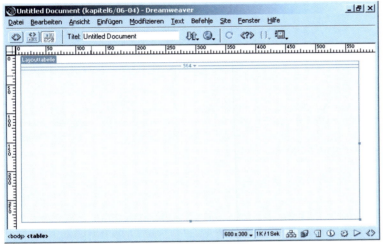

Abbildung 6.1: Das ist eine im Layout-Modus angelegte Tabelle. Sie können nachträglich die Größe verändern, indem Sie an einem der drei »Griffe« ziehen. Wenn Sie auf den Pfeil neben der Tabellengröße klicken, können Sie die Tabelleneigenschaften festlegen (vgl. Kapitel Tabellen bearbeiten).

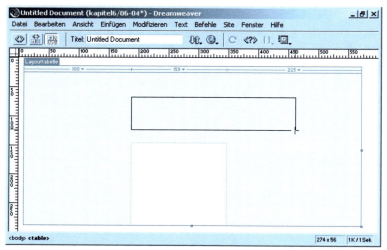

*Abbildung 6.2: Drücken Sie den Button* LAYOUTZELLE ZEICHNEN. *Und ziehen Sie die einzelnen Zellen in die Tabelle. In diesem Beispiel wird gerade die zweite Zelle erstellt. Verändern Sie die Zellgröße, indem Sie an den »Griffen« ziehen (vgl. Kapitel ).*

### HINWEIS

*Im Layoutmodus können Sie nur die Zellen bearbeiten, die einen Inhalt haben. In die neu eingezogenen Zellen hat Dreamweaver dafür ein geschütztes Leerzeichen eingesetzt. Alle anderen Zellen (ohne Inhalt) bleiben im Layout so lange nicht bearbeitbar, bis Sie diese mit dem Werkzeug* ZELLE EINFÜGEN *erstellt haben.*

**Verschachtelte Tabellen erstellen:**

### WAS IST DAS?

**Verschachtelte Tabellen** *sind Tabellen in Tabellen. Dabei können Sie so viele Tabellen in eine Zelle einfügen, wie Sie möchten. Die eingefügten Tabellen können wiederum weitere Tabellen enthalten.*

**1** Klicken Sie in die Zelle, in die Sie eine weitere Tabelle einfügen möchten.

**2** In der STANDARDANSICHT fügen Sie die Tabelle wie oben beschrieben ein (Schritte 2 bis 4).

## Eine Tabelle erstellen

**3** Wenn Sie im LAYOUTMODUS arbeiten, führen Sie die oben beschriebenen Schritte 1 bis 3 aus.

> **ACHTUNG**
>
> Im Layoutmodus können weitere Tabellen oder Zellen nur in Zellen eingefügt werden, in denen sich noch kein Inhalt befindet.

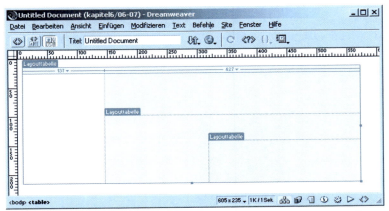

*Abbildung 6.3: Ziehen Sie eine neue Tabelle in die Zelle einer Tabelle. Hier sehen Sie drei ineinander verschachtelte Tabellen.*

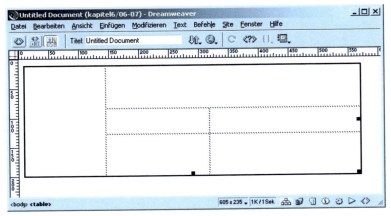

*Abbildung 6.4: Im Standardmodus sieht diese Seite so aus.*

171

# Inhalte einfügen

In eine Tabelle können Sie Texte, Bilder oder andere Objekte einfügen. Wollen Sie in eine leere Tabellenzelle einen Inhalt einfügen, müssen Sie sich in der Standardansicht befinden.

**Texte und Bilder einfügen:**

**1** Klicken Sie in die Zelle, in die Sie Inhalte einfügen möchten.

**2** Tippen Sie den Text oder fügen Sie diesen aus der Zwischenablage ein (vgl. Kapitel Text und Absatz). Platzieren Sie Bilder (vgl. Kapitel Mit Bildern arbeiten) oder andere Elemente in den entsprechenden Zellen.

Die Zellenhöhe passt sich dabei automatisch dem Zellinhalt an (vgl. Kapitel Breite und Höhe).

> **TIPP**
>
> Drücken Sie die -Taste, um in die nächste Zelle zu springen. Drücken Sie ⇧ + , um in die vorhergehende Zelle zu kommen. Sie können dafür auch die Pfeiltasten benutzen.

**Bestehende Tabellendaten importieren:**

Sie können Daten aus anderen Anwendungen (z.B. Excel) in Dreamweaver einfügen und dort weiterbearbeiten. Die Daten müssen allerdings durch

Kommata, Tabs, Semikolons oder andere Zeichen voneinander getrennt sein. Eine txt-Datei erfüllt beispielsweise diese Anforderung.

**1** Wählen Sie DATEI / IMPORTIEREN / TABELLENDATEN IMPORTIEREN. Das Dialogfenster TABELLENDATEN IMPORTIEREN erscheint.

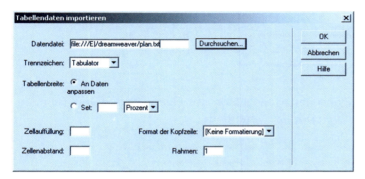

**2** Geben Sie in das Feld DATENDATEI Verzeichnis und Namen der Datei an, die Sie einfügen möchten. Benutzen Sie den DURCHSUCHEN-Button, um die Datei in Ihrem Computer zu suchen.

**3** Legen Sie das TRENNZEICHEN fest, das in dem zu importierenden Dokument verwendet wird.

**4** Nehmen Sie unter Umständen weitere Formatierungen – wie die Bestimmung von Zellauffüllung und Zellabstand – vor.

### ACHTUNG

*Wenn Sie kein TRENNZEICHEN angeben, kann es passieren, dass die Daten nicht richtig importiert werden. Es wird aber keine Warnmeldung erscheinen.*

# Tabellen bearbeiten

Je nachdem, was Sie markieren, ändert sich die Anzeige im Eigenschaften-Inspektor.

Bei einer markierten Tabelle sieht er beispielsweise folgendermaßen aus:

Bei einer hervorgehobenen Zelle nimmt er folgendes Aussehen an:

Benutzen Sie den Eigenschaften-Inspektor, um Eigenschaften von Tabellen und Zellen hinzuzufügen oder zu verändern.

An der ZUWEISEN-Schaltfläche erkennen Sie, welchen Teil der Tabelle Sie ausgewählt haben. Die Bezeichnung des markierten Objekts steht daneben. Dieses können Sie nun über den Eigenschaften-Inspektor bearbeiten.

## Breite und Höhe

Es gibt unterschiedliche Möglichkeiten, nachträglich eine Tabelle zu bearbeiten. Zum einen können Sie zwischen Standard- und Layoutmodus wählen, zum anderen gibt es in diesen wieder unterschiedliche Möglichkeiten.

> **TIPP**
>
> Aktivieren Sie Hilfslinien und Lineal unter **Ansicht** in der Menüleiste.

**So legen Sie die Größe einer Tabelle im Standardmodus fest:**

 Markieren Sie die Tabelle, indem Sie mit der rechten Maustaste in die Tabelle hineinklicken und in dem sich öffnenden Kontextmenü auf den Befehl TABELLE / TABELLE AUSWÄHLEN klicken.

## Tabellen bearbeiten

Diesen Befehl finden Sie auch unter **Modifizieren** in der Menüleiste. Der Kurzbefehl ist `Strg` + `A`.

Oder Sie klicken auf den Tabellenrahmen im Dokument-Fenster.

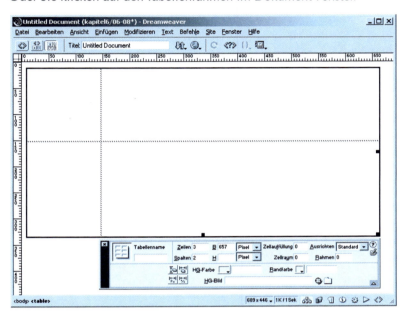

**2** Geben Sie im Eigenschaften-Inspektor neue Werte für die Breite ein. Dabei kann es sich um eine feste Pixelgröße (absoluter Wert) oder um einen prozentualen (relativen) Wert handeln. Stellen Sie dies im Pull-down-Menü ein:

Zum Layouten brauchen Sie nicht unbedingt einen Wert für die Zellhöhe anzugeben. Diese passt sich automatisch dem Zellinhalt an.

**3** Klicken Sie auf die ZUWEISEN-Schaltfläche oder bestätigen Sie mit `↵`.

**175**

**HINWEISE**

- *Je nachdem, welchen Inhalt Sie einfügen, kann es passieren, dass sich die fixierte Pixel-Breite einer Tabelle ändert. Beispielsweise wenn ein Bild größer ist oder ein langes Wort nicht umbrochen werden kann.*

- *Das Gleiche gilt für die Zellenhöhe. Haben Sie keine Höhe festgelegt, passt sich diese den Zellinhalten an.*

Der Eigenschaften-Inspektor enthält Schaltflächen, mit denen Sie schnell die Größe einer Tabelle ändern können.

Zeilenhöhe löschen ── ── Spaltenbreite löschen
Tabellenbreite in Pixel konvertieren ── ── Tabellenbreite in Prozent konvertieren

Benutzen Sie die oberen Buttons, um Größenangaben zu löschen. Mit den beiden unteren machen Sie aus einer festen Tabellenbreite eine relative Angabe und umgekehrt aus einer relativen Tabelle eine feste Größe. Achten Sie dabei auf die Maße Ihres Dreamweaver-Fensters.

**TIPP**

*Eine markierte Tabelle können Sie bearbeiten, kopieren, ausschneiden, verschieben oder löschen.*

**So legen Sie die Breite und Höhe einer Tabelle im Layoutmodus fest:**

**1** Markieren Sie die Tabelle, indem Sie auf den grünen Rahmen oder das Register LAYOUTTABELLE klicken.

## Tabellen bearbeiten

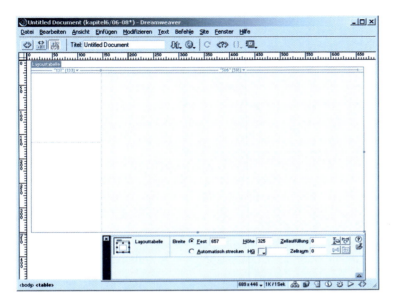

**2** Ziehen Sie an dem rechten Griff, um die Tabellenbreite zu ändern, an dem unteren, um eine Höhe festzulegen und an dem Griff in der Ecke, um Höhe und Breite proportional zueinander zu verändern.

Oder tragen Sie im Eigenschaften-Inspektor die entsprechenden Werte ein.

### HINWEIS

*Beim Skalieren einer Tabelle im Layoutmodus bleibt die Größe der eingebundenen Zellen erhalten. Dreamweaver fügt stattdessen eine neue Zeile oder Spalte ein. Einer Zelle ohne Größenangaben wird ein Pixelwert zugewiesen.*

Im Layoutmodus können Sie ebenfalls Größenangaben löschen (vgl. unten). Die Schaltflächen hierfür finden Sie ebenfalls im Eigenschaften-Inspektor:

| Zeilenhöhen löschen —  — Spaltenbreite angleichen |
| Alle Platzhalter entfernen — — Verschachtelung entfernen |

### Skalieren von Zellen, Zeilen und Spalten (Standardmodus):

**1** Fahren Sie mit der Maus über die Begrenzungslinie der Zelle, Zeile oder Spalte, deren Größe Sie verändern wollen. Der Mauszeiger wird zu einem Doppelpfeil.

**2** Schieben Sie mit gedrückter Maustaste die Begrenzungslinie an die neue Position.

Hier wird die erste Spalte kleiner, die zweite dagegen größer.

Oder:

Markieren Sie die zu verändernde Zeile oder Spalte, indem Sie mit der gedrückten linken Maustaste über die Zellen fahren.

Setzen Sie die Maus an den Anfang einer Zeile oder Spalte. Ein Pfeil erscheint. Klicken Sie nun mit der linken Maustaste. Die entsprechende Zeile oder Spalte ist jetzt markiert.

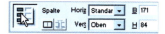

**3** Oder tragen Sie den neuen Wert in das entsprechende Textfeld im Eigenschaften-Inspektor ein.

**4** Bestätigen Sie mit der ZUWEISEN-Schaltfläche oder drücken Sie ⏎.

## Tabellen bearbeiten

### HINWEIS

*Um eine **Tabelle auszurichten**, markieren Sie diese und wählen dann im Pull-down-Menü im Eigenschaften-Inspektor die gewünschte Option: links, zentriert oder rechts.*

*Machen Sie keine Angabe, wird Ihre Tabelle standardmäßig am linken Rand ausgerichtet.*

**So legen Sie die Breite einer Zelle im Layoutmodus fest:**

**1** Zellen, die Sie bearbeiten können, leuchten auf, während Sie mit der Maus darüber fahren. Standardmäßig zeigt Dreamweaver eine solche Zelle in roter Farbe an (wie Sie diese Einstellungen verändern, erfahren Sie unten).

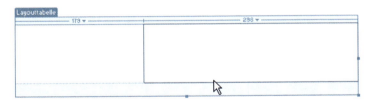

**2** Klicken Sie auf eine solche Zelle. Sie erscheint nun blau (ebenfalls eine veränderbare Standardeinstellung). Außerdem werden acht Griffe sichtbar.

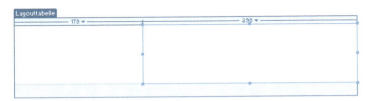

**3** Ziehen Sie an den Griffen, bis die Zelle die richtige Größe hat.

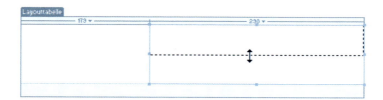

> **ACHTUNG**
>
> Im Layoutmodus können Sie keine ganzen Zeilen oder Spalten verändern.

**So legen Sie die maximale Breite einer Spalte im Layoutmodus fest:**

Im Layoutmodus definieren Sie die Spaltenbreite über die Breite der einzelnen Zelle. Befinden sich zwei gleich große Zellen untereinander, können Sie diesen eine relative Breite oder eine feste Größe zuweisen.

- Wählen Sie aus dem Pull-down-Menü im Tabellen-Layout SPALTE AUTOMATISCH STRECKEN:

Die feste Spaltenbreite wird nun durch einen relativen Wert (100%) ersetzt. Das bedeutet, die andere Zelle wird so weit wie möglich minimiert und die relative Spalte erhält die maximale Größe – in Bezug auf die definierte Tabellengröße.

In der Layoutansicht erkennen Sie diese Einstellung an dem Symbol ⸺.

> **TIPP**
>
> Wenn Sie allen Spalten oder Zeilen relative Größen zuweisen möchten, wechseln Sie in den Standardmodus. Markieren Sie die Zellen, die Sie skalieren möchten, und geben Sie die relativen Werte im Eigenschaften-Inspektor an.

**Sie können eine Tabelle auch mit Hilfe unsichtbarer Bilder skalieren:**

**1** Wählen Sie im Pull-down-Menü PLATZHALTERBILD HINZUFÜGEN.

**2** Wenn Sie diese Funktion das erste Mal aufrufen, fragt Dreamweaver, ob Sie ein Platzhalterbild erstellen wollen oder auf ein vorhandenes Bild zurückgreifen möchten.

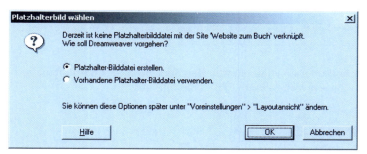

Der Speicherort dieses Bildes wird in den VOREINSTELLUNGEN (LAYOUTANSICHT) hinterlegt. Möchten Sie ein neues Bild als **Platzhalterbild** definieren, müssen Sie den Eintrag hier ändern.

> **TIPP**
>
> *Wählen Sie in der Menüleiste BEARBEITEN / VOREINSTELLUNGEN und dann den Punkt LAYOUTANSICHT, um die Farben im Layoutmodus und den Speicherort des Platzhalterbildes zu ändern.*

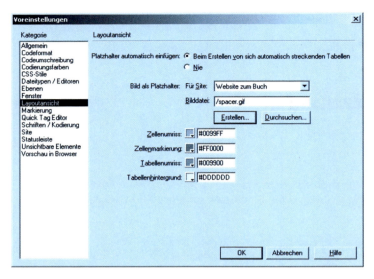

**3** Legen Sie in dem nun offenen Dialogfenster den Speicherort für das Platzhalterbild fest oder wählen Sie ein vorhandenes Platzhalterbild aus.

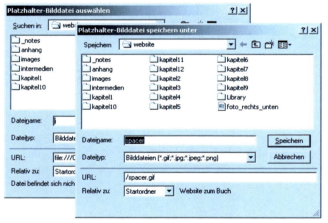

Das Platzhalterbild wird in eine neue Zeile am Ende der Tabelle eingefügt. Dabei steht es in der gleichen Spalte. Zeile und Bild sind jeweils 1 Pixel hoch.

## Tabellen bearbeiten

**TIPPS**

- Wählen Sie im Layoutmodus aus dem Pull-down-Menü die Option ZELLENHÖHEN ZURÜCKSETZEN, um alle Höhenangaben zu löschen. Die Zellhöhe passt sich nun dem Zellinhalt an.

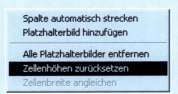

- Um das Platzhalterbild zu löschen, wählen Sie ALLE PLATZHALTER-BILDER ENTFERNEN aus dem Pull-down-Menü.

## Zellen verbinden

Wenn Sie Ihre Tabelle im **Layoutmodus** erstellt haben, enthält Ihre Tabelle unter Umständen bereits verbundene Zellen – je nachdem, wie Sie die Zellen angeordnet haben.

- Möchten Sie diese Anordnung ändern, packen Sie die Zelle einfach an den Griffen und ziehen Sie diese in die gewünschte Position.

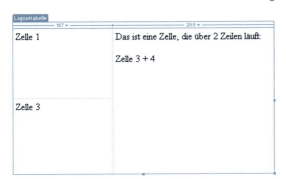

In diesem Beispiel erstreckt sich die zweite Spalte über zwei Zeilen und verbindet damit Zelle 2 mit Zelle 4.

In der **Standardansicht** ist das etwas anders:

**1** Markieren Sie die Zellen, die Sie verbinden möchten.

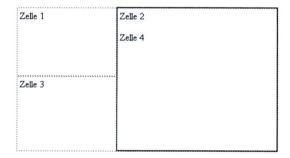

**2** Klicken Sie auf den Button ZELLEN VERBINDEN  im Eigenschaften-Inspektor.

Die markierten Zellen 2 und 4 sind nun miteinander verbunden:

> **TIPP**
>
> *Möchten Sie verbundene Zellen wieder in mehrere Einzelzellen teilen, markieren Sie diese und klicken dann im Eigenschaften-Inspektor auf den ZELLEN TEILEN-Button.*

## Zellen teilen

Um verbundene Zellen zu teilen:

**1** Klicken Sie auf den Button im Eigenschaften-Inspektor.

**2** Wählen Sie aus dem Dialogfenster, wie Sie die Zelle teilen möchten.

## Tabellen bearbeiten

Legen Sie die Anzahl der Zeilen bzw. Spalten fest.

**3** Bestätigen Sie mit OK.

**4** Die Zelle ist nun wieder geteilt.

> **HINWEIS**
>
> *Beachten Sie, dass der Inhalt der Zelle, die Sie teilen, nachher in der ersten Zelle (also in der linken bzw. oberen Zelle) steht.*

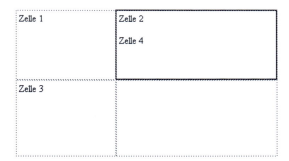

## Zellauffüllung und Zellraum

> **HINWEIS**
>
> **Zellauffüllung** *definiert die Anzahl der Pixel zwischen dem Inhalt einer Zelle und dem Zellrahmen. Der HTML-Befehl lautet* `cellpadding`*.*
>
> **Zellraum** *legt die Anzahl der Pixel zwischen den einzelnen Zellen fest. Im Quelltext wird er mit* `cellspacing` *definiert.*

**185**

Für eine bestehende Tabelle definieren Sie Zellauffüllung und Zellraum, indem Sie folgendermaßen vorgehen:

**1** Markieren Sie die Tabelle.

**2** Tragen Sie die (Pixel-)Werte in die entsprechenden Textfelder im Eigenschaften-Inspektor ein.

**3** Bestätigen Sie mit der ZUWEISEN-Schaltfläche oder der -Taste die Eingabe.

> **TIPP**
>
> *Während Sie eine Tabelle im Standardmodus definieren, können Sie die Pixelwerte für Zellauffüllung und Zellraum angeben.*

*Abbildung 6.5: Hier sehen Sie den Unterschied zwischen Zellauffüllung und Zellraum. Cellpadding und Cellspacing betragen jeweils 10 Pixel. Um das Innere einer Zelle besser zu erkennen, wurde die Tabelle eingefärbt (vgl. Kapitel Farben und Hintergründe). Außerdem wurde eine Rahmenstärke von 2 Pixel definiert.*

> **ACHTUNG**
>
> *Wenn Sie Cellpadding und Cellspacing nicht festlegen, interpretieren Netscape, Internet Explorer und auch Dreamweaver einen Zellraum von 2 und eine Zellauffüllung von 1 Pixel.*

# Rahmen

**1** Markieren Sie die Tabelle.

**2** Geben Sie im Eigenschaften-Inspektor in das Textfeld RAHMEN die gewünschte Rahmenstärke ein.

Wenn Sie mit der Tabelle das Seitenlayout festlegen möchten, definieren Sie eine unsichtbare Tabelle mit einer Rahmenstärke von 0.

Sollte die Tabelle in Dreamweaver nicht sichtbar sein, können Sie dies in der Menüleiste unter ANSICHT / VISUELLE HILFSMITTEL / TABELLENRAHMEN ändern.

**3** Um dem Rahmen eine Farbe zu geben, klicken Sie im Eigenschaften-Inspektor auf die Farbpalette.

### HINWEIS

*Die meisten Browser interpretieren den Rahmen als dreidimensionale Linie.*

Sie können eine Rahmenfarbe für die gesamte Tabelle festlegen. Ist in einer Zelle eine andere Rahmenfarbe definiert, wird diese angezeigt.

### ACHTUNG

Nur der Internet Explorer kann alle farbigen Rahmen anzeigen. In Netscape erscheint eine graue Linie. Die gleiche Tabelle wird hier so wiedergegeben:

| Zelle 1: Rahmen = blau | Zelle 2 |
|---|---|
| Zelle 3 | Zelle 4 Rahmen = grün |

## Farben und Hintergründe

**1** Markieren Sie die Zellen oder die gesamte Tabelle, die Sie einfärben möchten.

**2** Klicken Sie im Eigenschaften-Inspektor auf den FARBKASTEN.

### HINWEIS

Rahmen- und Hintergrundfarbe können Sie für die markierte Tabelle oder für jede einzelne Zelle bestimmen.

Ist eine Tabellenfarbe festgelegt, wird diese in Zellen, die eine andere Farbe haben, nicht angezeigt. Das Gleiche gilt für den Hintergrund: Die für die Zelle definierte Hintergrundfarbe steht vor dem Hintergrund, welcher damit unsichtbar wird.

Setzen Sie ein Hintergrundbild ein, verdrängt dieses die Hintergrundfarbe der gesamten Tabelle.

In folgendem Beispiel verdrängt das Hintergrundbild die Tabellenfarbe. Die Zellfarbe überdeckt das Hintergrundbild.

**Tabellen bearbeiten**

### TIPP

Unter BEFEHLE / TABELLE FORMATIEREN finden Sie Design-Vorlagen für Tabellen.

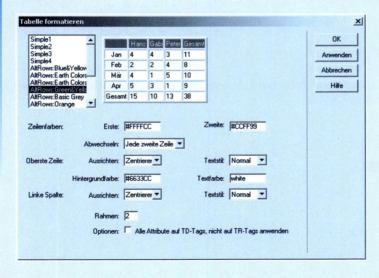

### TIPP

Markieren Sie Zeilen, Spalten oder Zellen und formatieren Sie den Text auf einmal (vgl. Kapitel Text und Absatz).

## Zellinhalte ausrichten

Den Inhalt einer Zelle können Sie horizontal wie einen Absatz ausrichten. Außerdem ist eine vertikale Ausrichtung möglich.

**1** Markieren Sie die Zellen, deren Inhalte Sie vertikal oder horizontal ausrichten möchten.

**2** Wählen Sie aus dem Pull-down-Menü für die horizontale Ausrichtung links, zentriert oder rechts.

Hierfür können Sie auch die entsprechenden Buttons für die Absatzausrichtung verwenden:

**3** Um den Inhalt einer Zelle vertikal auszurichten, klicken Sie auf das entsprechende Pull-down-Menü.

## Eine Kopfzeile definieren

In der Kopfzeile können Sie der Tabelle einen Titel geben und den Inhalt der Tabelle beschreiben. Die Browser stellen die Kopfzeile unterschiedlich dar. Text in dieser Zelle wird von den meisten Browsern fett und zentriert gezeigt.

> **TIPP**
>
> *Formatieren Sie den Inhalt einer Zelle, indem Sie diese markieren und im Eigenschaften-Inspektor Schriftart, -größe und andere Textformatierungen (vgl. Kapitel Text und Absatz) angeben.*

## Tabellen bearbeiten

**1** Gehen Sie in den Standardmodus.

**2** Klicken Sie in die Zelle (normalerweise die erste Zeile), welche Sie als Kopfzeile definieren möchten.

**3** Aktivieren Sie das Kontrollkästchen KOPFZEILE im Eigenschaften-Inspektor.

Kopfzeile ☑

Die Kopfzeile erscheint vom anderen Tabelleninhalt abgesetzt.

| Termin | Ort | Veranstaltung |
|---|---|---|
| 03. - 06. | Kallstadt | Saumagenkerwe |
| 03. - 06. | Neustadt-Haardt | Woi- und Quetschekuche-Kerwe |
| 03. - 06. | Obersülzen | Weinkerwe |
| 03. - 06. | Kindenheim | Weinkerwe |
| 03. - 07. | Ellerstadt | Weinkerwe |
| 03. - 07. | Venningen | Weinkerwe |
| 03. - 07. | Ilbesheim | Weinkerwe |
| 03. - 07. | Obrigheim-Mühlheim | Weinkerwe |
| 03. - 07. | Kleinkarlbach | Weinkerwe |
| 04. - 06. | Heuchelheim-Klingen | Rotweinkerwe |
| 04. - 06. | Walsheim | Weinkerwe |
| 10. - 13. | Weyher | Weinfest |

> **HINWEIS**
>
> *Sie können sowohl eine Zeile, eine Spalte als auch den Inhalt einer einzelnen Zelle als Kopfzeile definieren.*

## Kein Umbruch

Normalerweise wird der Text umbrochen und damit der Zellbreite angepasst. Mit der Option KEIN UMBRUCH können Sie diese Funktion ausschalten.

**1** Markieren Sie die Zelle, Spalte oder Zeile, in der kein Textumbruch stattfinden soll.

**2** Aktivieren Sie das Kontrollkästchen KEIN UMBRUCH im Eigenschaften-Inspektor.

Kein Umbruch ☑

| Die Zelle passt sich dem Text an, da kein Umbruch aktiviert ist. | Dieser Text wird umbrochen. |

> **ACHTUNG**
>
> Ist KEIN UMBRUCH aktiviert, kann es passieren, dass die Zellen größer werden, um sich dem Text anzupassen.

## Zellen hinzufügen

**1** Markieren Sie die Tabelle. Im Eigenschaften-Inspektor können Sie nun die Anzahl der Zeilen und Spalten ablesen.

**2** Um die Anzahl der Zeilen zu verändern, geben Sie einen neuen Wert in das Textfeld ZEILEN ein.

Wenn Sie die Anzahl der Spalten verändern möchten, tippen Sie die Zahl in das Textfeld SPALTEN.

**3** Klicken Sie auf die ZUWEISEN-Schaltfläche oder drücken Sie die ⏎-Taste.

Die Zeilen werden unten an die Tabelle angefügt; Spalten werden rechts angereiht.

**Wenn Sie eine Zeile an einer bestimmten Stelle innerhalb der bestehenden Tabelle einfügen möchten:**

**1** Klicken Sie an der Stelle, über der Sie die Zeile einfügen möchten.

**2** Wählen Sie MODIFIZIEREN / TABELLE / ZEILE EINFÜGEN oder drücken Sie `Strg` + `M`.

**Um eine Spalte an einer bestimmten Stelle einzufügen:**

**1** Klicken Sie in die Spalte, neben der Sie links eine Spalte einfügen möchten.

**2** Wählen Sie MODIFIZIEREN / TABELLE / SPALTE EINFÜGEN oder drücken Sie `Strg` + `Shift` + `A`.

# Tabellen bearbeiten

**So fügen Sie mehrere Zeilen oder Spalten ein:**

**1** Klicken Sie in die Zelle, neben der Sie eine Zeile oder Spalte einfügen möchten. Oder markieren Sie die ganze Spalte oder Zeile.

**2** Wählen Sie MODIFIZIEREN / TABELLE / ZEILEN ODER SPALTEN EINFÜGEN.

**3** Legen Sie im Dialogfeld ZEILEN ODER SPALTEN EINFÜGEN fest, was Sie einfügen möchten, und geben Sie die Anzahl an. Dann bestimmen Sie, ob die Zeile(n) oder Spalte(n) über oder unterhalb der aktuellen Cursorposition bzw. Markierung eingefügt werden sollen.

**4** Klicken Sie auf OK.

> **TIPP**
>
> *Öffnen Sie mit einem rechten Mausklick auf die Tabelle das Kontextmenü. Hier finden Sie alle beschriebenen Befehle aus der Menüleiste.*

## Zellen löschen

**1** Klicken Sie in eine Zelle, in der Zeile oder Spalte, die Sie löschen wollen.

**2** Um eine Zeile zu löschen, wählen Sie MODIFIZIEREN / TABELLE / ZEILE LÖSCHEN oder wählen Sie TABELLE / ZEILE LÖSCHEN aus dem Kontextmenü.

Um eine Spalte zu löschen, wählen Sie MODIFIZIEREN / TABELLE / SPALTE LÖSCHEN oder wählen Sie TABELLE / SPALTE LÖSCHEN aus dem Kontextmenü.

## Und was passiert im Quelltext?

Eine Tabelle definieren Sie durch drei Tags:

- Mit **<table>** sagen Sie dem Browser, dass nun eine Tabelle kommt.
- **<tr>** definiert die erste Zeile.
- In dieser Zeile muss mindestens eine Zelle vorhanden sein (sonst wäre es ja keine Zeile). Dafür brauchen Sie das **<td>**.

Im folgenden Beispiel handelt es sich um eine 2x2-Tabelle. In jeder der beiden Zeilen befinden sich also zwei Zellen.

| Zelle 1 = rot | Zelle 2 = blau |
|---|---|
| Zelle 4 | Zelle 5 |

Die Tabelle hat einen gelben Hintergrund. Die erste Zelle ist rot eingefärbt, die zweite blau. Die beiden unteren tragen keine eigene Farbe. Hier ist der Tabellenhintergrund zu sehen.

Der HTML-Code sieht folgendermaßen aus:

```
<TABLE BORDER="1" WIDTH="75%" BGCOLOR="#FFCC00">
 <TR BGCOLOR="#33FF66">
  <TD bgcolor="#FF0000" width="33%">Zelle 1 = rot</TD>
  <TD BGCOLOR="#7B7BD2" width="33%">Zelle 2 = blau</TD>
 </TR>
 <TR>
  <TD width="33%">Zelle 4</TD>
  <TD width="33%">Zelle 5</TD>
 </TR>
</TABLE>
```

# Kapitel 7

# Frames

*Am besten eignen sich Frames, um ein Navigations- bzw. Inhaltsverzeichnis oder eine Werkzeugleiste permanent sichtbar zu haben – unabhängig davon, wohin der User scrollt oder welche Seite er innerhalb der Website aufruft. Mit Hilfe der Buttons kann er direkt von einem Dokument ins nächste springen.*

*Mit Frames lassen sich aber auch raffinierte Layouts verwirklichen. In diesem Kapitel legen wir ein neues Frameset an. Sie erfahren, wie man Frames bearbeiten und verändern kann. Wir erstellen eine Navigationsleiste, über die man Dokumente in anderen Frames öffnen kann.*

## WAS IST DAS?

**Frames** bestehen aus zwei Teilen: einem Frameset und einem Inhaltsdokument, dem eigentlichen Frame.

Das **Frameset** ist eine HTML-Seite, welche die Struktur der sichtbaren Dokumente (Frames) zueinander festlegt. Ein Frame ist also ein einzelnes HTML-Dokument. Im Frameset ist definiert, welche Dokumente angezeigt werden und wo diese mit welchem Umfang platziert sind. Das Frameset als eine Art Kontrollinstanz agiert im Hintergrund und hält die Dokumente zusammen.

Das Frameset wird auch als »übergeordneter Frame« bezeichnet und ein Frame als »untergeordneter Frame«.

In Dreamweaver können Sie das Frameset erstellen, neue oder vorhandene Seiten als Frames integrieren und die Inhalte gleichzeitig bearbeiten und miteinander verlinken.

Das Frameset in folgendem Beispiel besteht aus vier Frames. Jeder Frame ist ein eigenständiges Dokument.

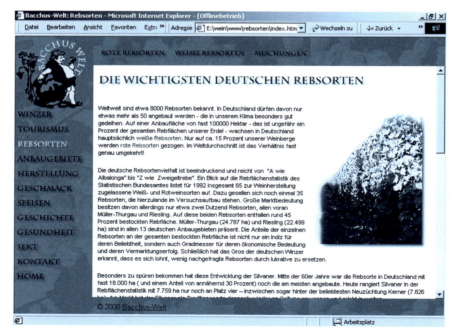

## HINWEIS

- *Theoretisch kann eine unbegrenzte Anzahl von Webseiten in ein Frameset integriert werden.*
- *Frames bieten eine Alternative zu Tabellen (vgl. Kapitel Tabellen). Wenn Sie mit Frames arbeiten, benötigen Sie wiederkehrende Elemente, z.B. die Navigationsleiste, nur einmal. Arbeiten Sie mit Tabellen, muss jede Seite diese Informationen enthalten.*

Die Struktur des Frameset erkennen Sie im Frame-Inspektor.

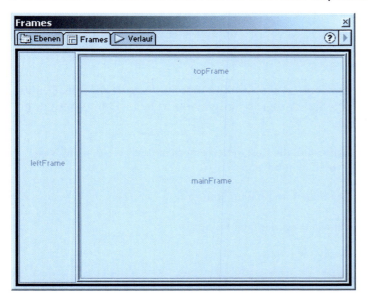

## TIPP

Wenn ANSICHT / VISUELLE HILFSMITTEL / FRAME-RAHMEN deaktiviert ist, wird das Frameset genauso wie in einem Browser angezeigt. Bei der Erstellung des Frameset sollten Sie diese Option jedoch aktivieren.

# Framesets erstellen

In Dreamweaver können Sie das Frameset selbst entwerfen oder aus den zahlreichen Designvorlagen die geeignete auswählen. Bei Ihrer Arbeit können Sie auch beide Methoden verwenden. In Kapitel Das Layout verändern erfahren Sie dann, wie Sie dieses Frameset weiter bearbeiten und bestimmte Eigenschaften dem gesamten Frameset oder den einzelnen Frames zuweisen können.

> **HINWEIS**
>
> *Arbeiten Sie im Entwurf-Fenster. Frames können Sie sowohl in der Standard- als auch in der Layoutansicht erstellen.*

## Frameset-Vorlagen

Im vordefinierten Frameset ist die Struktur bereits festgelegt. Den Frames wird eine vordefinierte Standardgröße zugewiesen. Jeder Frame besitzt außerdem einen Namen.

**1** Öffnen Sie eine HTML-Seite, die Bestandteil eines Frameset werden soll, oder arbeiten Sie mit einer neuen, leeren Datei.

**2** Klicken Sie in das Dokument im Entwurf-Fenster.

**3** Öffnen Sie im Objekt-Manager die Tafel FRAMES.

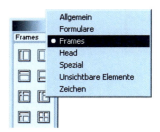

**4** Wählen Sie eine Frameset-Vorlage aus, indem Sie auf den entsprechenden Button klicken.

Achten Sie dabei auf die blaue Markierung im Button: Diese symbolisiert den Content-Frame. Der weiße Bereich steht für die neuen Frames.

## Framesets erstellen

> **WAS IST DAS?**
>
> **Content-Frame** ist der Inhalt einer Webseite. Je nachdem, welcher Button in der Navigationsleiste (oder auf anderen Seiten) gedrückt wurde, wird hier ein neues Dokument geladen.

Oder ziehen Sie den Button in das Dokument (wichtig bei verschachtelten Frames; siehe unten).

Oder wählen Sie aus der Menüleiste EINFÜGEN / FRAMES die gewünschte Vorlage aus.

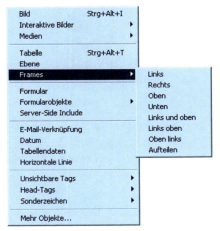

Wenn Sie ein Dokument in Frames aufteilen, erstellen Sie separate HTML-Dokumente für das Frameset und für jeden neuen Frame. Ein bereits geöffnetes Dokument befindet sich nun im Content-Frame Ihres Frameset.

**199**

In diesem erstellten klassischen Aufbau liegt die auf allen Seiten sichtbare Navigationsleiste links. Sie verändert in der Regel ihr Aussehen nicht. Über die Buttons dieser Leiste können Sie den Inhalt des rechten Content-Frames verändern.

## Framesets erstellen

Dieses Frameset können Sie auch mit leeren Dokumenten anlegen. Dafür wurde hier das erste Icon im Objektmanager benutzt. Beide Frames haben eine vordefinierte Breite und einen Namen zugewiesen bekommen. Das erkennen Sie sehr gut im Frame-Inspektor.

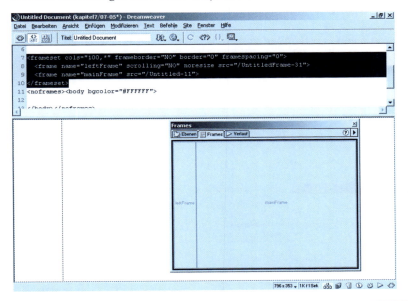

### TIPP

*Auch das vordefinierte Frameset können Sie weiterbearbeiten (vgl. Absatz Das Layout verändern).*

*Wie Sie in dieses Frameset weitere Frames einbauen, erfahren Sie in Kapitel Ein Frameset ohne Vorlagen erstellen und Verschachteltes Frameset. Wenn Sie jedoch mit der erstellten Grundstruktur zufrieden sind, können Sie den Rest von Kapitel Framesets erstellen überspringen.*

### HINWEIS

*Um die Breite eines Frames zu verändern, ziehen Sie den Rahmen an die gewünschte Position.*

## Ein Frameset ohne Vorlagen erstellen

Die Grundstruktur der Frame-Vorlagen können Sie individuell verändern. Außerdem gibt es noch eine andere Möglichkeit, Framesets zu erstellen.

**So legen Sie Ihr eigenes Frameset an:**

**1** Öffnen Sie ein leeres Fenster oder ein bereits bestehendes HTML-Dokument.

**2** Wählen Sie in der Menüleiste eine der Optionen unter MODIFIZIEREN / FRAMESET.

Ihr Dokument wird in zwei gleich große Teile gegliedert. Die Frames haben noch keinen Namen zugewiesen bekommen.

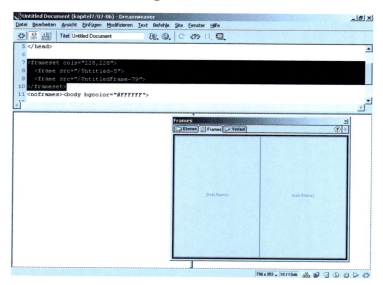

## Framesets erstellen

> **HINWEIS**
>
> In diesem Beispiel arbeiten Sie nur mit **einem** Frameset. Das erkennen Sie sehr schön im HTML-Quelltext. Das **<Frameset>**-Tag umschließt alle Frames.
>
> Sie können aber auch mehrere (verschachtelte) Framesets in einer HTML-Seite anlegen (Absatz Das Layout verändern).

Wenn Sie ein bereits bestehendes Dokument geöffnet haben, wird dieses Dokument Bestandteil des Framesets (siehe Kapitel Frameset-Vorlagen). Je nach ausgewählter Option wird dieser Inhalt an der entsprechenden Stelle angezeigt.

Damit haben Sie das Grundraster Ihrer Site gelegt. Anschließend können Sie manuell weitere Frames in das Dokument-Fenster ziehen.

**3** Um weitere Frames hinzuzufügen (bzw. um einen Frame zu teilen), ziehen Sie den äußeren, vertikalen oder horizontalen Frame-Rahmen in das Dokument-Fenster.

> **TIPP**
>
> Aktivieren Sie ANSICHT / VISUELLE HILFSMITTEL / FRAME-RAHMEN in der Menüleiste. Um das Dokument erscheint nun ein breiterer Rahmen. Arbeiten Sie nach der oben beschriebenen Methode (3.). Das Fenster wird geteilt.

Wenn Sie das Dokument in vier Frames aufteilen wollen, ziehen Sie den Rahmen in einer der Ecken in das Dokument-Fenster.

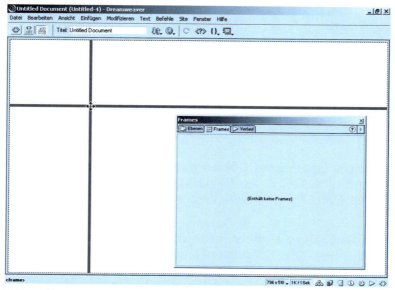

Wenn Sie einen Frame weiter (horizontal oder vertikal) aufteilen möchten, ziehen Sie einen inneren Rahmen an die entsprechende Stelle.

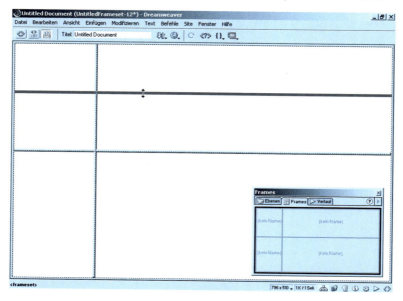

## Framesets erstellen

### ACHTUNG

Denken Sie daran, dass jedes Frameset und jeder Frame eine eigenständige Datei ist. Sie müssen die Frameset-Datei und alle in den Frames aufgerufenen Dokumente abspeichern (vgl. Absatz Ränder).

## Verschachteltes Frameset

### WAS IST DAS?

Als **verschachteltes Frameset** bezeichnet man ein Frameset in einem anderen. Dabei können Sie beliebig viele Framesets ineinander verschachteln. Jedes besteht wieder aus der Frameset-Datei und den einzelnen Frame-Dokumenten. Im HTML-Quelltext sind mehrere **<frameset>**-Tags abgespeichert.

**1** Klicken Sie in den Frame, in den Sie ein weiteres Frameset einfügen möchten.

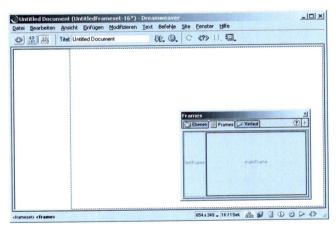

**2** Wählen Sie MODIFIZIEREN / FRAMESET und eine der aufgelisteten Optionen.

Oder drücken Sie in der Tafel FRAMES im Objekt-Fenster auf einen Frameset-Button.

Oder wählen Sie aus der Menüleiste EINFÜGEN / FRAMES die gewünschte Vorlage aus.

Das Dokument wird entsprechend Ihrer Anweisung geteilt.

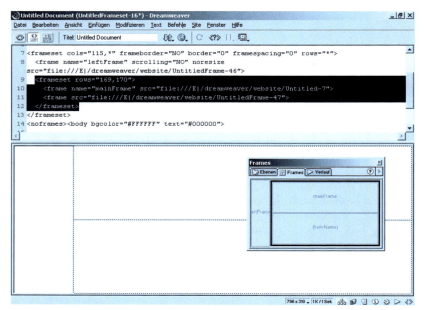

Am HTML-Quelltext erkennen Sie, dass hier zwei Framesets gespeichert sind. Der rechte Content-Frame des ersten Frameset enthält ein weiteres Frameset, das sich aus zwei horizontalen Frames zusammensetzt. Das zweite Frameset ist markiert. Das erkennt man an der gestrichelten Linie im Entwurf-Fenster und an der Anzeige im Frame-Inspektor.

## Frames oder Framesets auswählen

Mit dem Frame-Inspektor können Sie einzelne Frames oder Framesets auswählen.

Der Frame-Inspektor zeigt Ihnen sehr deutlich die Struktur des angelegten Frameset und erleichtert damit wesentlich die Auswahl bestimmter Dokumente.

**So öffnen Sie den Frame-Inspektor:**

- Wählen Sie in der Menüleiste FENSTER / FRAMES oder drücken Sie [Shift] + [F2].

  **Framesets** sind durch einen dicken, dreidimensionalen Rahmen gekennzeichnet.

  **Frames** werden durch dünne, graue Linien markiert. In jedem Frame wird außerdem dessen Name angezeigt.

**So markieren Sie einen Frame:**

- Klicken Sie auf den Frame im Frame-Inspektor.

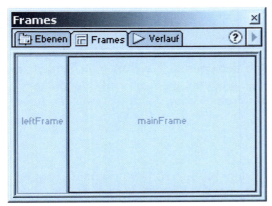

In diesem Beispiel wurde der rechte Frame markiert.

**So markieren Sie ein Frameset:**

- Klicken Sie im Frame-Inspektor auf den Rahmen, der die Frames umgibt.

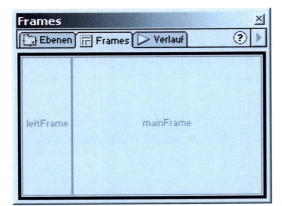

### HINWEIS

*Sie können Framesets und Frames auch über das Dokument-Fenster auswählen. Klicken Sie hierfür auf den Frame-Rahmen. Um einen einzelnen Frame zu markieren, klicken Sie mit gedrückter Alt-Taste (Windows) oder ⌥-⇧ (Macintosh) in den Frame hinein. Eine gestrichelte Auswahllinie erscheint.*

Wenn Sie ein Frameset oder einen Frame markiert haben, können Sie die Eigenschaften mit dem Eigenschaften-Inspektor (vgl. Kapitel Die Breite und Höhe eines Frames verändern) festlegen.

## Das Layout verändern

Bei der Gestaltung mit Frames bieten sich unendlich viele Möglichkeiten. Im vorhergehenden Kapitel haben Sie erfahren, wie Sie das grundlegende Frameset durch Teilen vorhandener Frames oder durch das Anlegen neuer Framesets erweitern können.

### Frames löschen

Sie können einen Frame so lange teilen, bis Sie das gewünschte Layout haben. Ist dennoch ein Frame zu viel erstellt worden, werden Sie ihn ganz leicht los:

**1** Ziehen Sie den Frame-Rahmen mit gedrückter Maustaste aus der Seite oder zum Rahmen des übergeordneten Frames.

**2** Lassen Sie die Maustaste los. Der Frame ist gelöscht.

> **TIPP**
>
> *Bevor Sie einen Frame löschen, können Sie dessen Inhalt in einen anderen Frame ziehen:*
>
> 1. *Markieren Sie die Elemente, die Sie verschieben möchten.*
> 2. *Verschieben Sie diese mit gedrückter Maustaste in den anderen Frame.*
> 3. *Lassen Sie die Maustaste wieder los. Die Objekte sind nun verschoben.*

### Die Breite und Höhe eines Frames verändern

Framesets sind – ähnlich wie Tabellen – in Zeilen und Spalten unterteilt. Diese Frames haben jeweils eine individuell bestimmbare Höhe und Breite.

**1** Ziehen Sie den Frame-Rahmen mit gedrückter Maustaste an die gewünschte Position. Der Mauszeiger verwandelt sich dabei in die zwei Pfeile.

## Das Layout verändern

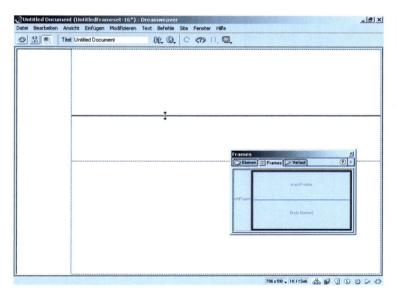

**2** Lassen Sie die Maustaste los.

Es gibt aber noch eine weitere Parallele zu Tabellen (vgl. Kapitel Tabellen; insbesondere Tabellen bearbeiten): Breite und Höhe von Frames können Sie ebenfalls mit einem festen Pixelwert festlegen. Alternativ dazu lassen sich auch relative Angaben definieren.

> **TIPP**
>
> *Definieren Sie die Höhe und Breite für eine Spalte und Zeile in Pixel und geben Sie alle anderen Maße relativ zu diesem Bereich an.*

Ein Beispiel:

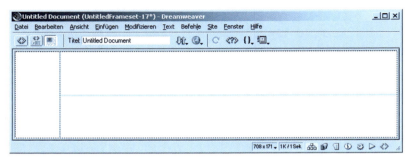

Der linke Frame ist 80 Pixel breit. Seine Höhe ist relativ definiert. Die Breite des oberen Frames ist relativ, die Höhe dagegen absolut (80 Pixel). Alle Größen des dritten Frames sind relativ dazu definiert.

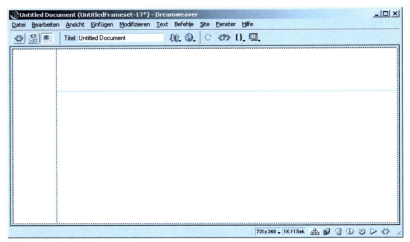

Hier sehen Sie dasselbe Frameset in einem größeren Fenster. Deutlich zu erkennen: Der linke Frame hat eine feste Breite (80 Pixel). Ebenso hat sich der obere Frame nicht verändert. Der Content-Frame dagegen verändert seine Größe relativ.

**Benutzen Sie den Eigenschaften-Inspektor, um die Breite eines Frames pixelgenau zu bestimmen:**

**1** Wählen Sie das Frameset aus.

**2** Markieren Sie den Frame, dessen Größe Sie festlegen möchten. Klicken Sie hierfür auf das FRAMESET-LAYOUT im Eigenschaften-Inspektor oder auf die daneben stehende Schaltfläche FRAME AUSWÄHLEN.

Klicken Sie auf den Erweiterungspfeil, wenn nicht alle Details angezeigt werden.

**3** Tippen Sie einen Wert in das Textfeld ZEILE bzw. SPALTE.

**4** Wählen Sie dessen Einheit aus:

- **Pixel** bestimmen eine exakte, feste Höhe und Breite.
- **Prozent** bezieht sich auf die Frameset-Größe.
- **Relativ** bedeutet, dass sich Breite oder Höhe dem verbleibenden Platz anpassen. Dieser Frame füllt also den Rest des verfügbaren Raums.

**5** Um die Eingaben auf das Frameset anzuwenden, klicken Sie auf die ZUWEISEN-Schaltfläche.

**6** Wiederholen Sie diese Schritte für die anderen Frames.

# Inhalte einfügen

Sie können in das oben erstellte Frameset nun neue Inhalte einfügen oder bestehende Seiten verknüpfen. Da jeder Frame ein eigenständiges Dokument ist, wird jeweils eine bestimmte URL hinterlegt.

## Eine vorhandene Seite integrieren

Um einen Frame mit einer bestehenden Seite zu verknüpfen, gehen Sie folgendermaßen vor:

**1** Markieren Sie den Frame, in dem der Inhalt erscheinen soll. Die Eigenschaften erscheinen im Eigenschaften-Inspektor.

**2** Tippen Sie Verzeichnis und Name des Dokuments in das Textfeld QUELLE.

Oder klicken Sie auf das Icon DURCHSUCHEN , um eine bestimmte Datei auf Ihrer Festplatte auszuwählen.

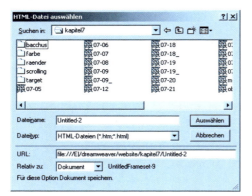

**3** Wählen Sie die entsprechende Datei aus, die Sie in den Frame laden möchten, und klicken Sie anschließend auf den Button AUSWÄHLEN.

Oder ziehen Sie den VERNETZUNGSPUNKT  auf die entsprechende Datei im Site-Fenster (vgl. Kapitel Hyperlinks).

> **TIPP**
>
> *Im Eigenschaften-Inspektor bestimmen Sie, welches Dokument in einem Frame angezeigt werden soll. Außerdem können Sie hier weitere Einstellungen, insbesondere Rahmeneigenschaften, vornehmen.*

## Einen neuen Inhalt definieren

Auch wenn Sie ein Frameset geöffnet haben, können Sie die einzelnen Frames wie gewohnt bearbeiten. Hier lassen sich alle Elemente integrieren, die Sie auch in eine »normale« Seite legen können.

## Frameset-Optionen

### Rahmen

**1** Markieren Sie das Frameset.

**2** Wählen Sie aus dem Drop-down-Menü RAHMEN eine der folgenden Optionen:

## Frameset-Optionen

**Ja:** Ein Rahmen wird angezeigt.

**Nein:** Es wird kein Rahmen angezeigt.

**Standard:** Benutzt die Standardeinstellungen des Browsers (entspricht in der Regel JA).

**3** Wollen Sie die RAHMENBREITE festlegen, geben Sie den Wert in das Textfeld  ein.

**4** Um eine Rahmenfarbe festzulegen, benutzen Sie den Farbkasten oder geben direkt den Hexadezimal-Code ein (vgl. Kapitel Die erste Website, Seiteneigenschaften, Der Hintergrund):

Rahmenfarbe #CC0000

**5** Klicken Sie auf die Schaltfläche ZUWEISEN oder drücken Sie ⏎.

> **TIPP**
>
> *Die Standardrahmenbreite beträgt 5 Pixel. Diese können Sie im Eigenschaften-Inspektor verändern.*

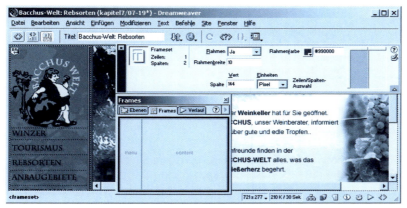

Zwischen den beiden Frames ist ein Rahmen von 10 Pixeln definiert. Aus dem Pull-down-Menü wurde die Anzeige des Rahmens ausgewählt. Der Rahmen ist rot eingefärbt.

Das gleiche Frameset sieht mit einer Rahmenbreite von 0 so aus:

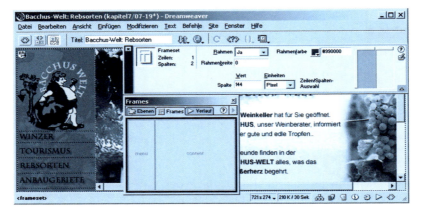

### HINWEISE

- Die Rahmenfarbe wird nicht angezeigt, wenn der Rahmen auf 0 gesetzt wurde.
- Vergleichen Sie unbedingt die Darstellung in mehreren Browsern.

## Ränder

**1** Markieren Sie den Frame, dessen Ränder Sie bestimmen möchten.

**2** Geben Sie in die entsprechenden Textfelder des Eigenschaften-Inspektors Pixelwerte für die Randbreite und die Randhöhe ein.

**3** Weisen Sie dem Frame diese Eigenschaften zu, indem Sie auf die ZUWEISEN-Schaltfläche klicken oder die ⏎-Taste drücken.

Ein Beispiel: Den einzelnen Frames wurden jeweils unterschiedliche Werte für die Ränder zugewiesen.

| Marginwidth=0  | Marginwidth=10  |
|---|---|
| Marginheight=0 | Marginheight=10 |
| Marginwidth=20 | Marginwidth=30  |
| Marginheight=20 | Marginheight=30 |

### ACHTUNG

*Netscape interpretiert zusätzlich zu den Rändereinstellungen der Frames die Seiteneigenschaften. Die hier definierten Ränder gehen vor. Damit werden die Frame-Ränder ignoriert.*

*Beim Internet Explorer verhält sich das Ganze genau anders herum: Seiteneigenschaften werden ignoriert, wenn in den Frames Ränder definiert sind.*

## Scrollbalken

### WAS IST DAS?

*Mit **vertikalen Scrollbalken** bewegen Sie eine Seite, also den Inhalt eines Frames, nach oben oder nach unten. **Horizontale Scrollbalken** verschieben das Dokument nach rechts und links.*

**1** Markieren Sie den Frame, dessen Scrollbalken Sie definieren möchten.

**2** Wählen Sie im Eigenschaften-Inspektor aus dem Pull-down-Menü ROLLEN eine der folgenden Optionen aus:

| | |
|---|---|
| **Ja:** | Der Scrollbalken ist immer sichtbar. |
| **Nein:** | Der Scrollbalken ist nie sichtbar. |
| **Auto:** | Scrollbalken werden angezeigt, wenn sie benötigt werden, weil das Dokument größer ist. |
| **Standard:** | Nutzt die Standardeinstellungen des Browsers (entspricht in der Regel AUTO). |

Diese Einstellungen betreffen sowohl die horizontalen als auch die vertikalen Scrollbalken.

Ein Beispiel: In der folgenden Webseite kann man nur im rechten Content-Frame scrollen. Ist das Dokument höher und breiter als das Fenster, werden die Scrollbalken eingeblendet. Im Quelltext steuert das die angegebene Option AUTO. In der Menüleiste ist das Scrollen ausgeschaltet.

In der folgenden Abbildung erkennen Sie deutlich, wie Sie mit den einzelnen Optionen die Anzeige des Scrollbalkens steuern:

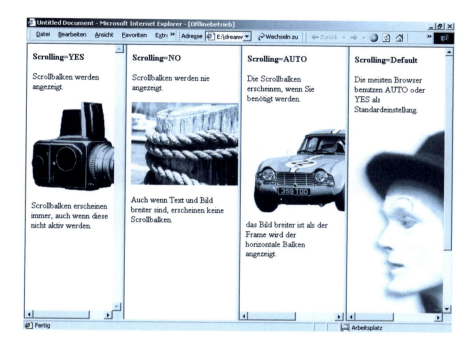

## Keine Größenänderung

Soll die Größe bestimmter Frames nicht vom User verändert werden können, müssen Sie das Kontrollkästchen KEINE GRÖSSENÄNDERUNG Keine Größenänderung aktivieren. Markieren Sie dafür zunächst den entsprechenden Frame.

Infolgedessen lässt sich auch die Größe der benachbarten Frames nicht verändern.

## Frame-Inhalte mit Hyperlinks steuern

Klicken Sie auf einen Hyperlink in einem einfachen Dokument, wird die aufgerufene HTML-Seite im gleichen Browser geladen und ersetzt damit das vorhergehende Dokument (vgl. Kapitel 5).

Diesen Effekt möchten Sie in einem Frame wahrscheinlich nicht haben. Schließlich soll beispielsweise die Navigationsleiste auf allen Seiten sichtbar bleiben. Die Lösung des Problems ist ganz einfach: Sagen Sie dem Link, wohin das Dokument geladen werden soll.

Greifen wir das Beispiel aus der Bacchus-Welt wieder auf.

Hier sehen Sie im linken Frame eine Navigationsleiste, die statisch auf allen Seiten sichtbar sein soll. Lediglich der rechte Content-Frame soll seinen Inhalt dem ausgewählten Button bzw. dem dadurch aktivierten Hyperlink anpassen.

Dazu müssen Sie zunächst die einzelnen Frames benennen. Anschließend können Sie Hyperlinks definieren, die Dokumente in anderen Frames öffnen.

### HINWEIS

*Wenn Sie kein Ziel definieren, wird das neue Dokument im gleichen Frame geladen.*

## Frames benennen

Nur wenn Frames einen eindeutigen Namen haben, weiß der Browser, wohin welches Dokument geladen werden soll. Das ist wichtig, wenn das Zieldokument in einen anderen Frame geladen werden soll.

**1** Markieren Sie den Frame im Frame-Inspektor.

**2** Tragen Sie im Eigenschaften-Inspektor in das Textfeld FRAME-NAME die Bezeichnung ein.

## Frame-Inhalte mit Hyperlinks steuern

**3** Bestätigen Sie mit ⏎ oder klicken Sie auf die ZUWEISEN-Schaltfläche.

### TIPPS

- *Verwenden Sie Kleinbuchstaben und Zahlen. Leerzeichen sind nicht erlaubt.*

- *Wenn Sie mit den vordefinierten Framesets gearbeitet haben, wurden den einzelnen Frames bereits Namen zugewiesen.*

- *Legen Sie mit den vordefinierten Framesets verschachtelte Seiten an, verwendet Dreamweaver die vordefinierten Namen. Eine doppelte Benennung wird vermieden, indem nach dem Namen automatisch eine Nummer folgt.*

- *Sorgen Sie bei komplexen Framesets für eine eindeutige Kennzeichnung. Sie finden sich dann leichter zurecht.*

- *Geben Sie ein Basisziel in den <head>-Bereich ein: Tippen Sie die Zeile <base target="Frame-Name"> im HTML-Editor ein.*

## Ziele definieren

Dokumente können zum einen im gleichen Frame geladen werden, in denen zuvor der Hyperlink platziert war. Eine andere Möglichkeit ist es, das Dokument in einem anderen Frame anzuzeigen. Nach der letzten Variante sind häufig Navigationsleisten konstruiert, die auf allen Seiten sichtbar sind (vgl. Bacchus-Welt).

**1** Markieren Sie die Textstelle oder das Bild, das Sie verlinken möchten.

**2** Wählen Sie das Zieldokument aus.

**3** Tippen Sie den Namen des Ziel-Frames in das Textfeld ZIEL ein.

Oder wählen Sie den Frame-Namen (vgl. Absatz Frames benennen) aus dem gleichen Pull-down-Menü.

Sie müssen nicht den Frame-Namen angeben, sondern können auch Standard- oder Basisziele definieren, die jeder Browser interpretieren kann (siehe unten).

> **TIPP**
>
> *Wenn Sie nicht mehr wissen, wie der Frame heißt, sehen Sie im Frame-Inspektor nach.*

> **HINWEIS**
>
> *Im Kapitel Hyperlinks finden Sie weitere Informationen zu Hyperlinks und deren Einsatzmöglichkeiten.*

Im Kapitel Hyperlinks, Ziel definieren haben wir bereits zwei generelle Zielangaben kennen gelernt. Für den Einsatz bei Frames bedeutet das:

- **target="_blank":** Das verlinkte Dokument wird in einem neuen, leeren Browser-Fenster geöffnet. Der Frame und das Frameset, aus welchem der Link aufgerufen wurde, bleiben weiterhin im alten Browserfenster geöffnet.
- **target="_self":** Das verlinkte Dokument wird in dem gleichen Frame geöffnet, aus dem es aufgerufen wurde.

Außerdem können Sie zwei weitere Zieldefinitionen in Frames verwenden:

- **target="_parent":** Der Link ersetzt den Inhalt aus dem aktuellen Fenster durch das neue Dokument. Bei verschachtelten Frames wird das Dokument im Hauptfenster geöffnet.
- **target="_top":** Der Link wird im gesamten Browserfenster geladen. Alle Frames werden verdrängt.

**Speichern**

# Speichern

Weil ein Frameset aus unterschiedlichen Dokumenten besteht, müssen Sie diese separat speichern. Wenn Sie ein vorhandenes Dokument in einem Frameset integriert haben, ohne dieses weiter zu bearbeiten, müssen Sie nur das Frameset speichern.

**So speichern Sie das Frameset:**

**1** Markieren Sie im Frame-Inspektor das Frameset.

**2** Wählen Sie in der Menüleiste DATEI / FRAMESET SPEICHERN UNTER oder drücken Sie [Strg] + [Shift] + [S]. Das Dialogfenster SPEICHERN UNTER erscheint.

**3** Legen Sie den Namen der Datei fest und bestimmen Sie das Verzeichnis, in dem Sie dieses Dokument abspeichern möchten.

**4** Klicken Sie auf den Button SPEICHERN. Das Frameset ist nun gesichert.

**So speichern Sie einen einzelnen Frame:**

**1** Markieren Sie im Frame-Inspektor den Frame, den Sie speichern möchten.

**221**

**2** Wählen Sie in der Menüleiste DATEI / ALLE FRAMES SPEICHERN. Das Dialogfenster SPEICHERN UNTER erscheint.

**3** Geben Sie für jedes einzelne Dokument Verzeichnis und Dateinamen an und klicken Sie auf SPEICHERN. Die Frames sind nun gespeichert.

## No-Frames

Kommt ein User, dessen Browser keine Frames anzeigen kann, auf Ihre Webseite, sieht er gar nichts. Deshalb sollten Sie eine **<noframe>**-Version anbieten.

> **TIPP**
>
> *Informieren Sie den User, dass diese Seite Frames verwendet. Geben Sie an, wo ein Frame-kompatibler Browser heruntergeladen werden kann.*

**So erstellen Sie eine <noframe>-Seite:**

**1** Wählen Sie MODIFIZIEREN / FRAMESET / NOFRAMES-INHALT BEARBEITEN. Die leere **<noframe>**-Seite wird angezeigt.

**2** Bearbeiten Sie diese Seite wie ein normales HTML-Dokument: Geben Sie Texte, Bilder, Links, Seiteneigenschaften etc. an. Sie können aber auch den Inhalt einer bestehenden Seite kopieren.

**3** Um zur Frame-Ansicht zurückzukehren, wählen Sie in der Menüleiste MODIFI-ZIEREN / FRAMESET / NOFRAMES-INHALT BEARBEITEN. Das Häkchen, welches bei der No-Frame-Ansicht hinter diesem Befehl eingefügt wurde, ist nun wieder verschwunden.

# Und was passiert im Quelltext?

> **HINWEIS**
>
> Das **<frameset>**-Tag umschließt alle Frames.
>
> Im **<frame>**-Tag sind der Name und der Speicherort des Dokuments verankert, das beim ersten Öffnen des Framesets angezeigt werden soll. Außerdem enthält es Informationen über Aussehen und Aktionen der einzelnen Frames.

Beispiel :

```
<html>
<head>
<title>Bacchus-Welt</title>
</head>
<frameset framespacing="0" border="0" cols="144,*" frameborder="YES">
<frame name="menu" target="content" src="target/menu.htm" marginwidth="0" marginheight="0" scrolling="no" noresize>
<frame name="top" src="target/index.htm" marginwidth="0" marginheight="0" scrolling="auto">
<noframes>
<body topmargin="0" leftmargin="0" background="images/menu/back.gif" >
<p>Rebsorten</p>
```

```
<p>
<a href="winzer/index.htm" target="_top">Hier finden Sie Informationen rund um den guten Tropfen.</a>
<img src="bild.jpg" akign="right">
</p>
</body>
</noframes>
</frameset>
</html>
```

# Kapitel 8

# Formulare

*Über Formulare können Besucher Ihrer Site ein Feedback abgeben, Bestellungen im Online-Shop tätigen, sich für bestimmte Veranstaltungen anmelden oder einfach nur eine Frage an Sie stellen. Machen Sie Ihre Website interaktiv. In diesem Kapitel erfahren Sie, wie Sie ein Formular erstellen und welche Formularelemente es gibt.*

# Ein Formular erstellen

Ein Formular können Sie sowohl in eine bestehende Webseite integrieren als auch in ein leeres HTML-Dokument einfügen.

**1** Klicken Sie an die Stelle im Dokument, wo das Formular beginnen soll.

**2** Wählen Sie in der Menüleiste den Befehl EINFÜGEN / FORMULAR.

Oder öffnen Sie den Objekt-Manager unter FENSTER / OBJEKTE bzw. Strg + F2.

Wählen Sie die Tafel FORMULARE. Hier sind alle Formularelemente aufgelistet (vgl. Kapitel Formularelemente).

**3** Klicken Sie auf den Button FORMULAR EINFÜGEN .

Das Formular wurde in das Dokument eingefügt.

In der Entwurf-Ansicht markiert die rote Linie das Formular. Hier sind noch keine Elemente eingefügt. Sollten Sie diese Linie nicht sehen, markieren Sie das Kontrollkästchen FORMULARBEGRENZER auf der Tafel UNSICHTBARE ELEMENTE im Dialogfeld VOREINSTELLUNGEN (BEARBEITEN / VOREINSTELLUNGEN). Überprüfen Sie auch, ob die unsichtbaren Elemente unter ANSICHT / VISUELLE HILFSMITTEL aktiviert sind.

Im HTML-Quelltext wurden das öffnende und das schließende **<form>**-Tag eingefügt.

**4** Anschließend können Sie die Formulareigenschaften festlegen. Weitere Informationen dazu erhalten Sie in Kapitel Formulare verarbeiten.

## HINWEIS

*Standardmäßig legt Dreamweaver ein Formular über die ganze Breite des Dokument-Fensters. Mit Hilfe von Tabellen können Sie dessen Größe einschränken. Außerdem können Sie damit Ihr Formular strukturieren.*

## Formularelemente

### So fügen Sie Elemente in ein Formular ein:

**1** Klicken Sie innerhalb des roten Formular-Rahmens an die Stelle, wo Sie ein Element einfügen möchten.

**2** Klicken Sie im Objektmanager auf die Schaltfläche des Elements, das Sie einfügen möchten.

Oder wählen Sie in der Menüleiste unter EINFÜGEN / FORMULAROBJEKTE das entsprechende Objekt aus.

> **HINWEIS**
>
> *Ein Formular kann alle HTML-Elemente (z.B. Text, Bilder, Absätze, Tabellen) enthalten. Allerdings können Sie kein Formular in ein Formular stellen. Zwei oder mehr getrennte Formulare auf einer Seite sind dagegen zulässig.*

Im folgenden Formular wurde eine Tabelle eingefügt. In dieser Tabelle sind alle möglichen Formularelemente aufgelistet. Die Reihenfolge wurde aus dem Objekt-Manager übernommen (von links nach rechts und von oben nach unten).

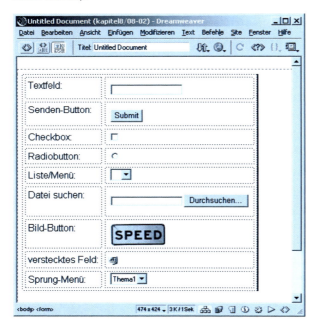

## Formularelemente

So kann ein Formular im Web aussehen:

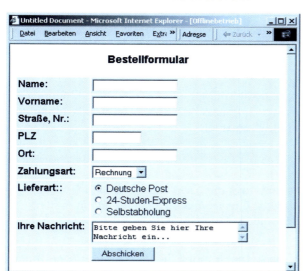

> **TIPP**
>
> Wenn Sie ein Formularfeld bearbeiten möchten, öffnen Sie den Eigenschaften- Inspektor durch einen Doppelklick auf dieses Element.

## Textfeld

Mit dem Button  im Objekt-Manager fügen Sie ein Textfeld ein. Wie zuvor beschrieben, finden Sie den entsprechenden Befehl auch in der Menüleiste unter EINFÜGEN / FORMULAROBJEKTE.

Nachdem Sie ein Textfeld  in das Formular eingefügt haben, weisen Sie ihm die nötigen Eigenschaften zu. Benutzen Sie hierfür den Eigenschaften-Inspektor.

Geben Sie den Typ des Textfeldes an, indem Sie den entsprechenden Schaltknopf im Eigenschaften-Inspektor aktivieren.

**229**

**Man unterscheidet drei Arten von Textfeldern:**

- **Einfache:**
- **Mehrzeilige:**
- **Passwort-Eingaben:** Die Sternchen werden erst nach Eingabe des Kennworts angezeigt. Zuvor wird ein einfaches Textfeld angezeigt.

> **HINWEIS**
>
> Leider können Sie in Dreamweaver die Größe von Formularelementen nicht durch Ziehen verändern. Tragen Sie die Zeichenbreite in das entsprechende Feld im Eigenschaften-Inspektor ein.

In **einzeilige und mehrzeilige Textfelder** können Sie jede Art von Text (Buchstaben, Zahlen) eingeben. Dieser kann als einzelne Zeile, in mehreren Zeilen oder mit Sternchen (PASSWORT-Textfeld) angezeigt werden.

Wenn Sie die Anzahl der möglichen Zeichen eines Textfeldes begrenzen möchten, tragen Sie im Eigenschaften-Inspektor den entsprechenden Wert in das Feld MAXIMALE ZEICHEN ein. Dadurch haben Sie eine bessere Kontrolle über die Eingabe. Beispielsweise bestehen die deutschen Postleitzahlen aus höchstens fünf Zeichen.

Sie können einen Anfangswert in das Textfeld integrieren.

Allerdings denken viele User, sie dürften hier dann nichts hineinschreiben. Auch wird dieser Text nicht immer überschrieben. Besser Sie geben eine Erklärung des Textfeldes davor oder dahinter ab.

Bei mehrzeiligen Textfeldern können Sie bestimmen, ob und wie ein Zeilenumbruch möglich sein soll:

**Standard:** Entspricht der Standardeinstellung des Browsers.

**Aus:** Unterdrückt alle Zeilenumbrüche.

**Virtuell:** Auf dem Bildschirm erscheint der Text mit Umbruch, aber es werden keine Umbrüche in die Eingabe eingefügt.

**Physisch:** Auch in der Eingabe (im Input) erscheinen Zeilenumbrüche.

> **HINWEIS**
>
> *Benennen Sie Ihre Formularelemente. Sie finden sich dann leichter im Quelltext zurecht. Auch die empfangenen Informationen können Sie eindeutig bestimmten Feldern zuordnen. Wenn Sie JavaScript verwenden möchten, kommen Sie um eine Benennung ohnehin nicht herum.*

## Buttons zum Absenden und Zurücksetzen

Es gibt zwei Arten von Buttons, mit denen die Daten eines Formulars entweder gesendet oder gelöscht werden können: Text- und Bildbuttons.

Nachdem Sie den **Textbutton** in das Formular eingefügt haben, definieren Sie im Eigenschaften-Inspektor die Funktion, die er erfüllen soll.

Der linke Textbutton versendet die eingegebenen Daten zum Beispiel per E-Mail an die angegebene Adresse.

Der rechte Button setzt das Formular zurück und löscht damit alle vom Benutzer eingegebenen Informationen.

Im Eigenschaften-Inspektor legen Sie die Beschriftung und die Funktion des Textbuttons fest:

Auch eingefügte Bildbuttons können Sie mit Senden- und Löschen-Funktionen belegen:

**1** Öffnen Sie den HTML-Editor.

**2** Ersetzen Sie den Code der Schaltfläche durch folgenden:

`<button type="submit" name="`**`senden`**`" value="value">`
`<img src="send.gif"></button>`

oder

`<button type="reset" name="`**`loeschen`**`" value="value">`
`<img src="loeschen.gif"></button>`

> **ACHTUNG**
>
> *Bei diesem Symbol erhalten Sie zusätzliche Informationen und wichtige HinwNicht alle Browser stellen diese Bild-Schaltfläche richtig dar. Testen Sie zuerst Aussehen und Funktion.*

Mit diese beiden Bildern sind Funktionen von Schaltflächen verknüpft.

> **TIPP**
>
> *Nach einer Konvention im Web steht der Abschicken-Button immer links neben der Zurücksetzen-Schaltfläche.*

## Kontrollkästchen (Checkbutton)

Häufig werden in einem Formular Kontrollkästchen eingesetzt, wenn der Benutzer bestimmte Kriterien auswählen soll. Dabei erlauben diese quadratischen Kästchen das gleichzeitige Ankreuzen mehrerer Eigenschaften.

> **TIPP**
>
> *Benennen Sie auch Kontrollkästchen und Schaltknöpfe.*

## Schaltknopf (Radio-Button, Optionsschalter)

Schaltknöpfe werden eingesetzt, wenn der User nur eine Auswahl treffen soll. Markiert der User einen solchen Button, wird die Markierung eines anderen aufgehoben.

Diese Ja-Nein-Zuweisung realisieren Sie, indem Sie allen Buttons dieser Gruppe den gleichen Namen zuweisen.

> **TIPP**
>
> *Wenn ein bestimmter Radio-Button zuerst markiert erscheinen soll, müssen Sie dies im Eigenschaften-Inspektor festlegen. Der User kann jederzeit die Markierung durch die Markierung eines anderen Radio-Buttons aufheben.*

## Drop-down-Menüs, Auswahllisten

Man unterscheidet zwischen Drop-down-Menüs, bei denen der User nur eine Angabe machen darf, und Listen, bei denen mehrere Auswahlpunkte gleichzeitig angegeben werden können.

Bei der Auswahlliste wird ein scrollbares Menü angezeigt. Dabei kann die Auswahlliste entweder als ein- oder mehrzeiliges Listenfeld (links) angelegt sein.

Das Drop-down-Menü (rechts) springt auf, sobald der User auf den Pfeil klickt. Im Drop-down-Menü ist nur eine Auswahl möglich.

**So erstellen Sie eine Liste:**

**1** Markieren #Satz?Sie auf das eingefügte Listen-Elemente in Ihrem Formular. Wie Sie eine Liste einfügen, lesen Sie zu Beginn des Kapitels Formularelemente.

**2** Klicken Sie im Eigenschaften- Inspektor auf den Button LISTENWERTE.

Das Dialogfenster LISTENWERTE erscheint.

**3** Der Cursor blinkt an der Stelle, wo Sie den ersten Eintrag eingeben können. Tippen Sie das erste Listenelement ein.

**4** Um weitere Elemente eingeben zu können, klicken Sie auf den Button (+) oberhalb Ihrer bisherigen Einträge.

**5** Wenn Sie einen Eintrag löschen wollen, markieren Sie diesen und klicken anschließend auf (-).

# Formularelemente

**6** Mit den Pfeiltasten verändern Sie die Reihenfolge der Liste.

**7** Wenn Sie fertig sind, klicken Sie auf OK.

> **HINWEIS**
>
> *Hier wurde nur erklärt, wie Sie eine Liste erstellen. Ein Menü definieren Sie genauso einfach. Aktivieren Sie hierfür das Kontrollkästchen MENÜ.*

Hier sehen Sie die Eigenschaften einer Liste. Aktivieren Sie das entsprechende Kontrollkästchen, wenn der User mehrere vorgegebene Einträge auswählen darf. Hier können Sie auch festlegen, ob standardmäßig ein Eintrag markiert sein soll, den der Benutzer dann verändern kann. Auch können Sie hier die Höhe einer Liste festlegen.

> **TIPP**
>
> *Wenn der User einen erklärenden Listen-/Menüeintrag nicht auswählen soll, ergänzen Sie im Quelltext das **<option>**-Tag durch das Attribut **disabled**:*
>
> ```
> <option disabled value="">Bestimmen Sie die
> gewünschte Zahlungsart</option>
> ```

## Dateifeld einfügen

Mit diesem Feld können User Ihre Festplatte nach Dateien durchsuchen und als Tabellendaten versenden.

Wie beschrieben, fügen Sie mit dem Button ein Dateifeld ein (vgl. Kapitel Formularelemente). Ein leeres Textfeld und ein Button werden in der Entwurf-Ansicht eingefügt.

**235**

> **HINWEIS**
>
> Wenn Sie ein Dateifeld einfügen möchten, muss die Methode des Formulars (vgl. Kapitel Formulare verarbeiten) auf **POST** gesetzt werden.

## Versteckte Formularfelder

Diese Elemente benötigen Sie, wenn Sie neben den vom User eingetragenen Daten weitere Informationen (z.B. über das Formular) erhalten möchten.

Ein Beispiel:

Gerade wenn Sie viele Websites betreuen, ist es wichtig zu wissen, wer welches Formular ausgefüllt hat. Das versteckte Formularfeld liefert hierzu die nötigen Infos über URL, Formularversion oder ähnliches.

> **HINWEISE**
>
> Sie können das versteckte Formularfeld im Browser nicht sehen. Die Werte, welche Sie angegeben haben, werden mit den Formulardaten verschickt.
>
> Außerdem müssen Sie folgenden Eintrag im **<form>**-Tag vornehmen:
>
> ENCTYPE="multipart/form-data"

## Sprung-Menü

Definieren Sie, wo der User landen soll, wenn er auf einen bestimmten Eintrag klickt. Mit dieser Liste oder dem Pop-up-Menü können Sie zu einer anderen Webseite oder einem Dokument verlinken. Das dahinter ablaufende JavaScript erstellt Dreamweaver automatisch für Sie.

**1** Klicken Sie auf den Button SPRUNG-MENÜ oder auf den Eintrag unter EINFÜGEN / FORMULAROBJEKTE / SPRUNG-MENÜ. Das Dialogfenster SPRUNG-MENÜ EINFÜGEN erscheint.

**Formularelemente**

**2** Geben Sie den Text für die einzelnen Auswahlkriterien des im Browser angezeigten Pull-down-Menüs ein (vgl. Kapitel Drop-down-Menüs, Auswahllisten). Benutzen Sie hierfür das Textfeld TEXT.

**3** Anschließend bestimmen Sie die URL, die aufgerufen werden soll: ÖFFNE URLS IN (weitere Informationen hierzu finden Sie in Kapitel Hyperlinks, Ziele definieren und Frames, Ziele definieren).

**4** Ihre Eingaben werden automatisch in das Feld MENÜOBJEKTE übernommen.

**5** Um weitere Objekte aufzunehmen, klicken Sie auf (+); wenn Sie welche löschen wollen, auf (-). Auch hier können Sie die Reihenfolge der Auswahlkriterien des später angezeigten Pull-down-Menüs ändern.

**6** Legen Sie weitere Eigenschaften dieses Sprungs fest. Wenn Sie die Option SCHALTFLÄCHE ‚GEHE ZU' HINTER MENÜ einfügen, muss der User den Sprung zuerst bestätigen.

Bleibt das Kontrollkästchen inaktiv, wird der Button nicht angezeigt und die Zieldatei springt gleich auf.

**7** Klicken Sie auf OK.

> **TIPP**
>
> *Markieren Sie das Sprung-Menü. Im Eigenschaften-Inspektor können Sie das Aussehen bestimmen: Wählen Sie zwischen Pull-down-Menü und Listenfeld.*

**237**

> **HINWEIS**
>
> *Sie können Formularelemente auch in ein HTML-Dokument einfügen, in dem sich noch keine <form>-Tags befinden – also noch kein Formular angelegt ist. Dreamweaver will dann wissen, ob Sie ein Formular anlegen möchten. Bestätigen Sie dies, um die Funktionalität des Objekts zu gewährleisten.*

## Formulare verarbeiten

Der HTML-Quelltext bestimmt das Aussehen des Formulars. Außerdem implementiert er ein Script (z.B. CGI), das auf Server-Seite die eingegebenen Daten weiterverarbeitet und codiert. Mit Dreamweaver können Sie Formulare, aber keine Scripts erstellen.

**So legen Sie die Eigenschaften eines Formulars fest:**

**1** Markieren Sie das Formular, indem Sie auf die roten Linien im Dokument-Fenster klicken.

**2** Legen Sie im Eigenschaften-Inspektor den Namen des Formulars fest. Bestimmen Sie die auszuführende Aktion und Methode.

Tragen Sie in das AKTION-Feld die URL des Scripts ein oder geben Sie eine E-Mail-Adresse an.

### HINWEIS

*Generelle Formulareigenschaften werden im Code in den <form>-Tags abgespeichert.*

In den **<form>**-Tags bestimmen Sie, wie das Formular verarbeitet werden soll. Hier können Sie beispielsweise die URLs des CGI-Scripts angeben, das die Daten weiterverarbeitet. Dabei stehen zwei Methoden zur Auswahl:

**GET**: Die Daten werden an die angegebene URL geschickt. Dort werden sie gespeichert. Das CGI-Programm muss den Inhalt auslesen und verarbeiten.

**Benutzen Sie GET nicht für lange Formulare mit umfassenden Daten**.

**POST**: Die Daten werden auf dem Server-Rechner zur Verfügung gestellt. Das CGI-Programm behandelt sie dann wie eine Benutzereingabe, die auf der Kommandozeile vorgenommen wurde.

Ihr Systemadministrator hilft Ihnen dabei gerne weiter.

### TIPPS

- *Einfache Formulare können auch per E-Mail versendet werden. Tragen Sie hierzu in das Textfeld AKTION im Eigenschaften-Inspektor den E-Mail-Befehl ein (vgl. Kapitel 5.4). Beispiel:*
  `mailto:"info@inter-medien.de"`

- *Benennen Sie die Formularelemente eindeutig. Nur so können Sie die gesendeten Formulardaten eindeutig auswerten und den einzelnen Feldern zuordnen.*

- *Für den User ist eine Bestätigungsseite sehr gut. Er weiß dann, dass das Formular verschickt wurde. Diese Seite erstellen Sie ganz normal mit Dreamweaver. Das Aufrufen der Seite erledigt das Script auf dem Server. Fragen Sie Ihren Administrator.*

- *Mit JavaScript können Formularfeld-Eingaben überprüft werden. Zum Beispiel muss jede E-Mail das @-Zeichen enthalten. Fehlt dieses, generiert JavaScript eine Fehlermeldung.*

**Kapitel 9**

# Ebenen

*Webdesigner lieben Ebenen, mit denen man Elemente auf einer Webseite beliebig positionieren kann. Ihre Webseite wird dadurch dynamischer und Sie haben eine größere Kontrolle über die Elemente der Seite. Außerdem kann man Ebenen verbergen und Verhaltensweisen zuschreiben. In diesem Kapitel lernen Sie, wie man in Dreamweaver ganz einfach Ebenen erstellt. Layer können auch in anderen Ebenen erstellt werden; sie können sich aber auch überlappen. Außerdem kann es von einem anderen Layer abhängen, ob eine Ebene sichtbar oder verborgen ist.*

### WAS IST DAS?

*Ebenen* (oder *Layer*) *sind Behälter in der Webseite, die ebenfalls Inhalte enthalten können und sich beliebig positionieren lassen. Ebenen sind ein Teil von Cascading Style Sheets (CSS) und Dynamic HTML (DHTML).*

*Sie werden dreidimensional angelegt: An der X- und Y-Achse können sie sowohl absolut als auch relativ platziert werden. Dabei liegt die X-Achse am oberen, die Y-Achse am linken Browserrand. Die Z-Achse erlaubt das Überlappen mehrerer Ebenen und legt die Stapelreihenfolge fest.*

### ACHTUNG

*Ebenen werden nur im Internet Explorer und Netscape jeweils ab der Version 4 angezeigt. Allerdings gibt es auch hier Unterschiede bei der Darstellung (vgl. Absatz HTML und Ebenen-Voreinstellungen). In Browsern, die keine Ebenen anzeigen können, ist zwar deren Inhalt zu sehen, allerdings werden Positionierung und andere Ebenen-Eigenschaften ignoriert.*

## Ebenen erstellen

Ebenen können sowohl in der Layout- als auch in der Standard-Ansicht erstellt werden.

**1** Klicken Sie auf den Layer-Button im Objekt-Manager (auf der Tafel ALLGEMEIN).

**2** Klicken Sie mit der Maustaste in das Dokumenten-Fenster, wo eine Ecke der Ebene liegen soll. Ziehen Sie mit gedrückter Maustaste die Ebene.

# Ebenen erstellen

Der Cursor verwandelt sich dabei in ein Fadenkreuz.

**3** Lassen Sie die Maustaste los. Die Ebene ist erstellt. Die Ebenenmarkierung zeigt, dass die Informationen in den Quelltext übernommen worden sind.

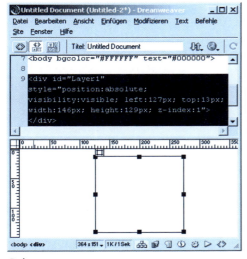

Oder:

**1** Klicken Sie an die Stelle des Dokuments, wo Sie die Ebene einfügen möchten.

**2** Wählen Sie in der Menüleiste den Eintrag EINFÜGEN / EBENE.

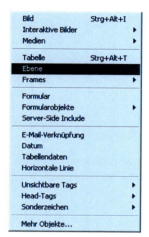

Der Layer wird in einer Standardgröße eingefügt. Diese Standardbreite und -höhe können Sie in den VOREINSTELLUNGEN verändern (vgl. Kapitel HTML und Ebenen-Voreinstellungen).

> **TIPPS**
>
> - *Sie können beliebig viele Ebenen erstellen.*
> - *Wenn diese sich nicht überlappen sollen, wählen Sie in der Menüleiste MODIFIZIEREN / ANORDNEN / EBENENÜBERLAPPUNGEN VERHINDERN.*

Der eingefügte Layer besitzt die gleichen Griffe wie ein Bild. Hiermit können Sie die Größe verändern. Wenn Sie an den Eck-Griffen ziehen, können Sie Höhe und Breite gleichzeitig verändern.

# Ebenen-Palette

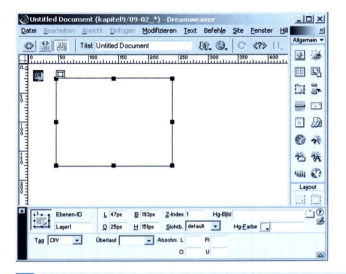

> **TIPPS**
> 
> - Das unsichtbare Icon zeigt an, dass eine Ebene erstellt wurde. Aktivieren Sie ⬚ im Dialogfenster VOREINSTELLUNGEN, das Sie in der Menüleiste unter BEARBEITEN / VOREINSTELLUNGEN / UNSICHTBARE ELEMENTE öffnen können. Aktivieren Sie ANSICHT / VISUELLE HILFSMITTEL / UNSICHTBARE ELEMENTE.
> 
> - Aktivieren Sie auch ANSICHT / VISUELLE HILFSMITTEL / EBENENRAHMEN UND UNSICHTBARE ELEMENTE. Im Dokument-Fenster können Sie dann einfacher Position und Größe eines Layers verändern. Der Ebenenrahmen ist im Browser nicht sichtbar.

## Ebenen-Palette

Mit der Layer-Palette können Sie Überlappungen ausschließen, die Sichtbarkeit einzelner Ebenen verändern, Layer verschachteln oder übereinander anordnen.

Um die Layer-Palette anzuzeigen, wählen Sie FENSTER / EBENEN oder drücken F2.

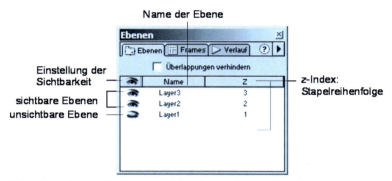

Die einzelnen Ebenen sind in der Palette aufgelistet. Wenn Sie eine neue Ebene erstellen, rücken die bereits vorhandenen eine Position in der Liste nach unten.

## Der Z-Index

Der Z-Index legt fest, ob eine Ebene über einer anderen platziert oder darunter angeordnet wird.

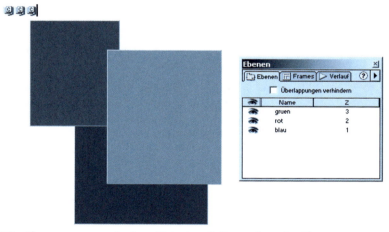

Die Ebene **gruen** mit dem Z-Index 3 liegt über der Ebene **rot** mit dem Index 2 und über der Ebene **blau** mit dem Wert 1.

**So verändern Sie die Stapelreihenfolge von Ebenen (bzw. den Z-Wert):**

**1** Markieren Sie in der Ebenen-Palette den entsprechenden Layer (vgl. Absatz Eine Ebene markieren).

**2** Verschieben Sie die Ebene in der Palette an die entsprechende Position.

**3** Der Z-Wert ändert sich.

Oder weisen Sie den Z-Wert direkt zu:

**1** Markieren Sie die Ebene im Ebenen-Fenster. Klicken Sie hierbei etwa in die Mitte der Zeile.

Name und Z-Index sind nun separat markiert.

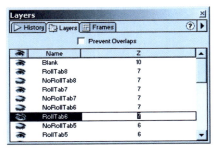

Die Z-Werte sind absteigend sortiert. Die oberste Ebene wird auch im Dokument-Fenster vor allen anderen angezeigt. Wenn Sie die Stapelreihenfolge verändern möchten, verschieben Sie die Ebene an die gewünschte Stelle oder tragen Sie manuell den neuen Z-Wert ein.

**2** Tragen Sie einen neuen Wert für den Z-Index im Ebenen-Fenster ein.

Oder geben Sie den neuen Z-Wert in das Textfeld Z-INDEX im Eigenschaften-Inspektor ein.

Bestätigen Sie mit ⏎. Die Ebene wird nun an die entsprechende Stelle im Ebenen-Fenster verschoben.

**HINWEIS**

*Der Z-Index kann positiv oder negativ sein. Je höher der Wert, desto höher liegt die Ebene an der Spitze des Stapels.*

**TIPP**

*Sie können mehreren Ebenen den gleichen Z-Wert zuweisen. Die Reihenfolge der Ebenen wird dann durch die Reihenfolge der Ebenendefinition im Quelltext bestimmt.*

## Verschachtelte Ebenen

Sie können in einer Ebene eine andere anlegen. Dadurch entsteht eine Ebenen-Gruppe. Position und Sichtbarkeit der verschachtelten Ebene sind von der übergeordneten Ebene abhängig.

**HINWEIS**

*Eine überlappende Ebene muss nicht in einer anderen Ebene eingegliedert sein.*

**1** Klicken Sie in einer vorhandenen Ebene an die Stelle, wo Sie die Unter-Ebene einfügen möchten.

**2** Wählen Sie EINFÜGEN / EBENE in der Menüleiste.

Oder:

**1** Ziehen Sie den Button EBENE EINFÜGEN aus dem Objekt-Manager in die vorhandene Ebene.

Oder:

**1** Markieren Sie die Ebene in der Ebenen-Palette, welche Sie in einer anderen Ebene integrieren möchten.

**2** Verschieben Sie diese Ebene auf den entsprechenden Eintrag der anderen. Halten Sie dabei die `Strg`- (Windows) bzw. ⌘-Taste (Macintosh) gedrückt.

**3** Lassen Sie die Maustaste los, wenn Sie einen Rahmen um den Namen der Zielebene erkennen.

Sie erkennen die verschachtelte Ebene nun an dem +-Zeichen.

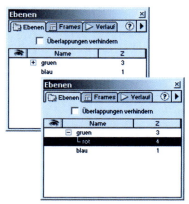

In die Ebene **gruen** wurde eine verschachtelte Ebene eingefügt. Klicken Sie auf +, um die Unterebenen in der Ebenen-Palette zu sehen.

### ACHTUNG

*Ist in der Ebenen-Palette ÜBERLAPPUNGEN VERHINDERN aktiviert, können Sie auch keine verschachtelten Ebenen erstellen.*

**So lösen Sie eine Verschachtelung:**

- Klicken Sie im Ebenen-Fenster auf den Namen der Ebene und ziehen Sie diese an die gewünschte Position. Sollte die Ebene nicht sichtbar sein, klicken Sie im Ebenen-Fenster auf das +-Zeichen oder markieren Sie den Layer im Dokument-Fenster.

  Je nachdem, welche Eigenschaften Sie der Ebene zugewiesen haben, kann es passieren, dass sich die Position der Ebene ändert.

**HINWEIS**

Wenn Sie statt übereinander gestapelter Layer nur verschachtelte Ebenen anlegen möchten, aktivieren Sie in der Ebenen-Tafel unter BEARBEITEN / VOREINSTELLUNGEN die Checkbox BEI ERSTELLUNG AUF EBENE VERSCHACHTELN.

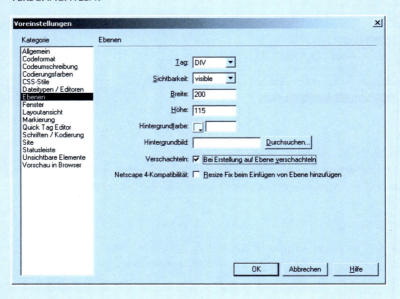

## Inhalte einfügen

Wenn Sie Inhalte in eine Ebene einfügen möchten, klicken Sie im Dokument-Fenster in die Ebene hinein. In diesen nun aktivierten Layer können Sie wie gewohnt Texte, Bilder, Tabellen und andere Seitenelemente einfügen. Das einzige, was Sie nicht einsetzen können, sind Frames. Auch können Sie nur ein Formular pro Ebene verwenden.

Formatieren Sie diese Elemente, wie Sie es gewohnt sind. Dabei können Sie auch Cascading Style Sheets verwenden.

**HINWEIS**

Sie können Inhalte von der gesamten Seite in eine Ebene ziehen.

# Ebenen-Eigenschaften

Neben der Stapelreihenfolge (vgl. Absatz Der Z-Index) können Sie die Größe, Ausrichtung, Hintergründe und Sichtbarkeit einer Ebene verändern.

## Eine Ebene markieren

Markieren Sie eine Ebene, indem Sie

- auf den Namen im Ebenen-Fenster klicken oder
- auf den Ebenen-Rahmen klicken oder
- auf den Markierungsgriff der einzelnen Ebene klicken oder
- auf die Ebenen-Markierung klicken (muss unter BEARBEITEN / VISUELLE HILFSMITTEL / UNSICHTBARE ELEMENTE als sichtbar aktiviert sein) oder
- in die Ebene mit gedrückter ⇧-Taste klicken oder
- auf **<span>**, **<div>**, **<layer>** oder **<ilayer>** im Tag-Selektor klicken.

> **TIPP**
>
> *Markieren Sie mit gedrückter ⇧-Taste mehrere Ebenen gleichzeitig. Gehen Sie dabei wie eben beschrieben vor.*

Eine markierte Ebene wird durch das unsichtbare Icon und das Ebenen-Symbol angezeigt. Der Eintrag ist im Ebenen-Fenster markiert. Ziehen Sie an einem der acht Griffe, um die Größe der Ebene zu verändern.

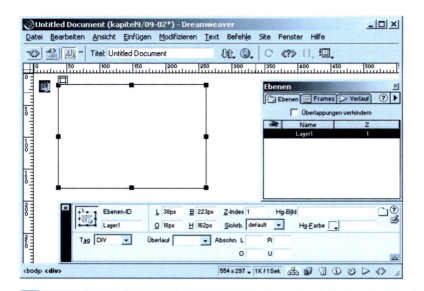

> **HINWEIS**
>
> Bevor Sie eine Ebene löschen können, müssen Sie diese markieren. Klicken Sie dann auf `Entf` oder `Backspace`.

## Eine Ebene benennen

Um später einer Ebene bestimmte Verhaltensweisen zuordnen zu können, müssen die Ebenen eindeutig benannt sein. Dreamweaver vergibt standardmäßig die Namen Layer 1, Layer 2, Layer 3 etc.

Auch das Arbeiten mit mehreren Ebenen wird einfacher, wenn diese eindeutige Namen tragen.

**1** Markieren Sie die Ebene (vgl. Kapitel Eine Ebene markieren).

**2** Tragen Sie im Eigenschaften-Inspektor in das Textfeld EBENEN ID den Namen für die Ebene ein.

Benutzen Sie nur alphanumerische Zeichen. Leerzeichen, Binde-, Schrägstriche und alleinstehende Zahlen sind nicht zulässig.

# Ebenen-Eigenschaften

Oder klicken Sie zweimal auf den eingetragenen Namen in der Ebenen-Palette und überschreiben Sie den Standardnamen.

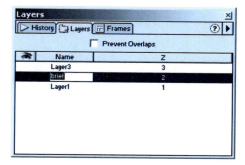

## Die Größe verändern

Sie können die Breite und Höhe einer oder mehrerer Ebenen gleichzeitig verändern.

> **TIPP**
>
> *Wenn Sie im Ebenen-Inspektor das Überlappen von Ebenen ausschließen, können Sie die Größe einer Ebene nur so weit verändern, bis sie an den Rand einer anderen Ebene stößt (Kapitel Ebenen-Palette).*

**So verändern Sie die Größe einer Ebene:**

**1** Markieren Sie die Ebene (vgl. Kapitel Eine Ebene markieren).

**2** Ziehen Sie an den Griffen, bis die Ebene die gewünschte Breite und Höhe besitzt.

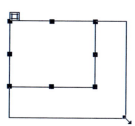

### TIPP

*Um Breite und Höhe gleichzeitig zu verändern, müssen Sie an den Eck-Griffen ziehen.*

Wenn Sie die Ebene in kleinen Schritten vergrößern oder verkleinern wollen, benutzen Sie die Pfeiltasten und halten Sie dabei die `Strg`-Taste gedrückt.

Oder: Tragen Sie im Eigenschaften-Inspektor die neuen Werte in die Textfelder B (Breite) und H (Höhe) ein.

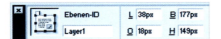

### HINWEIS

*Definieren Sie im Eigenschaften-Inspektor, wie der Inhalt einer Ebene dargestellt werden soll, wenn dieser umfangreicher als die eigentliche Ebene ist (vgl. Überlauf des Inhalts).*

**So verändern Sie die Größe mehrerer Ebenen gleichzeitig:**

**1** Markieren Sie die Ebenen (vgl. Kapitel Eine Ebene markieren).

**2** Wählen Sie *Modifizieren / Ausrichten / Auf gleiche Breite einstellen* oder MODIFIZIEREN / AUSRICHTEN / AUF GLEICHE HÖHE EINSTELLEN.

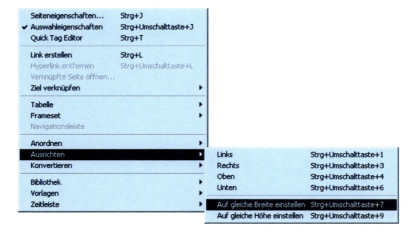

Alle Ebenen haben nun die gleiche Größe. Dabei wurden die Werte der jeweils größten Ebene auf die anderen Layer übertragen.

Oder:

Legen Sie im Eigenschaften-Inspektor die neuen Werte für Breite und Höhe fest. Standardmäßig interpretiert Dreamweaver Ihre Eingabe in Pixel (px). Sie können aber auch pc (Picas), pt (Punkte), in (Inches), mm (Millimeter), cm (Zentimeter) oder % (prozentual zur übergeordneten Ebene bzw. zur Seite) angeben. Zwischen Wert und Maßeinheit darf kein Leerzeichen sein.

> **TIPP**
>
> *Das Gitternetz erleichtert Ihnen das genaue Anlegen der Ebenen (vgl. auch Kapitel Ebenen ausrichten).*

## Ebenen positionieren

Wenn Sie schon einmal mit einem Grafikprogramm gearbeitet haben, kennen Sie bereits die Grundlagen.

> **ACHTUNG**
>
> *Möchten Sie eine Ebene über oder unter eine andere schieben, muss das Kontrollkästchen* ÜBERLAPPUNGEN AUSSCHLIESSEN *deaktiviert sein (Absatz Ebenen-Palette).*

**1** Markieren Sie die Ebene.

**2** Schieben Sie die Ebene mit der Maus an die gewünschte Position.

Oder:

Benutzen Sie die Pfeiltasten.

Oder:

Sie tragen den neuen X- und Y-Wert in die Felder L (links) und O (oben) des Eigenschaften-Inspektors ein.

Diese Werte beziehen sich bei verschachtelten Layern auf die übergeordnete Ebene; ansonsten auf die obere, linke Ecke der gesamten Seite.

> **HINWEIS**
>
> *Standardmäßig interpretiert Dreamweaver Ihre Positionswerte in Pixel. Um andere Einheiten zu verwenden, müssen Sie neben dem Wert die Maßeinheit angeben.*
>
> *Den X- und Y-Wert können Sie auch in einer anderen Maßeinheit angeben. Diese müssen Sie allerdings mit eintragen. Legen Sie keine Einheit fest, interpretiert Dreamweaver die Angabe in Pixel.*

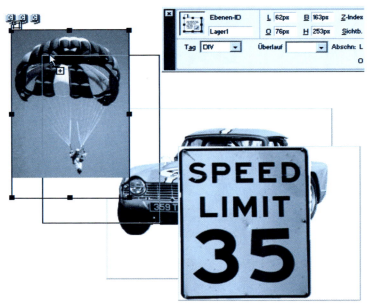

In diesem Beispiel wird die Ebene 1 (mit dem Fallschirm-Bild) mit der Maus an eine neue Position gezogen. Achten Sie beim Verschieben auf den Eigenschaften-Inspektor. Hier werden zeitgleich die neuen Koordinaten angezeigt.

## Absolute, relative und statische Position

Ebenen können in HTML absolut, relativ oder statisch positioniert werden:

- **Statische Positionierung:** Browser, die keine Ebenen unterstützen, integrieren deren Elemente in den umgebenden Seiteninhalt. Diese Browser definieren das **<div>**-Tag als Absatzumbruch und das **<span>**-Tag als Zeilenumbruch.

- **Absolute Positionierung:** Die Ebene wird im Verhältnis zur linken oberen Ecke der Seite oder der übergeordneten Ebene positioniert. Das **<div>**-Tag bewirkt einen Absatzumbruch in der übergeordneten Ebene bzw. in der HTML-Seite.

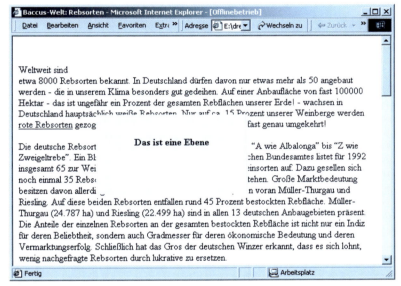

In diesem Beispiel wurde die Ebene nach dem Text "Weltweit sind" in die HTML-Seite eingefügt. Im Browser erscheint an dieser Stelle ein Zeilenumbruch.

- **Relative Positionierung:** Benutzen Sie das **<span>**-Tag, um die Zeilenposition der übergeordneten Ebenen bzw. der HTML-Seite zu gewährleisten.

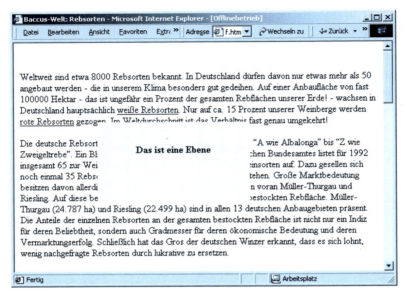

Diese Ebene wurde mit dem **<span>**-Tag eingefügt. Ansonsten wurde am Quelltext nichts verändert. Die Zeilenposition des übergeordneten Textes hat sich nicht verändert. Die Ebene schwebt unabhängig davon darüber.

> **HINWEIS**
>
> Auf die Tags **<layer>** und **<ilayer>** wird hier nicht weiter eingegangen, da diese Befehle nur von Netscape interpretiert werden.

### So wechseln Sie das Tag:

**1** Markieren Sie die Ebene.

**2** Wählen Sie im Drop-down-Menü des Eigenschaften-Inspektors den gewünschten Tag-Eintrag.

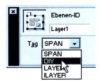

# Ebenen ausrichten

Sie können Ebenen nur in Relation zueinander ausrichten. Dabei bildet die zuletzt markierte Ebene die Basis für die Ausrichtung der anderen.

**1** Markieren Sie zwei oder mehr Ebenen, die Sie zueinander ausrichten möchten.

**2** Wählen Sie die gewünschte Ausrichtung unter MODIFIZIEREN / AUSRICHTEN.

> **ACHTUNG**
>
> *Verschieben Sie den übergeordneten Layer von verschachtelten Ebenen, verändern auch die integrierten Ebenen ihre Position.*

In diesem Beispiel sind alle Ebenen an der Grundlinie ausgerichtet.

### So richten Sie Ebenen am Gitternetz aus:

Das Gitternetz ermöglicht Ihnen einfach das genaue Positionieren von Ebenen (vgl. Kapitel Der Start).

**1** Wählen Sie ANSICHT / RASTER / RASTER BEARBEITEN.

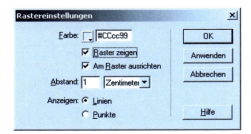

**2** Bestimmen Sie die Maßeinheit (ABSTAND) für das Gitternetz und aktivieren Sie AM RASTER AUSRICHTEN. Aktivieren Sie das Kontrollkästchen RASTER ZEIGEN.

**3** Markieren Sie die zu positionierende Ebene und verschieben Sie es an die gewünschte Position.

Die Ebene springt nun in den nächsten Einrastpunkt.

### HINWEIS

*Das Ausrichten an den Gitternetzlinien funktioniert auch, wenn das Gitternetz nicht sichtbar ist.*

## Hintergrund bestimmen

Sie können einer Ebene eine Hintergrundfarbe oder ein Hintergrundbild zuweisen.

**1** Markieren Sie die Ebene.

**2** Legen Sie die Farbe für den Hintergrund im Eigenschaften-Inspektor fest.

Gehen Sie dabei wie im Kapitel Die erste Website, Seiteneigenschaften, Der Hintergrund beschrieben vor.

### TIPPS

- *Geben Sie keine Hintergrundfarbe an, wenn die Ebene transparent erscheinen soll.*
- *Mit Stilvorlagen können Sie dem Hintergrundbild weitere Attribute zuweisen.*
- *Definieren Sie im Dialogfeld SEITENEIGENSCHAFTEN ein Tracing-Bild. Setzen Sie die Bildtransparenz auf etwa 40 bis 60%. Nun können Sie das Bild mit Ebenen nachbauen.*
- *Wenn Sie die Position des Tracing-Bildes verändern wollen, wählen Sie ANSICHT / TRACING-BILD / POSITION EINSTELLEN. Geben Sie in dem Dialogfenster den neuen x- und y-Wert ein oder verschieben Sie das Bild mit den Pfeiltasten an die gewünschte Position. Das Dialogfenster muss dabei offen bleiben.*

## Sichtbarkeit

Je nachdem, in welchem Bereich Sie gerade arbeiten, kann es sinnvoll sein, andere Ebenen zunächst auszublenden. Gerade bei verschachtelten oder überlappenden Ebenen ist das eine große Hilfe.

Eine unsichtbare Ebene wird nach dem Laden der Seite zunächst nicht angezeigt. Erst wenn eine bestimmte Aktion durchgeführt wird, kann die verborgene Ebene angezeigt werden.

Das geschlossene Auge symbolisiert die verborgene Ebene.

Das offene Auge steht für eine sichtbare Ebene.

Ist kein Symbol vorhanden, werden die Eigenschaften der übergeordneten Ebene übernommen.

**So verändern Sie die Sichtbarkeit einer Ebene:**

- Klicken Sie im Ebenen-Fenster so lange in die linke Spalte, bis der gewünschte Status angezeigt wird.
- Wenn alle Ebenen sichtbar oder verborgen sein sollen, klicken Sie auf das Auge in der darüber liegenden Leiste.

Oder:

- Wählen Sie aus dem Pull-down-Menü SICHTBARKEIT im Eigenschaften-Inspektor eine Option:

**Default**: Die meisten Browser interpretieren dies als inherit.

**Inherit**: Die Eigenschaften der übergeordneten Ebene werden übernommen.

**Visible**: Sichtbare Ebene

**Hidden**: Verborgene Ebene

### TIPP

*Sie können einer (verborgenen) Ebene ( ) ein bestimmtes Verhalten zuweisen. Verwenden Sie hierfür die Zeitleiste oder den Verhaltensweisen-Inspektor. Beispielsweise können Sie mit einem JavaScript die Sichtbarkeit einer Ebene beeinflussen.*

## Überlauf des Inhalts

Bestimmen Sie im Eigenschaften-Inspektor die Verhaltensweise einer Ebene, deren Inhalt über die Grenzen der Ebene hinausgeht. Dieser Bereich kann SICHTBAR, VERBORGEN oder mit SCROLLBALKEN einsehbar sein.

### ACHTUNG

*Die SCROLL-Option kann nur der Internet Explorer interpretieren.*

*Wenn Sie AUTO aktivieren, interpretiert dies der Internet Explorer mit Scrollbalken; Netscape übersetzt die Option mit VERBORGEN.*

## Ebenen-Eigenschaften

In diesem Beispiel ist das Bild größer als die Ebene. Im Eigenschaften-Inspektor wurde für den Überlauf SCROLL angegeben. Allerdings kann nur der Internet Explorer diese Einstellung interpretieren. In Netscape wird das Bild auf die Ebenengröße zurechtgeschnitten:

### HINWEISE

- *Dreamweaver zeigt immer den gesamten Inhalt an.*
- *Wenn Sie keine Angabe machen, wird im Browser der gesamte Inhalt gezeigt.*

## Bereich ausschneiden

Sie können nur einen bestimmten Bereich einer Ebene sichtbar machen. Diesen Bereich für das Ausschneiden legen Sie im Eigenschaften-Inspektor fest:

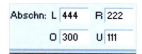

Tragen Sie Werte für den Beschnitt einer Ebene ein. Hierbei definieren Sie ein Rechteck.

In folgender Abbildung ist das gleiche Bild wie oben in die Ebene eingebunden:

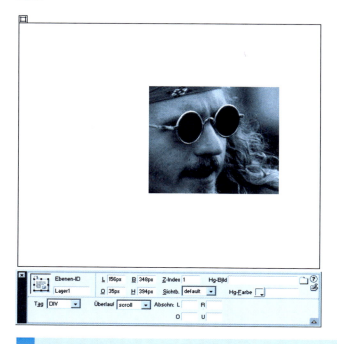

### HINWEIS

*Der angeschnittene Bereich ist nicht sichtbar, jedoch nicht gelöscht.*

# HTML und Ebenen-Voreinstellungen

Ebenen werden mit folgenden Tags in die Seite eingebaut: **<div>**, **<span>**, **<layer>**, **<ilayer>**.

Die meisten Browser können allerdings nur die **<div>**- und **<span>**-Tags interpretieren. Dreamweaver legt eine Ebene standardmäßig mit **<div>** an.

**<layer>** und **<ilayer>** kann nur Netscape 4 oder höher anzeigen.

Beispiel:

```
<div id="Layer1" style="position:absolute; visibility:inherit; width:180px; height:85px; z-index:1"> </div>
```

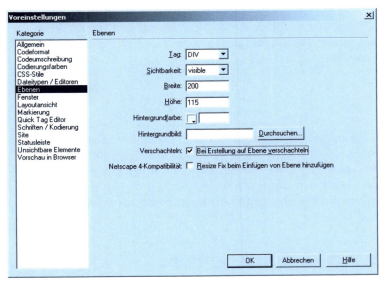

Die Layer-Einstellungen bestimmen, welches Tag benutzt werden soll. Legen Sie weitere allgemeine Einstellungen für die Standardebene fest.

**So verändern Sie die Ebenen-Voreinstellungen:**

**1** Wählen Sie die Tafel EBENEN unter BEARBEITEN / VOREINSTELLUNGEN.

**2** Bestimmen Sie, mit welchem Tag die Ebene eingefügt werden soll.

**3** Legen Sie die Sichtbarkeit fest (vgl. Kapitel Sichtbarkeit).

**4** Breite und Höhe beziehen sich auf die Standardebene, die Sie über die Menüleiste EINFÜGEN / EBENE erstellen.

**265**

**5** Sie können die Hintergrundfarbe oder ein Hintergrundbild für die Standardebene bestimmen.

**6** Ebenen, die auf eine andere gelegt werden, können standardmäßig **verschachtelt** werden.

**7** Mit der Option RESIZE FIX BEIM EINFÜGEN VON EBENEN HINZUFÜGEN (NETSCAPE 4 KOMPATIBILITÄT) fügen Sie ein JavaScript in die Seite ein, das einen Bug in Netscape behebt. Verkleinern oder vergrößern Sie das Navigator-Fenster, werden Ebenen falsch interpretiert. Mit diesem Script wird das Problem durch ein Neuladen der Seite behoben.

> **TIPP**
>
> Sie können auch nachträglich das Bug-Fix hinzufügen oder löschen. Wählen Sie in der Menüleiste BEFEHL / NETSCAPE RESIZE FIX HINZUFÜGEN/ENTFERNEN.

> **HINWEIS**
>
> Aktivieren Sie in den Einstellungen NETSCAPE 4 KOMPATIBILITÄT, wenn Dreamweaver ein JavaScript in den **\<head\>** einfügen soll. Dadurch werden Probleme behoben, die Netscape 4 bei der Darstellung von Ebenen hat, wenn sich die Fenstergröße verändert. Um die Position der Ebene dann richtig anzuzeigen, wird das Fenster neu geladen.

## Ebenen in Tabellen umwandeln (und umgekehrt)

Ebenen lassen sich in HTML konvertieren. Ältere Browser (vor der 4. Generation) zeigen eventuell noch den Inhalt einer Ebene an, können aber Positionierungen (und den z-Index) nicht interpretieren.

### So wandeln Sie Ebenen in Tabellen um:

**1** Wählen Sie DATEI / KONVERTIEREN / 3.0 BROWSER-KOMPATIBEL. Die Dialogbox 3.0 BROWSER-KOMPATIBILITÄT HERSTELLEN erscheint.

### Ebenen in Tabellen umwandeln (und umgekehrt)

**2** Wenn Sie die Option EBENE IN TABELLE wählen, werden alle Ebenen durch eine einzige Tabelle ersetzt, welche die ursprüngliche Positionierung beibehält.

**3** Haben Sie CSS-Stile verwendet, sollten Sie diese auch konvertieren. Markieren Sie dazu das Kontrollkästchen BEIDE.

**4** Klicken Sie auf OK. Dreamweaver erstellt ein Dokument, das von älteren Browsern nun richtig gelesen werden kann.

> **TIPP**
>
> *Verwenden Sie Layer in Verbindung mit Tabellen: Erstellen Sie zunächst die Ebenen und wandeln Sie diese dann in Tabellen um. In Dreamweaver 4 können Sie aber auch die Tools im Layout-Modus verwenden.*

> **ACHTUNG**
>
> *Dreamweaver kann keine verschachtelten oder sich überlappenden Ebenen in Tabellen umwandeln.*

**So wandeln Sie Tabellen in Ebenen um:**

| Januar | | | | | | |
|---|---|---|---|---|---|---|
| 1 | 2 | 3 | 4 | 5 | 6 | 7 |
| 8 | 9 | 10 | 11 | 12 | 13 | 14 |
| 15 | 16 | 17 | 18 | 19 | 20 | 21 |
| 22 | 23 | 24 | 25 | 26 | 27 | 28 |
| 29 | 30 | 31 | | | | |

Diese Tabelle wird durch folgende Arbeitsschritte in Ebenen konvertiert:

**1** Wählen Sie MODIFIZIEREN / KONVERTIEREN / TABELLEN IN EBENEN.

**2** Legen Sie im Dialogfenster TABELLEN IN EBENEN KONVERTIEREN die gewünschten Optionen für die zu erstellende Ebene fest.

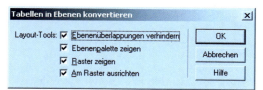

**3** Drücken Sie den OK-Button. Jede Tabellenzelle wird in eine eigene Ebene umgewandelt.

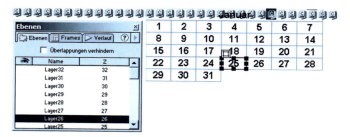

### ACHTUNG

- *Sie können Ebenen in Tabellen oder umgekehrt Tabellen in Ebenen immer nur für eine ganze Seite konvertieren, nie für einzelne Seitenelemente.*

- *Beim Konvertieren erstellt Dreamweaver kein neues HTML-Dokument. Vorsicht also beim Abspeichern!*

# Kapitel 10

# Verhalten

*In Dreamweaver können Sie schnell und einfach interaktive Elemente in Ihre Seite integrieren. Je nachdem, was der User macht, also welches Ereignis eintritt, werden bestimmte Aktionen auf der Seite ausgeführt. Auch lassen sich Elemente automatisch verändern. In diesem Kapitel lernen Sie, interaktive Elemente anzulegen. Dabei besprechen wir zunächst die Zeitleiste und gehen dann auf JavaScript-Befehle und Multimedia-Elemente ein, die ich detaillierter im nächsten Workshop erläutern werde.*

# Die Zeitleiste

Mit der Zeitleiste erstellen Sie DHTML, mit dem sich die Eigenschaften von Ebenen und Bildern zeitlich verändern lassen. So lassen sich Position (Bewegung), Größe, Sichtbarkeit und die Stapelreihenfolge von Ebenen verändern. Auch können Sie die Quelle einer Bilddatei zeitlich verändern und dem User dadurch Einblick in ein ganzes Fotoalbum geben. Als drittes Objekt lassen sich Verhaltensweisen beeinflussen.

> **WAS IST DAS?**
>
> **Dynamisches HTML (DHTML)** *basiert auf JavaScript, CSS und HTML. Browser ab Version 4.0 interpretieren Dynamisches HTML – allerdings recht unterschiedlich.*

> **HINWEIS**
>
> *Der mit der Zeitleiste eingefügte Quelltext befindet sich in der* MM_initTimelines-*Funktion innerhalb des* **<head>**.

## Der Zeitleisten-Inspektor

Mit dem Zeitleisten-Inspektor können Sie die Eigenschaften von Ebenen und Bildern im Zeitverlauf bestimmen.

Um die Zeitleiste zu öffnen, wählen Sie in der Menüleiste FENSTER / ZEITLEISTEN. Oder drücken Sie ⇧ + F9 .

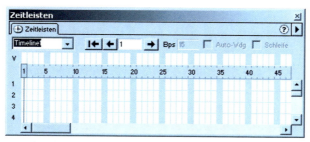

Im oberen Teil des Zeitleisten-Inspektors befinden sich Buttons, mit denen Sie das Abspielen der Animation steuern können.

**Die Zeitleiste**

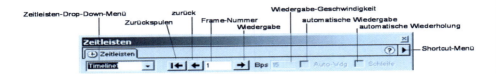

> **HINWEIS**
>
> *Die Zeitleiste in nur aktiv, wenn die Entwurf-Ansicht aktiviert ist. Klicken Sie hierfür mit der Maus in das Layout-Fenster hinein.*

Haben Sie mehrere Zeitleisten angelegt, können Sie diese über das ZEITLEISTEN-Drop-down-Menü auswählen.

Wenn Sie die gesamte Animation in Dreamweaver sehen wollen, halten Sie den WIEDERGABE-Button gedrückt. Um von einem Frame zum nächsten zu springen, klicken Sie einmal auf die WIEDERGABE-Schaltfläche.

Je nachdem, wie viele Bilder pro Sekunde (Bps; Wiedergabe-Geschwindigkeit) abgespielt werden sollen, läuft die Animation langsam oder schnell ab. Die Standardgeschwindigkeit beträgt 15 Bps.

Um einen Frame zurückzuspringen, drücken Sie den ZURÜCK-Button. Wollen Sie an den Anfang der Animation, benutzen Sie die Schaltfläche ZURÜCKSPULEN.

Der WIEDERGABEREGLER befindet sich immer an der Stelle, die gerade im Dokument-Fenster angezeigt wird. Der aktuelle Frame wird im Textfeld FRAME-NUMMER angezeigt.

Das Kontrollkästchen AUTO-WDG fügt eine Verhaltensweise in den Quelltext ein, die bestimmt, dass die Zeitleiste abgespielt wird, sobald die Seite geladen ist.

Aktivieren Sie das Kontrollkästchen SCHLEIFE, wird eine Verhaltensweise im VERHALTENSWEISEN-CHANNEL angezeigt. Wurde die Animation abgespielt, wird diese sofort wieder neu gestartet und in weiteren Schleifen abgespielt. Sie können bestimmen, wie oft die Animation abgespielt werden soll. Weitere Informationen finden Sie in Kapitel Verhaltensweisen.

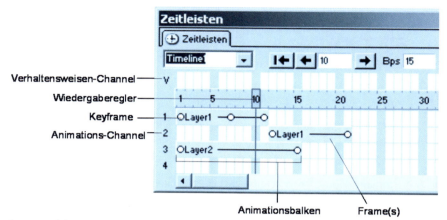

In den Verhaltensweisen-Channel können Sie weitere Verhaltensweisen (vgl. Kapitel Verhaltensweisen) einfügen, die von einem bestimmten Frame aufgerufen werden.

Jedes Objekt, das in die Animation eingebunden und durch den Animationsbalken symbolisch in der Zeitleiste dargestellt wird, wird in einem separaten Animations-Channel abgelegt.

Der Animationsbalken besteht aus mehreren Frames. Ein **Frame** ist die einzelne Szene einer Animation.

> **ACHTUNG**
>
> *Hier handelt es sich nicht um die gleichen Frames, die wir im Kapitel Frames besprochen haben.*

Ein Keyframe ist eine Schlüsselszene, der bestimmte Eigenschaften zugewiesen sind. Beim Abspielen ändert Dreamweaver diese Eigenschaften und es entsteht eine gewisse Dynamik. Liegen zwischen zwei Keyframes normale Frames, so wird diese Veränderung der Eigenschaften von Dreamweaver fließender ausgeführt.

In der Zeitleiste werden Frames und Keyframes jeweils durch ein Kästchen bzw. eine nummerierte Spalte dargestellt. Der Keyframe hat zusätzlich noch einen Punkt. Eigenschaften können nur Keyframes zugewiesen werden.

# Die Zeitleiste

## Eine Animation erstellen

Die Zeitleiste kann nur Ebenen steuern. Daher müssen Sie zunächst eine HTML-Seite mit unterschiedlichen Ebenen aufbauen (vgl. Kapitel Ebenen).

**So animieren Sie eine Ebene:**

**1** Bewegen Sie die Ebene an die Stelle, wo sie für die erste Animationsszene stehen soll. Behalten Sie die Markierung der Ebene bei.

**2** Wählen Sie in der Menüleiste MODIFIZIEREN> ZEITLEISTE / OBJEKT IN ZEITLEISTE EINFÜGEN.

Oder ziehen Sie das Objekt (also die Ebene) in die Zeitleiste. Ein Balken mit dem Namen der Ebene erscheint im Animations-Channel der Zeitleiste.

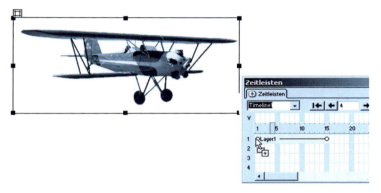

**3** Klicken Sie in den Keyframe am Ende des Balkens. Der Regler verändert automatisch seine Position.

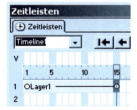

**4** Bewegen Sie die Ebene an die Stelle im Dokument-Fenster, wo sie bei der letzten Einstellung der Animation stehen soll.

Eine Linie zeigt den Verlauf der Animation an.

**273**

**5** Soll die Animation in einer Kurve verlaufen, müssen Sie weitere Keyframes einfügen. Klicken Sie hierfür mit der rechten Maustaste in den mittleren Bereich des Animationsbalkens. Das Kontextmenü öffnet sich.

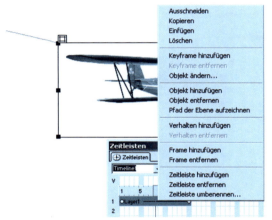

Wie Sie komplexe Animationen erstellen, erfahren Sie weiter unten.

**6** Wählen Sie im Kontextmenü den Eintrag **Keyframe hinzufügen**.

Oder klicken Sie mit der rechten Maustaste in den Frame und halten dabei gleichzeitig die [Strg]-Taste (Windows) bzw. die [⌘]-Taste (Macintosh) gedrückt.

Wiederholen Sie diesen Schritt, um weitere Keyframes einzufügen.

> **TIPP**
>
> *Im Kontextmenü finden Sie alle Befehle, um die Animation zu bearbeiten. Die gleichen Befehle finden Sie auch im Shortcut-Menü der Zeitleisten-Palette.*

## Die Zeitleiste

**7** Klicken Sie auf den Keyframe bzw. platzieren Sie den Regler auf diesen Frame. Verändern Sie die Position der Ebene.

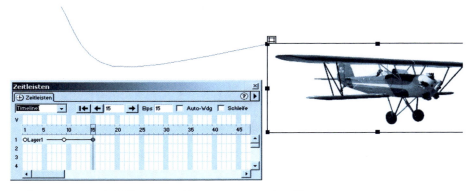

In diesem Beispiel fliegt das Flugzeug nun eine Kurve.

**8** Wiederholen Sie die Schritte 1 bis 7, um weitere Ebenen zu animieren.

### ACHTUNG

*Veränderungen der Ebenenattribute Breite und Höhe durch die Zeitleiste werden von Netscape 4 nicht angezeigt.*

### So erstellen Sie Animationen mit komplexen Pfaden:

**1** Markieren Sie die Ebene und platzieren Sie sie an die Stelle, an der sie in der ersten Animationsszene stehen soll (vgl. oben).

**2** Wählen Sie MODIFIZIEREN / ZEITLEISTE / PFAD DER EBENE AUFZEICHNEN.

**3** Ziehen Sie mit gedrückter Maustaste die Ebene über die Seite. Mit diesen Bewegungen zeichnen Sie den Pfad. Lassen Sie die Maustaste los, wenn Sie den Pfad erstellt haben.

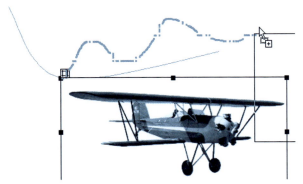

In der Zeitleiste wurde der Animationsbalken mit mehreren Keyframes eingefügt.

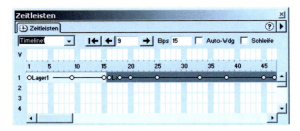

**4** Klicken Sie auf den ZURÜCKSPULEN-Button in der Zeitleiste und starten Sie dann die Animation durch Drücken des WIEDERGABE-Knopfes.

> **TIPP**
>
> *Nachdem Sie einen Animationsbalken erstellt haben, können Sie weitere Änderungen vornehmen. Sie können beispielsweise Frames hinzufügen und löschen oder den Startpunkt einer Animation verschieben. Benutzen Sie hierfür das Kontext- oder das Shortcutmenü.*

**Verändern weiterer Ebenen-Attribute:**

**1** Nehmen Sie die Ebene in die Zeitleiste auf. Falls erforderlich, setzen Sie zusätzliche Keyframes. Arbeiten Sie wie oben beschrieben.

**2** Markieren Sie den Keyframe, dessen Eigenschaften Sie verändern möchten. Klicken Sie hierfür mit der linken Maustaste in diesen Keyframe hinein.

# Die Zeitleiste

**3** Verändern Sie die Attribute in der Ebenen-Palette oder/und im Eigenschaften-Inspektor.

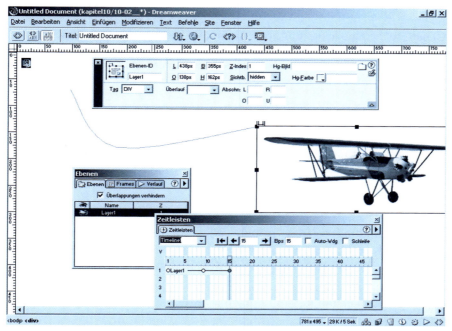

Geben Sie beispielsweise einen neuen Z-Index ein, verändern Sie die Größe der Ebene oder bestimmen Sie, ob eine Ebene sichtbar oder verborgen sein soll.

**4** Drücken Sie die Wiedergabe-Taste, um das Ergebnis zu überprüfen.

> **TIPP**
>
> *Die Sichtbarkeit einer Ebene können Sie auch mit JavaScript steuern. Benutzen Sie hierfür den Verhaltensweisen-Inspektor.*

## So animieren Sie ein Bild:

**1** Positionieren Sie das Bild im Dokument-Fenster.

**2** Ziehen Sie das Bild in die Zeitleiste oder wählen Sie im Shortcut-Menü OBJEKT HINZUFÜGEN. Der Animationsbalken des Bildes wurde in den Channel der Zeitleiste eingefügt.

277

**3** Klicken Sie in den letzten Keyframe am rechten Ende des Balkens.

**4** Öffnen Sie den Eigenschaften-Inspektor.

**5** Geben Sie die Quelle des Bildes an, das in diesem Frame gezeigt werden soll.

**6** Um zusätzliche Bilder anzuzeigen, müssen Sie weitere Keyframes einfügen. Arbeiten Sie wie unter Punkt 4 beschrieben.

> **TIPP**
>
> *Sollte es zu größeren Ladezeiten kommen, ist es sinnvoller, mit sichtbaren und verborgenen Ebenen zu arbeiten. Die Bilder werden dann alle auf einmal geladen und können gleichmäßiger abgespielt werden.*

**So bearbeiten Sie die Animation:**

- Wenn die Animation länger spielen soll, ziehen Sie den letzten Keyframe weiter nach rechts bzw. den ersten Keyframe weiter nach links. Der proportionale Abstand der einzelnen Keyframes bleibt erhalten.

- Soll die Animation kürzer werden, ziehen Sie den letzten Keyframe nach links bzw. den ersten Keyframe nach rechts.

- Soll die Animation zu einem anderen Zeitpunkt starten, markieren Sie den gesamten Animationsbalken, indem Sie in diesen hineinklicken. Verschieben Sie ihn dann an die gewünschte Position. Mit gedrückter ⇧-Taste lassen sich gleich mehrere Balken markieren. Wenn die Animation erst später starten soll, ziehen Sie den Balken nach rechts, soll sie früher starten, nach links.

- Keyframes innerhalb der Animation können Sie so lange hin- und herschieben, bis Sie den gewünschten Effekt gefunden haben.

- Um die Position der gesamten Animation zu verändern, markieren Sie den Animationsbalken und verschieben dann Ebene und Pfad an die gewünschte Stelle im Dokument-Fenster.

- Benutzen Sie den Befehl MODIFIZIEREN / ZEITLEISTE / FRAME HINZUFÜGEN, um weitere Frames hinzufügen. Mit MODIFIZIEREN / ZEITLEISTE / FRAME ENTFERNEN löschen Sie einen Frame in der Zeitleiste. Sie können auch den entsprechenden Eintrag in der Shortcut-Leiste oder im Kontextmenü verwenden.

> **TIPP**
>
> Beinhaltet Ihre Seite mehrere Aktionen, sollten Sie unterschiedliche Zeitleisten anlegen. Wählen Sie MODIFIZIEREN / ZEITLEISTE / ZEITLEISTE HINZUFÜGEN.

# Verhaltensweisen

Wie bereits angedeutet, können Sie in der Zeitleiste bestimmte Aktionen definieren. Haben Sie einem Frame innerhalb einer Animation ein Verhalten zugewiesen, erscheint ein Balken im Verhaltensweisen-Channel.

> **WAS IST DAS?**
>
> Unter einem **Verhalten** versteht man das Ausführen einer konkreten Aktion, sobald ein bestimmtes Ereignis eingetreten ist. Bestimmte Voraussetzungen müssen also erfüllt sein, bevor ein Verhalten realisiert werden kann. Diese Ereignisse erzeugt der User im Browser, wenn er z.B. die Maus bewegt oder etwas anklickt. Erkennt der Browser, dass für dieses Ereignis eine bestimmte Aktion vorgesehen ist, führt er das entsprechende JavaScript aus.

> **HINWEISE**
>
> - *Verhaltensweisen können Sie auch anderen Objekten der Webseite zuweisen. Hierzu zählen beispielsweise einfache Ebenen, Bilder und Links.*
>
> - *Nicht alle Browser unterstützen JavaScript. Außerdem kann der User die JavaScript-Option seines Browsers deaktiviert haben. Mit dem **<noscript>**-Tag können Sie diesen Usern dennoch eine funktionsfähige Seite bieten.*
>
> - *Eine Zeitleiste können Sie mit JavaScript-Befehlen später im Browser steuern. Beispielsweise können Sie einen bestimmten Frame aufrufen, die Leiste zurückspulen oder die Animation anhalten. Die entsprechenden Befehle hierfür finden Sie im Verhaltensweisen-Inspektor (Kapitel Der Verhaltensweisen-Inspektor).*
>
> - *Weisen Sie Ihrer Seite bestimmte Verhaltensweisen zu, wenn Sie dem User interaktives Agieren ermöglichen wollen.*

## Der Verhaltensweisen-Inspektor

Mit dem Verhaltensweisen-Inspektor weisen Sie einem bestimmten Ereignis eine konkrete Aktion zu. Dreamweaver stellt Ihnen eine Palette von Verhaltensweisen zur Verfügung und erstellt automatisch die damit verbundenen JavaScript-Befehle. Sie benötigen also keine JavaScript-Kenntnisse, um mit Dreamweaver eine interaktive Seite zu entwickeln.

Den Verhaltensweisen-Inspektor öffnen Sie über FENSTER / VERHALTEN

oder klicken Sie auf den Button [Verhalten] im Launcher

oder drücken Sie [Shift] + [F3].

Das ausgewählte Tag erscheint in der Titelleiste des Verhaltensweisen-Inspektors. Im folgenden Beispiel sind die im Verhaltensweisen-Inspektor aufgelisteten Ereignisse und Aktionen mit dem **<a>**-Tag verknüpft.

Verhalten, das einem bestimmten Element zugewiesen ist, wird im Verhaltensweisen-Inspektor aufgelistet.

# Verhaltensweisen

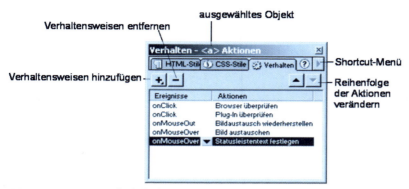

Die Ereignisse sind alphabetisch angeordnet. Sind mehrere Aktionen einem Ereignis zugeordnet, erscheinen diese in der Reihenfolge, in welcher der Browser sie abarbeiten wird.

## Ein Verhalten hinzufügen

Ein Verhalten können Sie entweder dem gesamten Dokument (also dem **<body>**-Tag) oder einzelnen Seiten-Elementen – wie beispielsweise Bildern – zuweisen.

Tritt ein bestimmtes Ereignis ein bzw. erfüllt das Objekt eine konkrete Voraussetzung, wird eine dafür definierte Aktion durchgeführt:

**Objekt + Ereignis = Aktion**

> **TIPP**
>
> Erstellen Sie interaktive Navigationsleisten, indem Sie ein bestimmtes Verhalten mit einem Bild verknüpfen. Diese Funktion können Sie auch über den Button ROLLOVER-BILD EINFÜGEN  im Objekt-Manager erstellen.

**So weisen Sie einem Element ein Verhalten zu:**

**1** Markieren Sie das Element im Dokument-Fenster. Wenn Sie dem gesamten Dokument ein Verhalten zuweisen möchten, klicken Sie auf **<body>** im Tag-Selektor.

**2** Klicken Sie auf das (+)-Zeichen im Verhaltensweisen-Inspektor. Das Aktionen-Pull-down-Menü erscheint.

**3** Wählen Sie die gewünschte Aktion aus.

> **HINWEIS**
>
> *Nur die Aktionen, die im aktuellen Dokument auch ausgeführt werden können, sind aktiv und anklickbar.*

**4** Ein Dialogfenster erscheint, in dem Sie weitere Parameter für diese Aktion festlegen können. Legen Sie die Parameter fest und bestätigen Sie dann mit OK.

> **HINWEIS**
>
> *Sie können einem Ereignis mehrere Aktionen zuweisen. Um die Reihenfolge der Aktionen zu verändern, markieren Sie diese und klicken Sie dann auf die Pfeiltasten* ▲▼ *im Verhaltensweisen-Inspektor. Sie können die Reihenfolge von Aktionen nur innerhalb eines Ereignisses verändern. Ereignisse sind immer alphabetisch im Inspektor angeordnet.*

**Verhaltensweisen**

> **ACHTUNG**
>
> Je älter die Browserversion, umso weniger Verhaltensweisen kann der Browser ausführen.

**So erstellen Sie ein Rollover-Image:**

**1** Klicken Sie auf ![icon] im Objekt-Manager.

Oder wählen Sie in der Menüleiste EINFÜGEN / INTERAKTIVE BILDER / ROLLOVER-BILD.

Oder drücken Sie den Button ![icon] im Objekt-Manager.

Oder wählen Sie EINFÜGEN / INTERAKTIVE BILDER / NAVIGATIONSLEISTE, um eine komplexe Navigationsleiste zu erstellen.

Die Dialogbox ROLLOVER-BILD EINFÜGEN bzw. das Fenster NAVIGATIONSLEISTE EINFÜGEN erscheint.

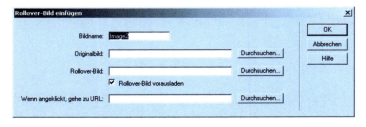

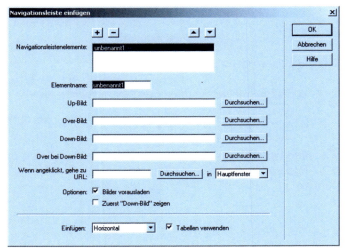

**283**

**2** Legen Sie die Quelle für das Original und das Rollover-Bild an und vergeben Sie einen Bildnamen.

**3** Bestimmen Sie, mit welcher Seite der eingefügte Link verknüpft sein soll.

**4** Bestätigen Sie Ihre Angaben mit OK.

> **ACHTUNG**
>
> *Achten Sie bei Rollover-Bildern auf die Bildgröße. Breite und Höhe des Originalbildes werden für das Rollover-Bild übernommen. Sind Original- und Rollover-Bild unterschiedlich groß, kommt es zu Verzerrungen.*

**Verhalten und Text:**

Sie können kein Verhalten mit Textpassagen an sich verbinden. Allerdings lassen sich mit Textlinks bestimmte Ereignisse und Aktionen verknüpfen. Dafür müssen Sie zunächst einen Dummy-Link platzieren:

**1** Markieren Sie die Textstellen.

**2** Tippen Sie # in das Textfeld HYPERLINK im Eigenschaften-Inspektor.

**3** Weisen Sie dem Link ein Verhalten mit dem Verhaltensweisen-Inspektor zu.

> **TIPP**
>
> *Anstelle des #-Zeichens können Sie in das Textfeld auch "javascript:;" eingeben. Tippen Sie auch die Anführungsstriche, Semikolon und Doppelpunkt ein.*

### HINWEIS

Um die Unterstreichung des Textlinks zu verhindern, verwenden Sie den CSS-Befehl: `style="text-decoration:none"`

### So löschen Sie ein Verhalten aus der Liste:

**1** Markieren Sie im Eigenschaften-Inspektor das Ereignis bzw. die Aktion, die Sie entfernen möchten, indem Sie auf den entsprechenden Eintrag im Verhaltensweisen-Inspektor klicken.

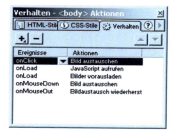

**2** Klicken Sie auf die (-)-Taste. Der Eintrag in der Liste wurde entfernt.

### TIPPS

- Um ein Ereignis nachträglich zu verändern, klicken Sie auf den Pfeil-Button im unteren Textfeld.
- Wenn Sie die gesamte Verhaltensweise löschen wollen, markieren Sie den Eintrag und klicken anschließend auf das (-)-Zeichen.

### TIPP

Einige Ereignisse werden im Verhaltens-Inspektor in Klammern aufgelistet (z.B. `onClick`). Diese funktionieren nur, wenn ein Link vorhanden ist. Im Eigenschaften-Inspektor erkennen Sie, dass Dreamweaver den Platzhalter # eingefügt hat, sofern noch kein Hyperlink vorhanden war. Bestimmen Sie, wohin der Link führen soll. Löschen Sie das #-Zeichen, entfernen Sie auch das damit verbundene Verhalten.

## Ein Verhalten verändern

Sie können einzelne Ereignisse, damit verbundene Aktionen oder deren Parameter neu bestimmen.

- Möchten Sie das **Ereignis** verändern, doppelklicken Sie auf den Eintrag im Verhaltensweisen-Inspektor. Klicken Sie auf die Pfeiltaste zwischen Ereignis und Aktion im unteren Textfeld. Legen Sie das neue Ereignis in dem sich öffnenden Menü fest.
- Um die **Aktion** zu verändern, markieren Sie den Eintrag im Verhaltensweisen-Inspektor. Oder markieren Sie den Eintrag und drücken Sie dann die ⏎-Taste. Dann verändern Sie die Parameter in der Dialogbox.
- Wenn Sie die **Reihenfolge der Aktionen** eines Ereignisses verändern wollen, benutzen Sie die Pfeiltasten rechts oben im Verhaltensweisen-Inspektor.

> **TIPP**
>
> *Weitere Verhaltensweisen finden Sie auf der Macromedia-Website oder auf einer Third-Party-Entwickler-Seite. Sie können auch Ihre eigenen JavaScript-Befehle schreiben und in Dreamweaver integrieren. Klicken Sie hierfür im Verhaltensweisen-Inspektor auf den (+)-Button. Wählen Sie in dem nun offenen Menü den Eintrag* **Weitere Verhalten**. *Im primären Browser wird die Macromedia-Webseite geladen, von der Sie weitere Verhaltensweisen downloaden können.*

# Kapitel 11

# Multimedia

*Im vorhergehenden Kapitel haben Sie gesehen, wie sich eine Seite mit Verhaltensweisen interaktiv gestalten lässt. In diesem Workshop beschäftigen wir uns mit multimedialen Elementen. Damit wird Ihre Website lebendiger und interessanter. Sie lernen, wie man Media-Elemente in die Seite einfügt und bearbeitet. Dabei integriert Dreamweaver 4 das Erstellen von Flash-Animationen, auf die ich näher eingehen werde. In einer kurzen Übersicht erfahren Sie außerdem, was man bei Shockwave, Sounddateien (z.B. MP3), Java Applets und ActiveX beachten sollte. In diesem Workshop bekommen Sie einen Einblick in die Materie. Weitere Informationen und Links finden Sie im Anhang (Surftipps).*

## Media einfügen und bearbeiten

Ganz gleich, ob Sie ein Java Applet, Quick Time Movie, Flash, ActiveX oder andere Audio- und Video-Objekte in eine Webseite einfügen möchten, die Vorgehensweise ist immer die gleiche:

**1** Klicken Sie mit der Maus an die Stelle im Entwurf-Fenster, wo Sie das Objekt einfügen möchten.

**2** Um jetzt das Objekt einzufügen, klicken Sie auf den entsprechenden Button im Objekt-Manager. Die multimedialen Elemente sind hier auf zwei Tafeln verteilt:

*Abbildung 11.1: Multimedia-Elemente auf der Tafel ALLGEMEIN im Objekt-Manager.*

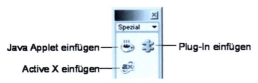

*Abbildung 11.2: Die Tafel SPEZIAL im Objekt-Manager.*

Oder wählen Sie EINFÜGEN / INTERAKTIVE BILDER.

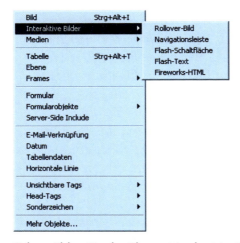

Oder wählen Sie das Element in der Menüleiste unter EINFÜGEN / MEDIEN aus.

## Media einfügen und bearbeiten

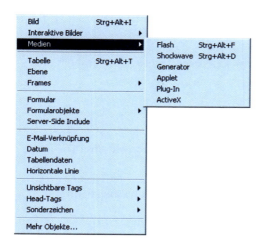

**3** Ein Dialogfenster öffnet sich. Wenn Sie eine **Shockwave**- und **Flash**-Datei, ein **Java Applet** oder **Netscape-Plug-In** einfügen möchten, müssen Sie in dem Dialogfenster die entsprechende Datei auswählen.

**4** Möchten Sie in **Fireworks** erstellten HTML-Quelltext in die Webseite integrieren, erscheint die Dialogbox FIREWORKS-HTML EINFÜGEN.

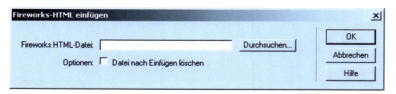

**289**

Klicken Sie auf die Schaltfläche DURCHSUCHEN, erscheint das Dialogfenster DATEI AUSWÄHLEN.

**5** Wenn Sie **ActiveX** einfügen, erscheint im Dokument-Fenster zunächst ein Platzhalter:

Legen Sie über den Eigenschaften-Inspektor Attribute und Parameter fest. Dazu gleich mehr.

**6** Geben Sie Verzeichnis und Dateinamen der einzufügenden Objekte an.

> **TIPP**
>
> *Sollte keine Dialogbox erscheinen, überprüfen Sie, ob das Kontrollkästchen BEIM EINFÜGEN VON OBJEKTEN DIALOGFELD ZEIGEN markiert und die Option damit aktiv ist. Diesen Eintrag finden Sie auf der Tafel ALLGEMEIN unter BEARBEITEN / VOREINSTELLUNGEN.*

> **HINWEIS**
>
> *Wenn Sie einen Flash-Film in die Webseite einfügen, generiert Dreamweaver unterschiedliche Tags für Netscape (**<embed>**) und den Internet Explorer (**<object>**).*

### Attribute und Parameter festlegen:

**1** Markieren Sie das eingefügte Objekt. Im Eigenschaften-Inspektor können Sie die Attribute für das Objekt festlegen. Je nachdem, welches Multimedia-Element Sie markiert haben, lassen sich hier andere Merkmale festlegen.

Im folgenden Beispiel erscheint ein Platzhalter für das (Flash-)Objekt im Entwurf-Fenster. Dessen Attribute können Sie im Eigenschaften-Inspektor ablesen und verändern.

## Media einfügen und bearbeiten

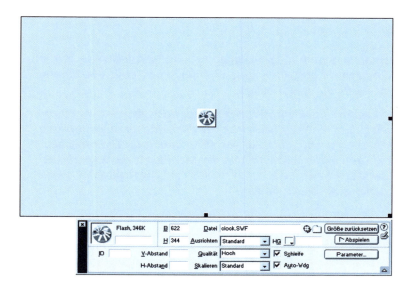

**2** Klicken Sie auf die grüne PLAY-Taste [▶Abspielen], wenn Sie das Ergebnis Ihrer Einstellungen im Entwurf-Fenster betrachten wollen.

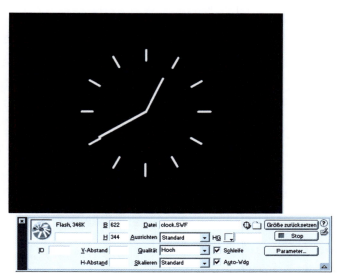

Die Animation wird später auch im Browser so abgespielt.

> **HINWEIS**
>
> *Sie können auch andere Media-Elemente – wie beispielsweise Sound – im Entwurf-Fenster abspielen. Eine Vorschau von ActiveX-Steuerelementen ist allerdings nicht möglich.*
>
> *Sie können alle Media-Elemente gleichzeitig oder getrennt voneinander abspielen. Um die Vorschau einzelner Elemente zu sehen, müssen Sie diese markieren und dann auf den PLAY-Button im Eigenschaften-Inspektor klicken. Oder wählen Sie in der Menüleiste ANSICHT / PLUG-INS / WIEDERGEBEN bzw. ANSICHT / PLUG-INS / ALLE WIEDERGEBEN, wenn Sie alle Elemente abspielen wollen.*

**3** Sobald der Film oder ein anderes Element abgespielt wird, wird die PLAY-Taste im Eigenschaften-Inspektor zur roten STOP-Taste. Klicken Sie auf diesen Button oder wählen Sie in der Menüleiste ANSICHT / PLUG-INS / STOPPEN bzw. ANSICHT / PLUG-INS / ALLE STOPPEN.

**4** Haben Sie ein Objekt ausgewählt, bei dem man Parameter bestimmen kann (Shockwave, ActiveX, Netscape Plug-In, Java Applet), erscheint im Eigenschaften-Inspektor die Schaltfläche PARAMETER .

**5** Drücken Sie auf die PARAMETER-Schaltfläche oder klicken Sie mit der rechten Maustaste auf das Element. Wählen Sie dann aus dem Kontextmenü den PARAMETER-Eintrag.

**6** Bestimmen Sie die Parameter in dem nun offenen Dialogfenster:

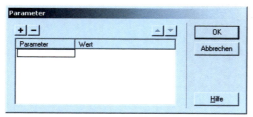

- Klicken Sie auf den (+)-Button.
- Geben Sie den Namen des Parameters in die PARAMETER-Spalte.
- Geben Sie den Wert des Parameters in die WERT-Spalte ein.
- Klicken Sie auf den (-)-Button, um einen Parameter aus der Liste zu entfernen.
- Verändern Sie mit den Pfeiltasten die Reihenfolge.

## Flash-Button erstellen und einfügen

**TIPP**

In Kapitel Flash-Attribute finden Sie weitere Informationen zu den Attributen von Flash-Animationen.

## Flash-Button erstellen und einfügen

Im vorangegangenen Beispiel haben wir eine bestehende Flash-Datei in die Webseite integriert. Mit Dreamweaver 4 können Sie aber auch mitgelieferte oder eigene Flash-Buttons und Text-Objekte erstellen.

**ACHTUNG**

Sie müssen Ihr HTML-Dokument erst abspeichern, bevor Sie einen Flash- oder Text-Button erstellen können. Ebenso müssen Sie sich in der Layout-Ansicht befinden.

**1** Wählen Sie die Schaltfläche FLASH-SCHALTFLÄCHE EINFÜGEN aus dem Objekt-Manager (s. Media einfügen und bearbeiten) oder wählen Sie in der Menüleiste EINFÜGEN / INTERAKTIVE BILDER / FLASH-SCHALTFLÄCHE.

Die Dialogbox FLASH-SCHALTFLÄCHE EINFÜGEN erscheint. Bestimmen Sie hier das Aussehen des zu erstellenden Buttons.

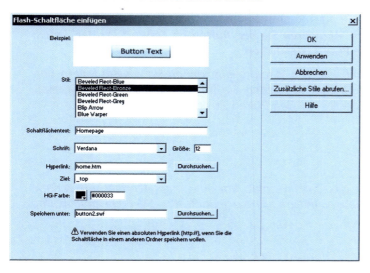

**2** Bestimmen Sie den Button-Stil. Eine Vorschau sehen Sie im darüber liegenden Beispielfeld. Sie können mit der Maus über den Button fahren und darauf klicken, um zu erkennen, wie der Button später funktionieren wird. Allerdings sind Ihre Texteingaben und Formatierungen noch nicht sichtbar.

### ACHTUNG

*Sollte eine Vorschau nicht möglich sein, überprüfen Sie, ob das notwendige Flash-Plug-In auf Ihrem Computer installiert ist.*

**3** Legen Sie weitere Attribute (Schriftart, -größe, Verlinkung) der Button-Beschriftung fest.

**4** Bestimmen Sie Verzeichnis und Name, unter dem die Flash-Schaltfläche abgespeichert werden soll.

**5** Klicken Sie auf OK. Oder drücken Sie die Schaltfläche ANWENDEN, wenn das Dialogfenster geöffnet bleiben soll.

### TIPPS

- *Über den Eigenschaften-Inspektor können Sie weitere Attribute und Parameter des Buttons bestimmen (Absatz Media einfügen und bearbeiten).* **Aktivieren Sie den Button im Entwurfs-Fenster, indem Sie auf die PLAY-Taste klicken.**

- *Auf der Webseite von Macromedia können Sie weitere Button-Vorlagen herunterladen. Klicken Sie im Dialogfenster FLASH-SCHALT- FLÄCHE EINFÜGEN auf den Button ZUSÄTZLICHE STILE ABRUFEN.*

### HINWEIS

*Benutzen Sie das .SWT-Format, um eine Formatvorlage für weitere Buttons zu haben. Integrieren Sie jedoch nur .SWF-Dateien in Ihre Webseite.*

# Flash-Text einfügen

In Dreamweaver 4 können Sie Text als Flash-Animation abspeichern und in die Webseite einbauen.

**1** Drücken Sie den Button im Objekt-Manager oder wählen Sie EINFÜGEN / INTERAKTIVE BILDER / FLASH-TEXT.

Die Dialogbox FLASH-TEXT EINFÜGEN erscheint.

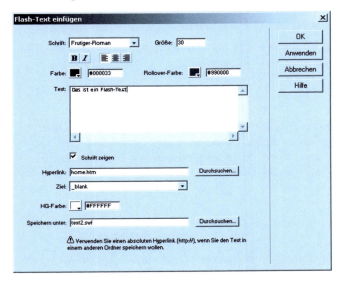

**2** Wählen Sie eine Schrift aus dem Pull-down-Menü aus.

**3** Legen Sie die Schriftgröße fest.

**4** Aktivieren Sie Stilattribute wie **fett** oder *kursiv* durch Drücken der entsprechenden Buttons. Bestimmen Sie die Textausrichtung.

**5** Bestimmen Sie die Textfarbe und legen Sie die Farbe für den Rollover fest. Geben Sie hierfür den Hexadezimal-Code ein oder wählen Sie aus der Farbpalette die gewünschte Farbe aus.

**6** Tippen Sie den Text in das Textfeld ein. Aktivieren Sie das Kontrollkästchen SCHRIFT ZEIGEN, wenn der Text im Textfeld in der ausgewählten Schrift angezeigt werden soll.

**7** Bestimmen Sie den Hyperlink, der mit der späteren Flash-Animation verbunden sein soll. Legen Sie auch das Ziel (**target**) fest.

**8** Bestimmen Sie die Hintergrundfarbe für den Text.

**9** Geben Sie einen Dateinamen an, unter dem die erstellte SWF-Datei abgespeichert werden soll.

**10** Klicken Sie auf OK oder ANWENDEN, um den Text-Button in die Webseite einzufügen. Verwenden Sie den Button ANWENDEN, um das Dialogfenster nach dem Einfügen der Animation weiterhin geöffnet zu halten.

Die Animation wird von Dreamweaver automatisch erstellt und in das Dokument-Fenster eingefügt.

### HINWEIS

*Wenn Sie einen relativen Link angeben, erscheint im Dialogfenster eine Fehlermeldung, da in einigen Browsern die Flash-Animation nur angezeigt werden kann, wenn diese im gleichen Verzeichnis wie das HTML-Dokument abgespeichert ist.*

### TIPP

*Sie können das eingefügte Objekt jederzeit bearbeiten. Doppelklicken Sie hierfür im Dokument-Fenster auf dieses Element. Ein bestimmter externer Editor wird dabei geöffnet, wenn Sie diesen unter BEARBEITEN / VOREINSTELLUNGEN / DATEITYPEN / EDITOREN bestimmt haben.*

## Flash-Attribute

Im Folgenden stelle ich die beiden Attribute QUALITÄT und SKALIEREN vor. Diese beiden Pull-down-Menüs sind für Flash-Filme bezeichnend.

Markieren Sie die Flash-Animation im Entwurf-Fenster. Der Eigenschaften-Inspektor zeigt nun die Merkmale dieser Animation.

## Shockwave-Filme

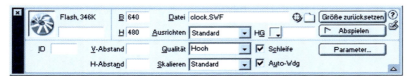

Weitere Attribute – wie beispielsweise Objektgröße, Farbe oder Objektname – wurden bereits mehrmals an anderer Stelle erwähnt und beschrieben.

QUALITÄT: In diesem Pull-down-Menü bestimmen Sie, ob die Animation mit einer hohen oder einer niedrigen Qualität abgespielt werden soll.

SKALIEREN: Mit den SKALIEREN-Parametern legen Sie fest, wie das Objekt innerhalb des Browser-Fensters erscheinen soll, wenn Breite und Höhe prozentual angelegt sind.

Mit STANDARD wird der gesamte Film angezeigt. Die einzelnen Proportionen werden im richtigen Verhältnis wiedergegeben. Rahmenlinien können erscheinen.

Wählen Sie KEIN RAHMEN, erscheint zwar kein Rahmen, allerdings kann es zu Verzerrungen kommen.

Mit der Option GENAU PASSEND füllt der komplette Film den definierten Raum aus. Allerdings können die Proportionen von Höhe und Breite auch hier verzerrt wiedergegeben werden.

Ist das Kontrollkästchen AUTOPLAY aktiviert, wird der Film automatisch abgespielt, sobald die Seite geladen ist.

Ist das Kontrollkästchen LOOP aktiviert, wird der Film immer wieder von vorne abgespielt, sobald dessen Ende erreicht ist.

## Shockwave-Filme

Filme, die Sie in Macromedia Director erstellt haben, werden als Shockwave-Filme in die Webseite eingefügt. In Dreamweaver eingefügte Shockwave-Filme sind sowohl im Internet Explorer als auch im Netscape abspielbar.

> **TIPP**
>
> - *Benutzen Sie Macromedia Aftershock, um plattformunabhängig HTML und JavaScript mit Shockwave-Filmen zu verbinden. Beispielsweise können Sie mit Aftershock überprüfen, welchen Browser oder welches Plug-In der Benutzer Ihrer Seite verwendet. Die Filme können dann dementsprechend angepasst werden. Dieses Dienstprogramm wird zusammen mit Director ausgeliefert.*
> - *Mit Hilfe von Verhaltensweisen können Sie Shockwave- und Flash-Filme steuern und Audio abspielen.*

> **WAS IST DAS?**
>
> *Ein **Plug-In** ist ein Zusatzmodul für eine Software, das direkt in die Oberfläche eingebaut ist. Beispielsweise können Flash-Animationen nur abgespielt werden, wenn das Shockwave-Plug-In im Browser installiert ist.*

# Audio

Es gibt zahlreiche unterschiedliche Formate von Sounddateien. Es gibt zwei Arten, um diese in die Webseite einzubinden:

Wenn Sie einen Link auf eine Sound-Datei legen, kann der Benutzer Ihrer Seite selbst bestimmen, ob er diese Audio-Datei abspielen möchte oder nicht.

**So verknüpfen Sie eine Sound-Datei:**

**1** Markieren Sie den Text oder das Bild, womit der Sound verknüpft werden soll.

**2** Bestimmen Sie Verzeichnis und Name der Audio-Datei im Textfeld LINK des Eigenschaften-Inspektors. Gehen Sie dabei vor, wie in Kapitel 5.2 beschrieben.

**3** Drücken Sie ENTER ⏎. Die Auswahl wird mit der Sound-Datei verknüpft.

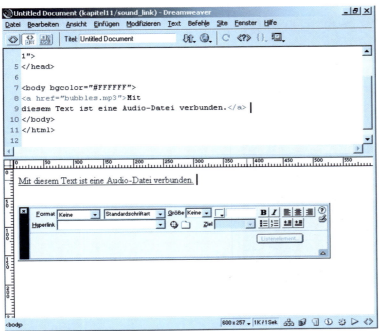

Klickt der Benutzer Ihrer Seite auf den Hyperlink, wird die Datei entweder heruntergeladen oder abgespielt.

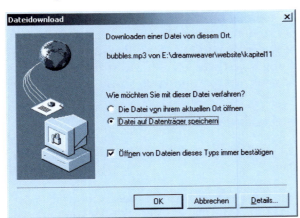

Dabei verwendet der Browser entweder seine eigenen Fähigkeiten oder greift auf ein Plug-In zu. Außerdem kann es passieren, dass ein externes Programm (z.B. WinAmp) startet und die Sound-Datei abspielt:

Kommt es zu einer Fehlermeldung, unterstützt der Browser bzw. das Plug-In den Dateityp nicht.

Eine andere Möglichkeit besteht darin, die Audio-Datei direkt in die Seite zu integrieren. Der Sound wird dabei abgespielt, sobald er bzw. die Webseite geladen ist. Dazu benötigt der Benutzer Ihrer Seite allerdings das entsprechende Plug-In. Integrieren Sie den Sound auf diese Weise in Ihre Seite, wenn dieser im Hintergrund abgespielt werden soll. Außerdem haben Sie eine größere Kontrolle: Sie können Anfang und Ende sowie die Lautstärke kontrollieren.

**So binden Sie eine Sound-Datei in die Seite ein:**

**1** Markieren Sie die Stelle im Dokument-Fenster, wo Sie die Sound-Datei bzw. den Sound-Controller einfügen möchten.

**2** Drücken Sie den Plug-In-Button im Objekt-Manager oder wählen Sie in der Menüleiste EINFÜGEN / MEDIEN / PLUG-IN. Das Dialogfenster DATEI AUSWÄHLEN erscheint.

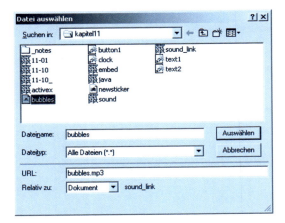

### TIPP

*Mit dem Plug-In-Button können Sie auch andere Medien in die Webseite einfügen. Diese werden in das **<embed>**-Tag integriert, was zu besseren Ergebnissen in Netscape führt. Viele Plug-Ins laufen gemeinsam mit dem Browser oder starten eine Hilfsapplikation (z.B. Realplayer).*

**3** Bestimmen Sie Höhe und Breite des Objekts im Eigenschaften-Inspektor.

Wenn Sie eine unsichtbaren Sound-Datei einbinden wollen, müssen Sie folgende Codezeile in den HTML-Inspektor eintippen:

```
<embed src="sound/ihredatei.wav" autoplay=""true"
hidden="true"></embed>
```

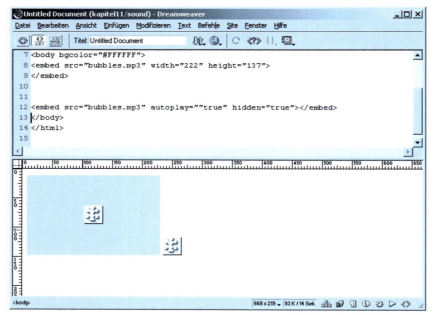

*Abbildung 11.3: Links ist der sichtbare Sound-Controller eingebunden; rechts dagegen ein unsichtbarer. Im Quelltext sehen Sie die entsprechenden Attribute und Parameter.*

**4** Geben Sie im Eigenschaften-Inspektor die Webseite an, wo der Benutzer das Plug-In herunterladen kann, wenn er es noch nicht auf seinem Computer installiert hat.

**5** Klicken Sie auf die PLAY-Taste oder drücken Sie F12, um den Sound im Browser bzw. der Anwendung abzuspielen.

> **HINWEIS**
>
> *Ab dem Internet Explorer 4 können Sie einen Hintergrund-Sound in die Seite einbauen:*
>
> ```
> <bgsound src="sound/ihredatei.wav" loop="infinite" autoplay="true" volume="0">
> ```
>
> *Es werden keine Benutzer-Controller angezeigt.*

**302**

# ActiveX

### WAS IST DAS?

*ActiveX ist eine Programmiersprache von Microsoft, die komplexere Anwendungen ermöglicht, welche mit einem Browser abgerufen werden können. ActiveX ist eine Konkurrenz zu Java.*

ActiveX-Steuerelemente werden nur im Internet Explorer unter Windows angezeigt. Sie laufen nicht auf dem Macintosh und werden auch nicht vom Netscape Navigator interpretiert.

**1** Klicken Sie an die Stelle im Dokument-Fenster, wo Sie das Steuerelement einfügen möchten.

**2** Klicken Sie auf den Button  im Objekt-Manager auf der Tafel SPEZIAL. ActiveX wird als Platzhalter in das Dokument eingefügt.

**3** Markieren Sie den Platzhalter und bestimmen Sie im Eigenschaften-Inspektor die damit integrierte Media-Datei.

**4** Aktivieren Sie das Kontrollkästchen EINBETTEN, wenn das Element auch im Netscape angezeigt werden soll.

**303**

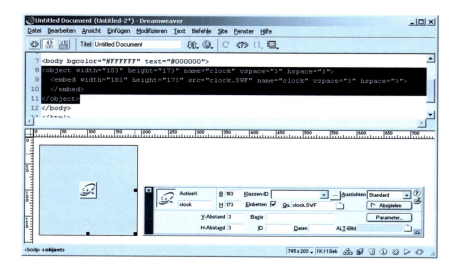

## Java Applets

Java Applets sind kleine Programme, die in die Webseite eingebunden werden.

### WAS IST DAS?

**Java** ist eine objektorientierte, plattformübergreifende Programmiersprache, die von Sun Microsystems entwickelt wurde und auf C++ basiert.

**So fügen Sie ein Java Applet in die Webseite ein:**

**1** Klicken Sie im Dokument-Fenster an die Stelle, wo das Applet erscheinen soll.

**2** Klicken Sie auf den Applet-Button  im Objekt-Manager (Tafel SPEZIAL). Oder wählen Sie EINFÜGEN / MEDIEN / APPLET. Die Dialogbox DATEI AUSWÄHLEN erscheint.

# Java Applets

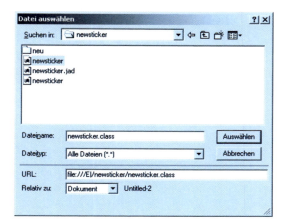

**3** Suchen Sie das Applet auf Ihrem Computer und markieren Sie es.

**4** Klicken Sie auf den Button AUSWÄHLEN. Der Platzhalter für das Applet erscheint im Dokument-Fenster.

**5** Markieren Sie den Platzhalter und bestimmen Sie im Eigenschaften-Inspektor die Parameter des Java Applets.

### ACHTUNG

*Das Feld BASIS im Eigenschaften-Inspektor wird automatisch ausgefüllt. Für Browser, die nicht javafähig sind, können Sie ein Alternativbild festlegen.*

**305**

**Kapitel 12**

# Website veröffentlichen

*Haben Sie Ihre Webseiten fertig, möchten Sie diese in der Regel auch veröffentlichen. Um Ihre Webseiten der Welt zu zeigen, brauchen Sie Dreamweaver nicht zu verlassen. Dabei spielt es keine Rolle, ob die Website im Intranet oder im World Wide Web publiziert wird. In diesem letzten Workshop erfahren Sie, wie einfach dies geht.*

Das Site-Fenster ist nicht nur ein Datei-Manager, sondern auch ein funktionsfähiger, in Dreamweaver integrierter FTP-Client. Damit können Sie schnell und einfach Ihre Dateien ins Web stellen. Mit diesem Werkzeug können Sie außerdem Dateien aus dem Web herunterladen.

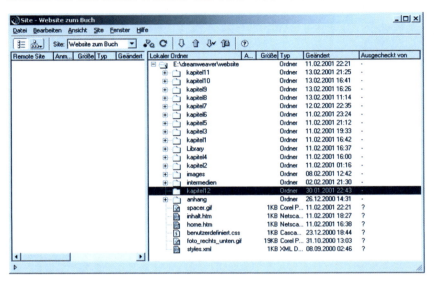

> **WAS IST DAS?**
>
> Das **File Transfer Protocol** (**FTP**) ist ein standardisiertes Verfahren, um Dateien in Netzwerken zu übertragen.

Standardmäßig blendet das Site-Fenster rechts die lokalen Dateien und Verzeichnisse ein (vgl. Absatz Site-Einstellungen ändern). In der linken Hälfte wird die Remote-Site angezeigt.

> **WAS IST DAS?**
>
> Die **Remote-Site** sind die Dateien und Verzeichnisse, welche auf einem entfernten Server installiert sind und auf die mehrere Personen zugreifen können.

# Die Remote-Site einrichten

Richten Sie zuerst eine lokale Site ein. Wie Sie dies machen, haben Sie bereits im Kapitel Die erste Website, Lokale Site und Projektverwaltung gelernt.

> **TIPP**
>
> *Die Struktur Ihres lokalen Verzeichnisses sollte der Remote-Website entsprechen. Wenn Sie in Dreamweaver Ihre Site uploaden oder Teile dieser aktualisieren wollen, dupliziert Dreamweaver präzise die lokale Struktur.*

Als Nächstes müssen Sie angeben, auf welchem Server die Site platziert werden soll. Fragen Sie Ihren Systemadministrator oder Ihren Kunden nach dem Namen des Servers und was Sie beim Übertragen der Daten beachten sollten. Besorgen Sie sich die Zugangsdaten (Login und Passwort).

> **TIPP**
>
> *Testen Sie zuerst Ihre Site, bevor Sie diese der Öffentlichkeit zugänglich machen. Erst wenn Sie sicher sind, dass die Website keine Fehler enthält, sollten Sie sie auf den Server kopieren.*

**So definieren Sie eine FTP-Verbindung zu einem Webserver:**

**1** Wählen Sie SITES DEFINIEREN aus dem Pop-up-Menü SITE im Site-Fenster.

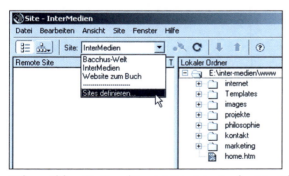

Oder wählen Sie SITE / SITES DEFINIEREN in der Menüleiste des Site-Fensters.

**2** Wählen Sie in der Dialogbox SITES DEFINIEREN eine bestehende Site aus und klicken Sie auf BEARBEITEN.

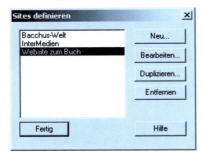

**3** Klicken Sie in dem nun offenen Dialogfenster SITE-DEFINITION auf REMOTE-INFORMATIONEN im Kategorienfeld.

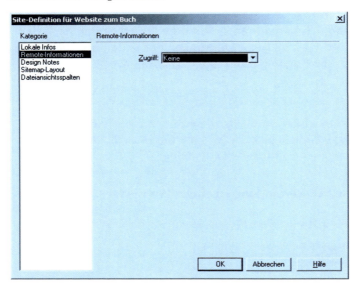

**4** Wählen Sie eine der folgenden Zugriffsoptionen aus:

- Markieren Sie KEINE, wenn Sie Ihre Site nicht auf einem Server veröffentlichen möchten.
- Ist der Webserver innerhalb eines Netzwerks aufgestellt oder läuft dieser auf Ihrem lokalen Rechner, klicken Sie auf LOKAL/NETZWERK. Klicken Sie auf das Ord-

## Die Remote-Site einrichten

ner-Icon oder benennen Sie direkt das Verzeichnis, in das die Website abgelegt werden soll.

**5** Aktivieren Sie das Kontrollkästchen LISTE MIT ENTFERNTEN DATEIEN AUTOMATISCH AKTUALISIEREN, wenn die Remote-Site automatisch aktualisiert werden soll, sobald Sie eine Änderung in der lokalen Site vorgenommen haben.

> **HINWEIS**
>
> Möchten Sie die Remote-Site manuell aktualisieren, wählen Sie ANSICHT / AKTUALISIEREN oder drücken Sie F5 im Site-Fenster.

**6** Markieren Sie den Eintrag FTP, wenn Ihr Webserver dieses Protokoll unterstützt.

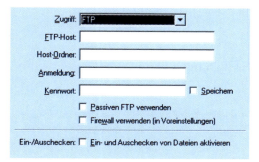

- Geben Sie den FTP-Hostnamen in das Feld FTP-HOST ein. Das ist der volle Internet-Name eines Computer-Systems, wie beispielsweise ftp.intermedien.net.

- Geben Sie den Host-Ordner an, in den die Seiten abgelegt werden sollen. Auf dieses Verzeichnis und die darin abgelegten Dokumente kann jeder Benutzer zugreifen. Damit sind die Dateien dieses Verzeichnisses der Öffentlichkeit zugänglich.

- Geben Sie Login-Namen (ANMELDUNG) und KENNWORT in die weiteren Textfelder ein. Aktivieren Sie das Kontrollkästchen SPEICHERN, wenn Sie das Kennwort nicht jedes Mal neu eingeben möchten.

- Muss eine Firewall bei der Verbindung zum Remote-Server berücksichtigt werden, aktivieren Sie das Kontrollkästchen FIREWALL VERWENDEN. Einige Firewalls verlangen einen passiven FTP. Die Verbindung wird dann von Ihrer lokalen Site statt vom Remote-Server eingerichtet.

> **WAS IST DAS?**
>
> Eine **Firewall** ist eine Sicherheits-Software, um das interne Unternehmensnetz (Intranet) vom externen Internet zu trennen.

Die nötigen Informationen bekommen Sie von Ihrem Systemadministrator.

**7** Klicken Sie auf die OK-Schaltfläche, um Ihre Angaben zu bestätigen.

> **ACHTUNG**
>
> Verwenden Sie auf dem Remote-Server die gleiche Verzeichnisstruktur wie auf Ihrem lokalen Rechner. Sie können dann sichergehen, dass Links und Bilder stimmen und angezeigt werden.

## Site-Einstellungen ändern

In Dreamweaver können Sie einige Einstellungen für das Site-Fenster verändern.

**1** Öffnen Sie das Fenster VOREINSTELLUNGEN über BEARBEITEN / VOREINSTELLUNGEN in der Menüleiste. Die Dialogbox wird bereits mit den FTP-Einstellungen geöffnet.

## Site-Einstellungen ändern

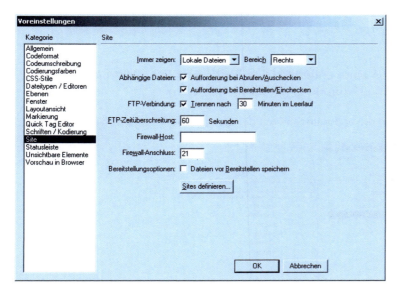

**2** Standardmäßig zeigt Dreamweaver lokale Dateien rechts und entfernte Dokumente auf der linken Seite des Site-Fensters an. Bevorzugen Sie eine andere Darstellung, legen Sie diese mit den entsprechenden Pull-down-Menüs fest. Diese Einstellung wirkt sich auch auf die Darstellung der Sitemap im Site-Fenster aus.

**3** Soll eine Dialogbox zu den abhängigen Dateien angezeigt werden, aktivieren Sie die Kontrollkästchen. Die Dialogbox erscheint dann beim Ein- und/oder Auschecken.

**4** Erhöhen oder verringern Sie die standardmäßige Trennung der FTP-Verbindung nach 30 Minuten Leerlauf. Haben Sie einen direkten Netzwerkzugang, sollten Sie die automatische Trennung deaktivieren.

### TIPPS

*Aktualisieren Sie regelmäßig Ihre Site. Nur wenn die Informationen aktuell sind, werden Besucher wiederkommen.*

*Auch sollten Sie Ihre Website bei den wichtigsten Suchmaschinen anmelden. Eine entsprechende Übersicht finden Sie im Anhang.*

# Verbindung mit einer entfernten Site herstellen

Um Dateien von einer entfernten Site hoch- oder herunterzuladen, müssen Sie zunächst eine Verbindung mit dieser herstellen.

**1** Markieren Sie die entfernte Site, mit der Sie verbunden werden wollen.

**2** Klicken Sie auf die Schaltfläche VERBINDEN. Oder wählen Sie in der Menüleiste des Site-Fensters SITE / VERBINDUNG HERSTELLEN bzw. drücken Sie [Strg] + [Alt] + [⇧] + [F5].

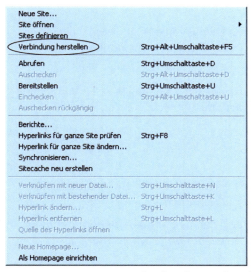

Dreamweaver verwendet für die Verbindung die Informationen, die Sie bei der Definition der Remote-Site angegeben haben.

Das Dialogfenster VERBINDUNG MIT [HOST NAME] HERSTELLEN erscheint.

**Dateien uploaden**

Wenn Sie erfolgreich mit dem Webserver verbunden wurden, wechselt die Schaltfläche VERBINDEN in die Schaltfläche TRENNEN.

Die Dateien auf dem Webserver erscheinen.

**So trennen Sie die Verbindung mit dem Remote-Server:**

**1** Versichern Sie sich, dass keine Dateien mehr übertragen werden. Kontrollieren Sie hierfür die Statusleiste. Hier sollte VERBUNDEN MIT [SITE-NAME] stehen.

**2** Klicken Sie auf die Schaltfläche TRENNEN im Site-Fenster.

> **ACHTUNG**
>
> Werden länger als 30 Minuten keine Daten übertragen, trennt Dreamweaver automatisch die Verbindung. In den Einstellungen können Sie diesen Wert erhöhen oder verringern.

# Dateien uploaden

Steht die Verbindung, können Sie Dateien von Ihrer lokalen Site auf den Remote-Server hochladen (uploaden).

> **HINWEIS**
>
> Liegen die Dateien in einem Ordner, der auf der Remote-Site nicht existiert, legt Dreamweaver diesen automatisch an.

**1** Markieren Sie im Site-Fenster die Dateien und Ordner, welche Sie auf den Remote-Server laden möchten.

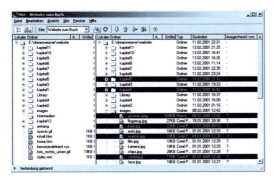

**2** Klicken Sie auf BEREITSTELLEN.

Oder wählen Sie im Site-Fenster SITE / BEREITSTELLEN oder drücken Sie `Strg` + `Shift` + `U`.

Oder klicken Sie auf die Schaltfläche DATEI(EN) BEREITSTELLEN ⇧.

Die Dialogbox ABHÄNGIGE DATEIEN erscheint.

> **WAS IST DAS?**
>
> **Abhängige Dateien** sind Bilder, Animationen, Style Sheets und andere Dateien, die in HTML-Dokumente eingebunden wurden. Lädt der Browser das HTML-Dokument, werden auch die abhängigen Dateien aufgerufen.

**3** Klicken Sie auf JA oder NEIN.

**4** In der Statusleiste können Sie den Fortschritt des Uploads verfolgen.

## Dateien downloaden

Umgekehrt können Sie in Dreamweaver Dateien und Verzeichnisse vom Remote-Server auch auf Ihre lokale Festplatte kopieren.

**1** Vergewissern Sie sich, dass die Verbindung aufgebaut wurde.

**2** Markieren Sie im Site-Fenster die Dateien, welche Sie herunterladen möchten.

**3** Klicken Sie auf die Schaltfläche DATEI(EN) ABRUFEN ⇩. Oder wählen Sie in der Menüleiste des Site-Fensters SITE / ABRUFEN oder drücken Sie `Strg` + `⇧` + `D`.

**4** In der Statusleiste können Sie den Fortschritt des Downloads verfolgen.

> **TIPP**
>
> Um eine Übertragung abzubrechen, klicken Sie auf die Schaltfläche VORGANG ABBRECHEN.

# Synchronisation

Dreamweaver kann automatisch einen Ordner oder eine ganze Site nach neueren Dateien durchsuchen und diese dann auf den Remote-Server bzw. den lokalen Rechner kopieren.

**1** Öffnen Sie im Site-Fenster die lokale Site.

**2** Stellen Sie die Verbindung zum entsprechenden Remote-Server her.

**3** Je nachdem, welche Dateien Sie abgleichen wollen, wählen Sie in der Menüleiste des Site-Fensters BEARBEITEN / NEUERE AUSWÄHLEN (LOKAL) oder BEARBEITEN / NEUERE AUSWÄHLEN (ENTFERNT).

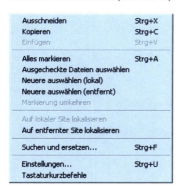

**4** Hat Dreamweaver die Abgleichung abgeschlossen, werden die neueren Dateien hinterlegt dargestellt. Mit einem Doppelklick können Sie diese Dateien abrufen (Kapitel Dateien downloaden), bereitstellen (Kapitel Dateien uploaden) oder synchronisieren.

**5** Wählen Sie in der Menüleiste des Site-Fensters SITE / SYNCHRONISIEREN. Das Dialogfenster DATEIEN SYNCHRONISIEREN erscheint.

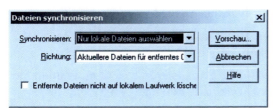

**6** Wählen Sie im Pull-down-Menü SYNCHRONISIEREN, ob Sie die gesamte Site oder nur bestimmte Dateien synchronisieren möchten.

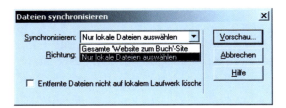

**7** Bestimmen Sie im zweiten Pull-down-Menü die RICHTUNG. Hier können Sie festlegen, ob Sie Dateien und Verzeichnisse abrufen, bereitstellen oder in beiden Richtungen synchronisieren möchten.

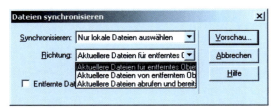

**8** Klicken Sie auf die Schaltfläche VORSCHAU. Die Dialogbox SITE erscheint.

**9** Klicken Sie auf OK, um die angegebenen Dateien hoch- oder herunterzuladen. Verfolgen Sie den Fortschritt in der Statusleiste.

## Ansicht aktualisieren

Wenn Sie Dateien und Verzeichnisse vom lokalen Rechner auf den Remote-Server hin- und hergeschoben haben, kann es sein, dass die Ansicht im Site-Fenster nicht mehr aktuell ist. Um sicherzugehen, dass diese den letzten Stand widerspiegelt, können Sie die Ansicht aktualisieren.

- Wählen Sie in der Menüleiste des Site-Fensters ANSICHT / AKTUALISIEREN oder drücken Sie [F5] oder klicken Sie auf die Schaltfläche ↻ . Sowohl die lokale als auch die entfernte Website-Ansicht werden aktualisiert.

- Um nur die lokale Site-Ansicht zu aktualisieren, wählen Sie ANSICHT / LOKAL AKTUALISIEREN oder drücken [⇧] + [F5].

- Wenn Sie die Ansicht der Remote-Site aktualisieren möchten, wählen Sie ANSICHT / ENTFERNT AKTUALISIEREN oder drücken [Alt] + [F5].

# Anhang

## Fragen und Antworten

**Jedes Mal, wenn ich ein Fenster öffnen möchte, passiert nichts. Der Launcher ist zwar eingedrückt, doch wo ist das Fenster geblieben?**

Wählen Sie in der Menüleiste FENSTER / FENSTER ANORDNEN.

Das Dokument- und das Site-Fenster sind über die Icons in der Statusleiste aufrufbar. Bei allen anderen Fenstern handelt es sich um schwebende Fenster, so genannte Paletten und Inspektoren.

**Wie arbeitet Fireworks mit Dreamweaver zusammen?**

Fireworks-Grafiken können Sie direkt von Dreamweaver aus öffnen und bearbeiten. Klicken Sie zweimal auf die Grafik, um Fireworks zu starten. Sollte dies nicht funktionieren, überprüfen Sie den Eintrag in den VOREINSTELLUNGEN (BEARBEITEN / VOREINSTELLUNGEN) auf der Tafel DATEITYPEN / EDITOREN. Hier muss Fireworks als Anwendung zur Bearbeitung von gif-, jpg- oder png-Dateien angegeben sein.

**Funktionieren Objekte und Erweiterungen, die ich in früheren Dreamweaver-Versionen erstellt habe?**

Ja. Dreamweaver 4 ist abwärtskompatibel.

**Ich habe einen Link innerhalb des gleichen Dokuments gesetzt, doch er funktioniert nicht. Was habe ich falsch gemacht?**

Benannte Anker bestehen aus zwei Teilen. Überprüfen Sie, ob Sie Hyperlink und Sprungmarke gesetzt haben (vgl. Kapitel Hyperlinks).

**Kann ich in Dreamweaver eine Datenbankanwendung realisieren?**

Mit Dreamweaver 4 können Sie keine Datenbankanbindungen realisieren. APS-, JSP- oder ColdFusion-Anwendungen lassen sich mit Dreamweaver UltraDev entwickeln. Dieses Programm basiert auf Dreamweaver 4.

**Ich habe im Layout-Modus eine Tabelle gezeichnet, kann aber keine Inhalte einfügen. Woran liegt das?**

Im Layout-Modus können Sie nur die Zellen bearbeiten, die einen Inhalt haben. In die neu eingezogenen Zellen hat Dreamweaver dafür ein geschütztes Leerzeichen eingesetzt. Alle anderen Zellen (ohne Inhalt) bleiben im Layout so lange nicht bearbeitbar, bis Sie diese mit dem Werkzeug ZELLE EINFÜGEN erstellt haben.

Wollen Sie in eine leere Tabellenzelle einen Inhalt einfügen, müssen Sie sich in der Standardansicht befinden.

Im Layoutmodus können weitere Tabellen oder Zellen nur in Zellen eingefügt werden, in denen sich noch kein Inhalt befindet.

# Lexikon und wichtige Abkürzungen

### A

***ActiveX*** Programmiersprache von Microsoft, die komplexere Anwendungen ermöglicht, welche mit einem Browser abgerufen werden können. ActiveX ist eine Konkurrenz zu Java.

### B

***Browser*** Internet-Programm; z.B. Internet Explorer, Netscape

*Button(s)* Schaltfläche(n)

### C

***Child-Tag*** HTML-Befehl, der innerhalb eines anderen (Parent-)Tags eingeschlossen ist

***Cascading Style Sheet*** »Staffelbare Formatvorlagen«; HTML-Erweiterung, die eine exaktere Gestaltung der Webseite ermöglicht.

***CGI*** »Common Gateway Interface«; Software-Schnittstelle für Internet-Server zur Übergabe von Parametern an Programme und Scripts auf dem Server zur Verarbeitung von Informationen (aus Formularen); CGI-Scripts werden z.B. in Perl, C++, Java oder JavaScript geschrieben.

**Clients** Intelligente Terminals innerhalb einer Netzwerkarchitektur, die Aufgaben an einen oder mehrere zentrale Netzrechner (Server) übertragen, einsammeln und für den Nutzer aufbereiten.

**Content-Frame** Inhaltsfenster einer Webseite

**CSS** siehe Cascading Style Sheet

**Cursor** Blinkender Balken, der Ihnen die Position für die Eingabe von Text, Bildern und anderen Elementen anzeigt

# D

**Datei** Ansammlung von Informationen, die auf einem Speichermedium unter einem bestimmten Namen gesichert sind

**Debugger** Software, die Code nach Fehlern durchsucht und diese behebt

**DHTML** Basiert auf JavaScript, CSS und HTML; Dynamisches HTML wird von Netscape ab Version 4.0 und vom MS Internet Explorer ab Version 4.0 interpretiert. Netscape und Internet Explorer interpretieren die Befehle recht unterschiedlich.

**Download** Herunterladen von Webseiten, Dokumenten, Bildern, Animationen, Sound-Dateien u.ä. Dabei wird auf einen entfernten Server zugegriffen.

**Dynamisches HTML** siehe DHTML

# E

**Ebene** (Layer) Behälter in der Webseite, die ebenfalls Inhalte enthalten können und sich beliebig positionieren lassen. Ebenen sind ein Teil von Cascading Style Sheets (CSS) und Dynamic HTML (DHTML). Sie werden dreidimensional angelegt: An der X- und Y-Achse können sie sowohl absolut als auch relativ platziert werden. Die Z-Achse erlaubt das Überlappen mehrerer Ebenen.

# F

**Firewall** Sicherheits-Software, um das interne Unternehmensnetz (Intranet) vom externen Internet zu trennen

**Frame**

- »Rahmen«; Frames bestehen aus zwei Teilen: einem Frameset und einem Inhaltsdokument, dem eigentlichen Frame. Das **Frameset** ist eine HTML-Seite, welche die Struktur der sichtbaren Dokumente (Frames) zueinander festlegt. Ein Frame ist also ein einzelnes HTML-Dokument. Im Frameset ist definiert, welche Dokumente angezeigt werden und wo diese mit welchem Umfang platziert sind. Das Frameset als eine Art Kontrollinstanz agiert im Hintergrund und hält die Dokumente zusammen. Das Frameset wird auch als **»übergeordneter Frame«** bezeichnet und ein Frame als **»untergeordneter Frame«**.

- **Eine** Szene einer Animation; in der Zeitleiste werden Frames und **Keyframes** durch Kästchen dargestellt.

*FTP* Das »File Transfer Protocol« ist ein standardisiertes Verfahren, um Dateien in Netzwerken zu übertragen.

# G

*GIF* Das **Bild**-Format von CompuServe, das bis zu 256 Farben abspeichern kann. Bereiche eines Bildes können transparent abgespeichert werden.

# H

*Headline* Überschrift

*Homepage* Einstiegsseite eines Internet- oder Intranet-Auftritts. Erscheint, wenn man die eingegebene Adresse (URL) aufruft.

*Host* »Gastgeber«; Bezeichnung für einen Server in einem Netzwerk

*Hotspot* siehe Imagemap

*HTML* Hyper Text Markup Language; führende Sprache im Web. Dokumentenbeschreibungssprache, die Hyperlinks unterstützt

*Hyperlink (Link)* Verweis von einer Webseite zu anderen Dokumenten, bestimmten Textstellen oder zu einer E-Mail-Adresse

*Hyper Text Markup Language* vgl. HTML

# I

*Icon* Symbol

*IE* Internet Explorer

*Imagemap* Bild, das in einzelne Bildbereiche (Hotspots) aufgeteilt wurde. Diese Hotspots sind jeweils zu unterschiedlichen Seiten verlinkt.

*Intranet* Ein abgeschlossenes Netzwerk, das wie ein kleines, eigenständiges Internet funktioniert. Meist ist es mit dem Internet zwar verbunden, durch Firewalls aber abgesichert.

## J

***Java*** Objektorientierte, plattformübergreifende Programmiersprache, die von Sun Microsystems entwickelt wurde und auf C++ basiert

***Java Applet*** Kleines Java-Programm, das für den Einsatz im Internet programmiert wird

***JavaScript*** Scriptsprache, die vom Browser interpretiert und ausgeführt wird. Mit JavaScript lassen sich interaktive Elemente einer Webseite programmieren. Der Verhaltensweisen-Inspektor von Dreamweaver fügt automatisch JavaScript in den Quelltext ein.

***JPG, JPEG*** Bildformat, das Millionen von Farben und damit gute Detaildarstellung unterstützt. Allerdings gehen mit der Komprimierung auch Farbinformationen verloren. Je stärker Sie ein JPG komprimieren, umso kleiner wird zwar die Dateigröße, aber gleichzeitig gehen immer mehr Farben verloren. Das Bild wird unscharf und verpixelt.

## K

***Kbps*** »Kilobits per second«; Maßangabe für die Übertragungsrate

***Keyframe*** »Schlüsselszene«, der bestimmte Eigenschaften zugewiesen sind. Diese Eigenschaften werden in modifizierter Form auf benachbarte Frames angewendet. Dadurch erhalten Sie fließende Übergänge zwischen den einzelnen Keyframes.

## L

***Layer*** siehe Ebene

***Link*** siehe Hyperlink

***Logo*** Firmenzeichen, Wort-/Bildmarke eines Unternehmens

## M

***Mouse-Over*** siehe Rollover

## N

***NN*** Netscape Navigator

## P

***Parent-Tag*** Übergeordneter HTML-Steuerbefehl

***Plug-In*** Zusatzmodul für eine Software, das direkt in die Oberfläche eingebaut ist. Beispielsweise können Flash-Animationen nur abgespielt werden, wenn das Flash-Plug-In im Browser installiert ist.

***PNG*** Bildformat, das Indexfarben-, Graustufen-, True-Color-Bilder und Alpha-Kanal unterstützt. Kein Qualitätsverlust durch Komprimierung; keine Beschränkung auf eine bestimmte Anzahl von Farben. Wird zurzeit nur von wenigen Browsern (u.a. IE und NN ab Version 4) interpretiert.

***Pop-up-Menü*** siehe Pull-down-Menü

***Pull-down-Menü*** Menü, das bei Mausklick aufklappt. Es enthält mehrere auswählbare Optionen und Einstellungen. Je nachdem, ob ein solches Menü nach oben oder nach unten aufspringt, spricht man von einem Pop-up- (»nach oben«) oder von einem Pull-down-Menü (»nach unten«).

# R

***Remote-Site*** Dateien und Verzeichnisse, die auf einem entfernen Server installiert sind und auf die mehrere Personen zugreifen können

***Rollover*** Bild, das sich ändert, wenn man den Mauszeiger darüber bewegt. Ein Rollover besteht aus zwei Bildern: dem primären Bild (dieses Bild wird angezeigt, wenn die Seite geladen wird) und dem Rollover-Bild.

# S

***Scrollen*** Ein Dokument mittels der Pfeiltasten oder des Schiebers (Scrollbalken) im rechten Rand nach oben oder unten bewegen

***Shortcut(s)*** Tastaturkurzbefehl(e), z.B. [Strg], [S]

***Site(s)*** siehe Website

***Site-Root*** Stammordner

***Skalierung*** Höhe und/oder Breite eines Bildes oder eines anderen Seitenelements ändern

***Sound*** Audiodateien/Tondokumente

# T

***Tag*** **Öffnende** und schließende HTML-Befehle, welche die zu formatierende Dokumentenstelle umschließen, z.B. Dieser Text wird fett geschrieben.

***Template*** Layout-Vorlage für mehrere Webseiten; enthält unveränderbare und bearbeitbare Elemente.

***Third-Party*** Steht für jede beliebige andere Quelle (meist Firma), die Zusätze, Ergänzungen etc. für das Programm einer anderen Firma anbietet.

## U

**Upload** Dateien und Verzeichnisse auf einen entfernten Rechner (Remote-Server) hochladen bzw. kopieren.

**URL** »Uniform Resource Locator«. Internet-Adressformat, nach dessen Standarddefinition alle Internet-Adressen gleich aufgebaut sein müssen (Dienst: //Server/Domain.TopLevelDomain/Verzeichnis/Datei);
z.B. http://www.intermedien.net/dreamweaver/inhalt.htm

**User** »Anwender«; jemand, der durch das Internet surft. Ein User ist der Besucher Ihrer Webseite.

## W

**Web** Abkürzung für World Wide Web; vgl. auch WWW

**Webpage** siehe Webseite

**Website** Alle Webseiten eines Internet-Auftritts; kann mehrere hundert Dokumente umfassen, die miteinander verbundenen (verlinkt) sind

**Webseite** Eine einzelne HTML-Seite

**WWW** World Wide Web; Multimedia-Dienst im Internet. Verteiltes Hypertext-Informationssystem auf Client/Server-Architektur über HTTP-Protokoll.

**WYSIWYG** »What You See Is What You Get«; Editor mit einer grafischen Benutzeroberfläche. Das, was Sie im Programm erstellen und sehen, wird genau so auf der Website erscheinen. Allerdings kann es Unterschiede bei den einzelnen Browsern geben.

# Die wichtigsten Tastaturkurzbefehle für Windows

(siehe auch Umschlag-Innenseiten)

## Seitenansichten

| Aktion | Tastenkombination |
|---|---|
| Standardansicht | Strg + ⇧ + F6 |
| Layoutansicht | Strg + F6 |
| Symbolleiste | Strg + ⇧ + T |

## Seitenelemente anzeigen

| Aktion | Tastenkombination |
|---|---|
| Visuelle Hilfsmittel | Strg + ⇧ + I |
| Hilfslinien | Strg + Alt + R |
| Raster anzeigen | Strg + Alt + G |
| Am Raster ausrichten | Strg + Alt + ⇧ + G |
| Head-Inhalt | Strg + ⇧ + W |
| Seiteneigenschaften | Strg + ⇧ + J |

## Text bearbeiten

| Aktion | Tastenkombination |
|---|---|
| Neuen Absatz erstellen | ↵ |
| Zeilenumbruch einfügen <BR> | ⇧ + ↵ |
| Geschütztes Leerzeichen einfügen | Strg + ⇧ + ⎵-Taste |
| Text oder Objekt an eine andere Stelle auf der Seite verschieben | Ausgewähltes Element an die neue Position ziehen |
| Text oder Objekt an eine andere Stelle auf der Seite kopieren | Ausgewähltes Element mit gedrückter Strg-Taste an die neue Position ziehen |
| Ein Wort auswählen | Auf das Wort doppelklicken |
| Ausgewählte Elemente der Bibliothek hinzufügen | Strg + ⇧ + B |
| Zwischen Entwurfsansicht und Code-Editoren wechseln | Strg + ⇥ |
| Eigenschafteninspektor öffnen und schließen | Strg + ⇧ + J |
| Rechtschreibung prüfen | ⇧ + F7 |

## Text formatieren

| Aktion | Tastenkombination |
|---|---|
| Einzug | `Strg` + `9` |
| Negativeinzug | `Strg` + `8` |
| Formatieren / Keine | `Strg` + `0` (Null) |
| Absatzformat | `Strg` + `⇧` + `P` |
| Überschriften 1 bis 6 auf den Absatz anwenden | `Strg` + `1` bis `6` |
| Ausrichtung / Links | `Strg` + `⇧` + `Alt` + `L` |
| Ausrichtung / Zentrieren | `Strg` + `⇧` + `Alt` + `C` |
| Ausrichtung >Rechts | `Strg` + `⇧` + `Alt` + `R` |
| Ausgewählten Text fett darstellen | `Strg` + `B` |
| Ausgewählten Text kursiv darstellen | `Strg` + `I` |
| Stylesheet bearbeiten | `Strg` + `⇧` + `E` |
| Suchen | `Strg` + `F` |
| Weitersuchen/Neu suchen | `F3` |
| Ersetzen | `Strg` + `H` |

## Mit Tabellen arbeiten

| Aktion | Tastenkombination |
|---|---|
| Tabelle auswählen (Cursor befindet sich in der Tabelle) | `Strg` + `A` |
| Zur nächsten Zelle springen | `Tab` |
| Zur vorherigen Zelle springen | `⇧` + `Tab` |
| Zeile einfügen (vor der aktuellen Zeile) | `Strg` + `M` |
| Zeile am Ende der Tabelle einfügen | `Tab` in der letzten Zelle |

**327**

| Aktion | Tastenkombination |
|---|---|
| Aktuelle Zeile löschen | Strg + ⇧ + M |
| Spalte einfügen | Strg + ⇧ + A |
| Spalte löschen | Strg + ⇧ + - (Minuszeichen) |
| Ausgewählte Tabellenzellen verbinden | Strg + Alt + M |
| Tabellenzelle teilen | Strg + Alt + S |
| Tabellen-Layout aktualisieren | Strg + ⎵-Taste |

## Mit Vorlagen arbeiten

| Aktion | Tastenkombination |
|---|---|
| Neuen bearbeitbaren Bereich erstellen | Strg + Alt + V |

## Mit Frames arbeiten

| Aktion | Tastenkombination |
|---|---|
| Frame auswählen | Bei gedrückter Alt-Taste in den Frame klicken |
| Nächsten Frame oder nächstes Frameset auswählen | Alt + → |
| Vorherigen Frame oder vorheriges Frameset auswählen | Alt + ← |
| Übergeordnetes Frameset auswählen | Alt + ↑ |
| Ersten untergeordneten Frame oder erstes untergeordnetes Frameset auswählen | Alt + ↓ |
| Neuen Frame in Frameset einfügen | Bei gedrückter Alt-Taste den Frame-Rahmen ziehen |
| Mit der Verschiebemethode einen neuen Frame in das Frameset einfügen | Bei gedrückter Alt- und Strg-Taste den Frame-Rahmen ziehen |

## Die wichtigsten Tastaturkurzbefehle für Windows

## Mit Ebenen arbeiten

| Aktion | Tastenkombination |
|---|---|
| Ebene auswählen | Bei gedrückter `Strg` + `⇧` klicken |
| Ebene auswählen und verschieben | Bei gedrückter `Strg` + `⇧` ziehen |
| Ebene in Auswahl einfügen oder aus der Auswahl entfernen | Bei gedrückter `⇧` auf die Ebene klicken |
| Ausgewählte Ebene in Pixel-Schritten verschieben | Pfeiltasten |
| Ausgewählte Ebene in Raster-Inkrementen verschieben | `⇧` + Pfeiltasten |
| Ausgewählte Ebene in Pixel-Schritten vergrößern oder verkleinern | `Strg` + Pfeiltasten |
| Ausgewählte Ebene in Raster-Inkrementen vergrößern oder verkleinern | `Strg` + `⇧` + Pfeiltasten |
| Ausgewählte Ebenen auf den oberen/unteren/linken/rechten Rand der zuletzt ausgewählten Ebene ausrichten | `Strg` + `↑` / `↓` / `←` / `→` |
| Ausgewählte Ebenen auf gleiche Breite einstellen | `Strg` + `⇧` + `[` |
| Ausgewählte Ebenen auf gleiche Höhe einstellen | `Strg` + `⇧` + `]` |
| Voreinstellung für das Verschachteln beim Erstellen von Ebenen aktivieren/deaktivieren | `Strg` + Ziehen |
| Raster einblenden/ausblenden | `Strg` + `⇧` + `Alt` + `G` |
| Am Raster ausrichten | `Strg` + `Alt` + `G` |

**329**

## Mit Zeitleisten arbeiten

| Aktion | Tastenkombination |
|---|---|
| Objekt in Zeitleiste einfügen | `Strg` + `Alt` + `⇧` + `T` |
| Keyframe hinzufügen | `⇧` + `F9` |
| Keyframe entfernen | `Entf` |

## Mit Bildern arbeiten

| Aktion | Tastenkombination |
|---|---|
| Bildquellattribut ändern | Auf das Bild doppelklicken |
| Bild in einem externen Editor bearbeiten | Bei gedrückter `Strg`-Taste auf das Bild doppelklicken |

## Hilfe aufrufen

| Aktion | Tastenkombination |
|---|---|
| Hilfethemen verwenden | `F1` |
| Referenz | `⇧` + `F1` |
| Support Center | `Strg` + `F1` |

## Hyperlinks verwalten

| Aktion | Tastenkombination |
|---|---|
| Hyperlink erstellen (Text auswählen) | `Strg` + `L` |
| Hyperlink entfernen | `Strg` + `⇧` + `L` |
| Ziehen und ablegen, um einen Hyperlink von einem Dokument zu erstellen | Text, Bild oder Objekt auswählen und die Auswahl bei gedrückter `⇧` zu einer Datei im Sitefenster ziehen |

| Aktion | Tastenkombination |
|---|---|
| Ziehen und ablegen, um einen Hyperlink im Eigenschafteninspektor zu erstellen | Text, Bild oder Objekt auswählen und dann das Dateizeigersymbol vom Eigenschafteninspektor zu einer Datei im Sitefenster ziehen |
| Verknüpftes Dokument in Dreamweaver öffnen | Bei gedrückter `Strg`-Taste auf den Hyperlink doppelklicken |
| Ausgewählte Hyperlinks überprüfen | `⇧` + `F8` |
| Hyperlinks in der ganzen Site überprüfen | `Strg` + `F8` |

## Zielbrowser und Vorschau in Browsern

| Aktion | Tastenkombination |
|---|---|
| Vorschau im Primärbrowser | `F12` |
| Vorschau im Sekundärbrowser | `Strg` + `F12` |

## Debug in Browsern

| Aktion | Tastenkombination |
|---|---|
| Debug im Primärbrowser | `Alt` + `F12` |
| Debug im Sekundärbrowser | `Strg` + `Alt` + `F12` |

## Siteverwaltung und FTP

| Aktion | Tastenkombination |
|---|---|
| Neue Datei erstellen | `Strg` + `⇧` + `N` |
| Neuen Ordner erstellen | `Strg` + `⇧` + `Alt` + `N` |
| Auswahl öffnen | `Strg` + `⇧` + `Alt` + `O` |

| Aktion | Tastenkombination |
|---|---|
| Ausgewählte Dateien oder Ordner von Remote-FTP-Site abrufen | [Strg] + [⇧] + [D] oder die Dateien im Sitefenster aus dem Bereich der Remote-Dateien in den lokalen Bereich ziehen |
| Ausgewählte Dateien oder Ordner auf Remote-FTP-Site bereitstellen | [Strg] + [⇧] + [U] oder die Dateien im Sitefenster aus dem Bereich der lokalen Dateien in den Remote-Bereich ziehen |
| Auschecken | [Strg] + [⇧] + [Alt] + [D] |
| Einchecken | [Strg] + [⇧] + [Alt] + [U] |
| Sitemap anzeigen | [Alt] + [F8] |
| Remote-Site aktualisieren | [Alt] + [F5] |

## Verlaufspalette

| Aktion | Tastenkombination |
|---|---|
| Verlaufspalette öffnen | [⇧] + [F10] |
| Befehlsaufzeichnung starten/stoppen | [Strg] + [⇧] + [X] |
| Aufgezeichneten Befehl abspielen | [Strg] + [P] |

## Sitemap

| Aktion | Tastenkombination |
|---|---|
| Sitedateien-Ansicht | [F8] |
| Lokalen Anzeigebereich aktualisieren | [⇧] + [F5] |
| Als Stammordner definieren | [Strg] + [⇧] + [R] |
| Hyperlink zu bestehender Datei erstellen | [Strg] + [⇧] + [K] |
| Hyperlink ändern | [Strg] + [L] |
| Hyperlink entfernen | [Entf] |
| Hyperlink einblenden/ausblenden | [Strg] + [⇧] + [Y] |

| Aktion | Tastenkombination |
|---|---|
| Seitentitel anzeigen | `Strg` + `⇧` + `T` |
| Datei umbenennen | `F2` |
| Sitemap vergrößern | `Strg` + `+` (Pluszeichen) |
| Sitemap verkleinern | `Strg` + `-` (Minuszeichen) |

## Plug-Ins abspielen

| Aktion | Tastenkombination |
|---|---|
| Plug-In abspielen | `Strg` + `Alt` + `P` |
| Plug-In anhalten | `Strg` + `Alt` + `X` |
| Alle Plug-Ins abspielen | `Strg` + `⇧` + `Alt` + `P` |
| Alle Plug-Ins anhalten | `Strg` + `⇧` + `Alt` + `X` |

## Objekte einfügen

| Aktion | Tastenkombination |
|---|---|
| Beliebiges Objekt (Bild, Shockwave-Film usw.) | Datei aus Explorer oder Sitefenster in das Dokumentfenster ziehen |
| Bild | `Strg` + `Alt` + `I` |
| Tabelle | `Strg` + `Alt` + `T` |
| Flash-Film | `Strg` + `Alt` + `F` |
| Shockwave Director-Film | `Strg` + `Alt` + `D` |
| Benannter Anker | `Strg` + `Alt` + `A` |

## Paletten öffnen und schließen

| Aktion | Tastenkombination |
|---|---|
| Objekte | `Strg` + `F2` |
| Eigenschaften | `Strg` + `F3` |
| Sitedateien | `F5` |
| Sitemap | `Strg` + `F5` |
| Elemente | `F11` |
| CSS-Stile | `⇧` + `F11` |
| HTML-Stile | `Strg` + `F11` |
| Verhalten | `⇧` + `F3` |
| Verlauf | `⇧` + `F10` |
| Zeitleisten | `⇧` + `F9` |
| Codeinspektor | `F10` |
| Frames | `⇧` + `F2` |
| Ebenen | `F2` |
| Referenz | `Strg` + `⇧` + `F1` |
| Schwebende Paletten ein- und ausblenden | `F4` |
| Alle Fenster verkleinern | `⇧` + `F4` |
| Alle Fenster wiederherstellen | `Alt` + `⇧` + `F4` |

## Sonderzeichen (eine Auswahl)

| Zeichen | Beschreibung | Name in HTML | Unicode in HTML |
|---|---|---|---|
|  | erzwungenes Leerzeichen |   |   |
| ¡ | umgekehrtes Ausrufezeichen | &iexcl; | &#161; |

## Sonderzeichen (eine Auswahl)

| Zeichen | Beschreibung | Name in HTML | Unicode in HTML |
|---|---|---|---|
| ¿ | umgekehrtes Fragezeichen | &iquest; | &#191; |
| ¶ | Absatz | &para; | &#182; |
| – | Gedankenstrich Breite n | &ndash; | &#8211; |
| — | Gedankenstrich Breite m | &mdash; | &#8212; |
| ' | einfaches Anführungszeichen links | &lsquo; | &#8216; |
| ' | einfaches Anführungszeichen rechts | &rsquo; | &#8217; |
| " | doppeltes Anführungszeichen links | &ldquo; | &#8220; |
| " | doppeltes Anführungszeichen rechts | &rdquo; | &#8221; |
| « | angewinkeltes Anführungszeichen links | &laquo; | &#171; |
| » | angewinkeltes Anführungszeichen | &raquo; | &#187; |

## Währungen

| Zeichen | Beschreibung | Name in HTML | Unicode in HTML |
|---|---|---|---|
| ¢ | Cent | &cent; | &#162; |
| £ | Pfund-Zeichen | &pound; | &#163; |
| ¥ | Yen-Zeichen | &yen; | &#165; |

## Business

| Zeichen | Beschreibung | Name in HTML | Unicode in HTML |
|---|---|---|---|
| © | Copyright | &copy; | &#169; |
| ® | Registriermarke | &reg; | &#174; |
| ™ | Trademark | &trade; | &#8482; |

## Mathematik

| Zeichen | Beschreibung | Name in HTML | Unicode in HTML |
|---|---|---|---|
| ± | Plusminus-Zeichen | &plusmn; | &#177; |
| ÷ | Divisions-Zeichen | &divide; | &#247; |
| ′ | Minutenzeichen | &prime; | &#8242; |
| ‾ | Überstrich | &oline; | &#8254; |
| ⁄ | Bruchstrich | &frasl; | &#8260; |
| ∂ | teilweise | &part; | &#8706; |
| ∏ | Produkt | &prod; | &#8719; |
| ∑ | Summe | &sum; | &#8721; |
| − | minus | &minus; | &#8722; |

## Maße

| Zeichen | Beschreibung | Name in HTML | Unicode in HTML |
|---|---|---|---|
| µ | Mikro-Zeichen | &micro; | &#181; |
| ° | Grad-Zeichen | &deg; | &#176; |

## Pfeile

| Zeichen | Beschreibung | Name in HTML | Unicode in HTML |
|---|---|---|---|
| ← | Pfeil links | &larr; | &#8592; |
| ↑ | Pfeil oben | &uarr; | &#8593; |
| → | Pfeil rechts | &rarr; | &#8594; |
| ↓ | Pfeil unten | &darr; | &#8595; |
| ↔ | Pfeil links/rechts | &harr; | &#8596; |

# Internet-Protokolle

Für absolute Hyperlink-Angaben müssen Sie den entsprechenden Protokolltyp angeben. Diese Protokolle erfüllen jeweils unterschiedliche Aufgaben:

| | |
|---|---|
| http:// | Hyper Text Transfer Protocol |
| gopher:// | Gopher Hypertext Index |
| shttp:// | Secure Hyper Text Transfer Protocol (eingesetzt von Servern im Sicherheitsbereich) |
| ftp:// | File Transfer Protocol |
| mailto: | Internet E-Mail-Adresse |
| news: | Usenet, Diskussionsforum oder ein anderes Netzwerk |
| telnet: | Teletype Network, erlaubt die Fernbedienung eines entfernten Rechners |
| wais:// | Wide Area Internet Search |

## Gängige Top-Level-Domains

| | |
|---|---|
| .com | kommerzielle Organisationen |
| .edu | Bildungseinrichtung |
| .gov | US-Regierung |
| .mil | US-Militär |
| .net | Netzwerk-Betreiber |
| .org | Nonprofit-Organisation |
| .au | Österreich |
| .ca | Kanada |
| .ch | Schweiz |
| .cn | China |
| .de | Deutschland |
| .dk | Dänemark |
| .ed | Spanien |
| .fi | Finnland |
| .fr | Frankreich |

| | |
|---|---|
| .it | Italien |
| .jp | Japan |
| .kr | Süd-Korea |
| .mx | Mexiko |
| .my | Malaysia |
| .nl | Niederlande |
| .nz | Neuseeland |
| .se | Schweden |
| .sg | Singapur |
| .tw | Taiwan |
| .uk | Vereinigtes Königreich |
| .us | Vereinigte Staaten |
| .za | Südafrika |

## Surftipps: Interessante Hyperlinks

**Sun Microsystems Inc.: JavaServer Pages (JSP)**

`http://java.sun.com/products/jsp/`

**Scriptsearch**

http://scriptsearch.internet.com/pages/l4.shtml

## ActiveX

`www.micosoft.com`

## Dreamweaver-Downloads/Macromedia Exchange

`www.macromedia.com`

## HTML und Web-Technologien

**World Wide Web Consortium:** Beschreibungen sämtlicher Web-Technologie, Richtlinien, Software und Tools.

`http://www.w3.org`

**O'Reilly Open Source Software Convention**

http://conferences.oreilly.com/oscon2001

**CGI-Resourcen**

http://www.cgi-resources.com

**The Common Gateway Interface**

http://hoohoo.ncsa.uiuc.edu/cgi

**XML (O'Reilly & Associates, Inc.)**

www.xml.com

# HTML-Referenz

**Stefan Münz: Self-HTML**

www.team-one.de

# Cascading Style Sheets-Spezifikation (CSS1)

**W3C: Empfehlungen**

http://www.w3.org/TR/REC-CSS1

# Dynamic HTML (DHTML)

**Macromedia: Tutorial**

http://www.dhtmlzone.com/index.html

**DHTML-Workshop**

http://msdn.microsoft.com/workshop/author/dhtml/reference/events.asp#om40_event

# Java Applets, JavaScript, Perl und sonstige Scripts

**Kaffee und Kuchen: das führende deutsche Java-Forum**

www.java.seite.net

**Matt's Script Archiv: CGI/Perls zum Downloaden**

http://www.worldwidemart.com/scripts

**Kursunterlagen von Hubert Partl**

www.boku.ac.at/javaeinf/jein.html

**Sun Microsystems Inc.: Java Tutorial, XML etc.**

www.javasoft.com

**Javaboutique: Infos und Applets zum Downloaden**

http://javaboutique.internet.com

**Javaside: Applets zum Downloaden**

www.javaside.com

**Hotwired Webmonkey:** Perl-, CGI-Scripte

http://www.hotwired.com/webmonkey/99/26/index4a.html?tw=programming

## Datenbank

**Hypertext Preprocessor PHP**

http://www.php.net

**Microsoft: Active Server Pages (ASP)**

http://msdn.microsoft.com/workshop/server/asp/ASPover.asp

## Online-Zeitschriften

**ZDNet**

www.zdnet.de

**Internet Professionell**

www.internet-pro.de

**Internetworld**

http://www.i.de

## Website-Promotion – die wichtigsten deutschen Suchmaschinen

```
http://www.yahoo.de
http://www.altavista.de
http://www.lycos.de
http://www.web.de
http://www.infoseek.de
http://www.fireball.de
http://www.excite.de
http://www.dino-online.de
http://www.crawler.de
http://www.allesklar.de
http://www.aladin.de
http://www.intersearch.de
http://www.spider.de
http://www.nathan.de
http://www.eule.de
http://www.sharelook.de
```

# Stichwortverzeichnis

## Symbols
&lt;a name&gt; 159
&lt;b&gt; 111
&lt;basefont&gt; 87
&lt;body&gt; 58, 113
&lt;br&gt; 100
&lt;embed&gt; 290, 301
&lt;form&gt; 226
&lt;head&gt; 58, 113
&lt;noframe&gt; 222
&lt;noscript&gt; 280
&lt;object&gt; 290
&lt;p&gt; 42
  94

## A
Abhängige Dateien 316
Absatz 77, 99
– ausrichten 106
– Einzug 107
– erstellen 99
– formatieren 100
– markieren 42
– siehe auch Liste 102
– Überschrift 100
– vorformatiert 102
ActiveX 303
– einfügen 290
Aftershock 298
Aktionen 280
Alt siehe auch Bild/Alternativtext 136
Animation 271
Anker 159
Anmeldung 311
Ansicht
– aktualisieren 318
– Code, HTML 36
– Entwurf 36
Attribute siehe auch Medien 290
Audio 298
– einbinden 300
– herunterladen 299
– verknüpfen 298
Aufzählung siehe auch Liste 102
Auswahlliste 233
Autoplay 297

## B
Bild 131
– Abstand 145
– Alternativtext 136
– animieren 277
– Auflösung 138
– ausrichten 143
– Eigenschaften 135
– einfügen 132
– Formate 134
– markieren 133
– Name 136
– positionieren 143
– Rahmen 139
– skalieren 140
– unsichtbar 181
– vergrößern/verkleinern 140
Bildeditor
– externen Editor einrichten 146
– Fireworks 146
Bildquelle auswählen 59
blank 220
– siehe auch Ziel 159
Bps (Bits per second) 271
Browser, Vorschau 66
Button siehe auch Schaltfläche 293

## C
C++ 304
Cascading Style Sheet 89, 129, 242, 250, 267, 270, 285
cellpadding 185
cellspacing 185
CGI 238
Channel 271

Checkbutton 232
Codeumschreibung 120, 121
Codierung 64
CSS 267, 270, 285

## D

Datei
- downloaden 316
- erstellen 71
- herunterladen 316
- öffnen 54, 71
- schließen 57
- speichern 55
- uploaden, hochladen 315

Dateifeld 235
Dateigröße 30
Dateimanagement 71
Dateinamen 56
Daten importieren 172
DHTML (Dynamic HTML) 242, 270
Director 298
Dokumentkodierung 64
Dreamweaver beenden 23, 26
Drop-down-Menü 233
Drucken 67
Dynamic HTML (DHTML) 242

## E

Ebene 241
- absolute Position 257
- animieren 273
- ausrichten 259
- Bereich ausschneiden 264
- Eigenschaften 251, 276
- erstellen 242
- Größe verändern 253
- Hintergrund 260
- in Tabelle umwandeln 266
- Inhalte einfügen 250
- löschen 252
- markieren 251
- mehrere Ebenen gleichzeitig skalieren 254
- Name, benennen 252
- Palette 245
- positionieren 255
- Rahmen 245
- relative Position 257
- Sichtbarkeit 261
- Skalieren 253
- Stapelreihenfolge 242, 246
- statische Position 257
- Tag 258
- Tracing-Bild nachbauen 261
- Überlauf 262
- verschachtelt 256
- Verschachtelte Ebenen 248
- Verschachtelung lösen 249
- Voreinstellungen 265
- Z-Index 246

Eigenschaften-Inspektor 20, 42
Einzug 107
E-Mail 161
enthält 48
Ereignis siehe auch Verhalten 280
Ersetzen 94
erstellte 55

## F

Farbe 62
Farben 61
- Hexidezimal-Code 62
- RGB 62

Farbpaletten 61
Fehlerbereinigung 120, 121, 122
Fenster 18
- anordnen 21
- aus-/einblenden 23
- Dokument 26
- Größe festlegen 29
- HTML-Inspektor 36
- Inspektoren 20
- Layout 36
- Paletten 20
- schwebende Fenster 20
- verbergen 22

File Transfer Protocol (FTP) 308, 311
Finden 94
Firewall 312

Flash 290
- Attribute 296
- Button 293
- einfügen 289
- Text 295

Formatvorlage 52
Formular 225
- abschicken 231
- Elemente 227
- erstellen 226
- Inhalt 228
- verarbeiten 238
- versteckte Formularfelder 236
- Zurücksetzen 231

Formularobjekte 227
Frame 195, 196, 272
- auswählen 206
- Größe verändern 208
- Hyperlink 217
- Inhalte einfügen 211
- Inspektor 206
- keine Größenänderung 217
- löschen 208
- markieren 206
- Name 218
- No-Frame 222
- Quelltext 223
- verändern 208

Frameset 196
- bearbeiten 208
- Dokument einbinden 211
- erstellen 198
- Frames hinzufügen 203
- Optionen 212
- Quelltext 223
- Rahmen 212
- Rand 214
- verschachteltes Frameset 205
- Vorlagen 198

FTP 308, 311

## G

geschütztes Leerzeichen 94
get 239
GIF 134
Gitternetz 33, 259

## H

Hexadezimal-Werte 61, 62
Hintergrund 59
- Bild 59
- Farbe 59, 60

Homepage 73
horizontale Linie 109
Hotspot siehe auch Imagemap 150
HTML 24, 110, 270
- Fehlerbereinigung 120, 122
- optimieren 122
- Tag-Selektor 27
- Tag-Übersicht 116

HTML-Inspektor 111
HTML-Stil 125
- erstellen 126
- löschen 128

Hyper Text Markup Language siehe HTML 24
Hyperlink 153
- absolut 156
- aktiver 63
- aktualisieren 164
- besuchter 63
- E-Mail 161
- extern 158
- Farbe 62
- Frame 217
- für gesamte Site verändern 163
- im Sitefenster ziehen 157
- intern 154
- relativ 156
- überprüfen 162

## I

Imagemap erstellen 150
Inspektor, Zeitleiste 270
Internet-Adressformat 154

**J**
Java Applet 289, 304
JPG, JPEG 134

**K**
Kennwort 230, 311
Keyframe 272
Kommentar 119
Kontrollkästchen 232
Kopfzeile 190

**L**
Ladezeit 30
Launcher 30, 44
Layer siehe auch Ebene 242
Layoutansicht 166
Lineal 30
– Nullpunkt verschieben 31
Linie 109
Link
– siehe auch Hyperlink 153
Liste 102
– Definitionsliste 105-
– geordnete 104
– ungeordnete 103
Lokale Site 68, 69
lokale Site
– bearbeiten 71
– definieren, Stammordner bestimmen 69
– löschen 71
Loop 271, 297

**M**
Medien
– Attribute, Parameter 290
– Eigenschaften 290
– einfügen 288
Menüleiste 27
method 236, 239
method=post 239
Microsoft Word 55
Multimedia 287
– einfügen 288

**N**
Navigationsleiste 200, 283
Netscape-4-Kompatibilität 266
Netscape-Plug-In einfügen 289
Netzwerk 310
No-Frames siehe auch Frame 222
Nullpunkt 31

**O**
Objekte auswählen 40
Objekt-Manager 46
Objektpalette 46
– Einstellungen 47
Optionsschalter 233

**P**
Parameter 290, 292
parent 220
Passwort 230
Pfad, Animation 275
Photoshop 134
Pixel 211
Platzhalterbild 181
Play 291
Plug-In 298
PNG 134
post 236, 239
Projektverwaltung 68
Prozentangaben 211

**Q**
Quelltext 114
Quick-Tag-Editor 117

**R**
Radio-Button 233
Rahmen siehe auch Tabelle 187
Raster 259
Rechtschreibprüfung 97
Referenz 124
relative Werte 211
Remote-Site 308
Resize Fix 266
RGB 62

## Stichwortverzeichnis

Rollover 148
- Verhalten definieren 283
Rollover-Bild 283
rückgängig 48

### S

Schaltfläche, Flash 293
Schaltknopf 233
Schleife 271, 297
Schriftart 81
- generische Schriftfamilie 84
- Kombination 83, 84
Schriftgröße 86
- (basefont> 87
- absoluter Wert 86
- relativer Wert 87
Schriftstil 85
Scrollbalken 215
Seiteneigenschaften 57
Seitenränder 63
Seitentitel 58
self siehe auch Ziel 159, 220
Shockwave 289, 297
Site 285, 311
- durchsuchen 96
- Einstellungen ändern 312
- verbinden 314, 315
- Verwaltung 68
Site-Fenster 68
Sitemap 73
- Symbole 74
Sonderzeichen 91
Sound siehe auch Audio 298
Sound-Controller siehe auch Audio 300
Spalte einfügen 192
Speichern 55
- Frame 221
- Frameset 221
Sprung-Menü 236
Stammrelative Links, Anker 156
Standardansicht 166
Stapelreihenfolge 242, 246
Startordner 155
Statusleiste 27
Stilpalette 125

Stylesheet (CSS) siehe auch Cacading Style Sheets 89
Suchen 94
Suchmaschinen 58
SWF 294
SWT 294
Symbolleiste 36
Synchronisation 317

### T

Tabelle 165
- bearbeiten 173
- Code, Quelltext 194
- Eigenschaften 173
- erstellen 167
- Farbe 188
- Formatvorlagen 189
- Größe 169, 174
- Hintergrund 188
- in Ebene umwandeln 266
- Inhalte ausrichten 190
- Inhalte einfügen 172
- kein Umbruch 191
- Kopfzeile 190
- Layoutansicht 168
- markieren 40, 174
- maximale Breite 180
- Rahmen 168, 187
- Rahmenfarbe 187
- Standardansicht 167
- Texte und Bilder einfügen 172
- verschachtelte Tabelle 170
- zeichnen 168
- Zellen hinzufügen 192
- Zellen löschen 193
- Zellen teilen 184
- Zellen verbinden 183
Tag siehe auch HTML 28, 110, 111
Tag-Selektor 27, 41, 118
Target 158, 220
Template siehe auch Formatvorlage 52
Terminologie 18
Text 62, 77
- einrücken 107
- ersetzen 95
- Farbe 89

**347**

- Flash 295
- formatieren 80
- suchen 94
- Verhalten 284
- vorformatierter Text 102

Textfeld 229
Titelleiste 27
Tool-Tipp 137
top 220
Tracing-Bild 64
- mit Ebenen nachbauen 261
- Position verändern 261

## U
Überschrift 100
unsichtbare Bilder siehe auch Bild 181
Unsichtbare Elemente 34
Unsichtbare Tags 119
URL 154

## V
Verbindung 315
- herstellen 314
- trennen 315

Verhalten 269
- hinzufügen 281
- löschen 285
- verändern 286

Verhaltensweisen 279
- Inspektor 280

Verlauf 48
Vernetzungspunkt 155, 161
verschachtelte Ebenen siehe auch Ebene 248
verschachtelte Tabellen siehe auch Tabellen 170
verschachteltes Frameset siehe auch Frameset 205
versteckte Formularfelder siehe auch Formular 236

verwendet 267
Verzeichnis
- entfernen 72
- erstellen 71, 72
- verschieben 73

Vorformatierter Text siehe auch Text 102
Vorschau im Browser 66

## W
Web-Safe-Farben 61, 62
Webseite
- erstellen 52
- öffnen 54

Website
- Dateimanagement 75
- veröffentlichen 307
- verwalten 71, 75

WinAmp 299
Word-HTML 123
- Fehlerbeseitigung 123
- importieren 55

WYSIWYG 26, 110

## Z
Zeile einfügen 192
Zeilennummern 117
Zeilenumbruch 100, 191
Zeitleiste 270
- Wiedergabegeschwindigkeit 271

Zellauffüllung 185
Zelle
- Höhen 183

Zellen
- Inhalte ausrichten 190
- teilen 184
- verbinden 183

Zellraum 185
Ziel 158, 219
Z-Index 246

# digital studio one

*Hartmund König*
**GoLive 5.0**
ISBN 3-8272-**5983**-5
DM 59,95/öS 438,00/sFr 55,00

*René Gäbler*
**Dreamweaver 4**
ISBN 3-8272-**5899**-5
DM 59,95/öS 438,00/sFr 55,00

*Elisabeth Castro*
**XML**
ISBN 3-8272-**5994**-0
DM 59,95/öS 438,00/sFr 55,00

*Tom Negrino/Dori Smith*
**JavaScript** für World Wide Web
ISBN 3-8272-**5960**-6
DM 59,95/öS 438,00/sFr 55,00

Markt+Technik-Produkte erhalten Sie im Buchhandel, Fachhandel und Warenhaus.
Markt+Technik · Martin-Kollar-Straße 10—12 · 81829 München · Telefon (0 89) 4 60 03-0 · Fax (0 89) 4 60 03-100
Aktuelle Infos rund um die Uhr im Internet: **www.mut.de** · E-Mail: **bestellung@mut.de**

# Alle mögen's *easy*

## M+T EASY
### LEICHT – KLAR – SOFORT

**C++**
*Dirk Louis*
ISBN 3-8272-**6026**-4
DM 29,95/öS 219,00/sFr 28,00

**HTML**
*Christian Wenz/Tobias Hauser*
ISBN 3-8272-**6029**-9
DM 29,95/öS 219,00/sFr 28,00

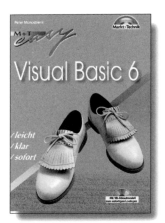

**Visual Basic**
*Peter Monadjemi*
ISBN 3-8272-**6028**-0
DM 29,95/öS 219,00/sFr 28,00

Markt+Technik-Produkte erhalten Sie im Buchhandel, Fachhandel und Warenhaus.
Markt+Technik · Martin-Kollar-Straße 10–12 · 81829 München · Telefon (0 89) 4 60 03-0 · Fax (0 89) 4 60 03-100
Aktuelle Infos rund um die Uhr im Internet: **www.mut.de** · E-Mail: **bestellung@mut.de**

# Alle mögen's *easy*

## M+T EASY
### LEICHT – KLAR – SOFORT

**Java**
*Dirk Louis / Peter Müller*
ISBN 3-8272-**6027**-2
DM 29,95/öS 219,00/sFr 28,00

**JavaScript**
*Elmar Dellwig*
ISBN 3-8272-**6031**-0
DM 29,95/öS 219,00/sFr 28,00

Markt+Technik-Produkte erhalten Sie im Buchhandel, Fachhandel und Warenhaus.
Markt+Technik · Martin-Kollar-Straße 10–12 · 81829 München · Telefon (0 89) 4 60 03-0 · Fax (0 89) 4 60 03-100
Aktuelle Infos rund um die Uhr im Internet: **www.mut.de** · E-Mail: **bestellung@mut.de**

# Alle mögen's *easy*

## M+T EASY
### LEICHT – KLAR – SOFORT

**Dreamweaver 4**
*Susanne Rupp*
ISBN 3-8272-**6024**-8
DM 29,95/öS 219,00/sFr 28,00

**Flash 5**
*Ingo Dellwig*
ISBN 3-8272-**6030**-2
DM 29,95/öS 219,00/sFr 28,00

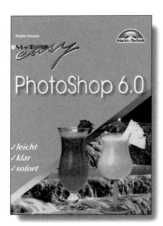

**Photoshop 6**
*Tobias Hauser/Christian Wenz*
ISBN 3-8272-**6025**-6
DM 29,95/öS 219,00/sFr 28,00

Markt+Technik-Produkte erhalten Sie im Buchhandel, Fachhandel und Warenhaus.
Markt+Technik · Martin-Kollar-Straße 10–12 · 81829 München · Telefon (0 89) 4 60 03-0 · Fax (0 89) 4 60 03-100
Aktuelle Infos rund um die Uhr im Internet: **www.mut.de** · E-Mail: **bestellung@mut.de**